Oscar saggi

Dello stesso Autore

negli Oscar saggi

Che cos'è l'amore

nella collezione Saggi

Legami d'amore

Giacomo Dacquino

Paura d'amare

Come evitare e superare i fallimenti affettivi

MONDADORI

I edizione Saggi gennaio 1996
I edizione Oscar saggi maggio 1998

ISBN 88-04-42770-1

Questo volume è stato stampato
presso Arnoldo Mondadori Editore S.p.A.
Stabilimento Nuova Stampa - Cles (TN)
Stampato in Italia - Printed in Italy

Il nostro indirizzo Internet è:
http:/www.mondadori.com/libri

Indice

Paura d'amare

Ai miei pazienti

Introduzione

Siamo costretti a vivere in una società violenta. L'aggressività si diffonde e si moltiplica come una metastasi. Esiste la «violenza da edicola» dovuta a certi giornali che, con l'uso «drogato» dei titoli e delle informazioni, diffondono l'ansia. C'è poi la «violenza da telegiornali» che, con la loro sequenza di avvisi di garanzia, stupri, omicidi, sono gli spot ansiogeni di un Occidente malato. Sempre più notizie, sempre meno verità; sempre più traumi, sempre meno gratificazioni. La stessa pubblicità, spesso popolata di gente bella, felice e grintosa, esercita una sorta di violenza nei riguardi di chi è brutto, triste e debole.

La vita quotidiana non è facile. Tutti di corsa per sbarcare il lunario o per diventare sempre più ricchi, più famosi, più ammirati. In un clima di eccitazione, di agitazione e di tensione non abbiamo il tempo di riflettere sulla vita. Sappiamo fare, non sappiamo essere. Facciamo le cose urgenti, che non sono sempre quelle importanti. Spesso tendiamo a galleggiare sui problemi, senza scendere in profondità; altrettanto spesso finiamo con il fuggire da noi stessi. Per questo, ormai psichicamente inquinati, non diamo sicurezza, ma inquietudine.

Il progresso tecnologico non ha coinciso con quello psicoaffettivo. Nel mondo occidentale, dove si è registrato un forte sviluppo intellettivo e tecnologico, vi è stata contemporaneamente un'erosione del tessuto emotivo e il linguaggio affettivo, ad esempio, è stato in gran parte alienato. Si fanno discorsi contingenti, eruditi, politici, ma non si è quasi più capaci di trasmettere emozioni. Le parole hanno perso la loro funzione comunicativa per ridursi a convenevoli, formalità, luoghi comuni; il tutto sterilizzato, senza coinvolgimento e sintonia emotiva.

Anche i gesti di intimità sono inghiottiti dalla girandola di immagini, notizie, dibattiti, inchieste; sono travolti dalle novità rovesciate sul mercato dalla velocissima macchina che produce informazioni. Non c'è tempo per cogliere il vero significato dei fatti perché se ne vede soltanto l'esteriorità e non la realtà intrinseca. Del resto, i valori sono più esposti che posseduti.

La nostra epoca è quindi ricca di avvenimenti, ma povera di emozioni perché abbiamo lasciato che la razionalità si impossessasse dei sentimenti. Si vive in una società omologante che esercita violenza sull'individuo, banalizzandone l'esistenza. Le nuove tecnologie hanno soppresso l'intuizione e la fantasia, gli effetti speciali hanno sostituito i messaggi emotivi. La calcolatrice, il computer, la televisione hanno ridotto l'inventiva e la creatività. Tutto è programmato, è sufficiente digitare mentre il cervello si atrofizza. Il computer però non ha il tasto che risolva i problemi affettivo-sessuali.

La vita moderna, pur avendo moltiplicato le occasioni di conoscenza, rende più difficili e superficiali le relazioni umane. E anche se i rapporti di coppia si sono fatti più agili e funzionali (una volta il passaggio dal «lei» al «tu» era una conquista, spesso soltanto dopo il primo bacio), non è certo diventato più facile «entrare» nell'altro, capire i suoi bisogni, specie quando non sono espressi. E l'amore non è nemmeno aiutato dalla maggior facilità ai rapporti genitali.

Oggi si parla sempre più di sesso, se ne mostra sempre di più, ma lo si pratica sempre di meno: se ne fa poco e male, malgrado l'aumento dell'attività sessuale preconiugale ed extraconiugale. Si fanno cioè più coiti cerebrali che penetrazioni genitali. Si parla e si scrive molto anche dell'amore, in quanto nella realtà si ama poco e si è altrettanto poco amati per l'incapacità di seguire le intime esigenze della dimensione affettiva.

«Non è bene che l'uomo sia solo», è scritto all'inizio della Bibbia[1] e tale affermazione è radicata nell'Eros di ogni essere umano, a parte la spinta biologica per la sopravvivenza della specie. Infatti la più profonda esigenza dell'uomo è quella di comunicare se stesso agli altri; e l'amore resta un grande canale relazionale.

E così, sotto la corteccia quotidiana della vita, scorre lenta la linfa dell'amore. I bambini si innamorano già a tre anni, con manifestazioni che ricalcano quelle degli adulti: rossore, tremore, batticuore. Gli stessi giovani, sotto il mascheramento indotto dalle mode massificate, soffrono e gioiscono degli stessi sentimenti per cui hanno sofferto e gioito i loro padri e i loro nonni. Il guaio è che quando si ama si pensa che tutto andrà bene perché ci si valuta all'altezza dell'amore. Anzi, è convinzione diffusa che amare sia facile mentre è difficile trovare il partner. Le statistiche sui fallimenti amorosi – un matrimonio su due naufraga in una separazione-divorzio o in una convivenza disastrosa – ci svelano che il problema non è tanto trovare un partner, bensì incontrare quello «giusto».

La parola «crisi», purtroppo così attuale, si addice a pieno titolo all'affettività. A questo hanno certamente contribuito i mutamenti sociali e culturali degli ultimi decenni, quali la rivoluzione sessuale, il decadere dei riferimenti etici comuni, la secolarizzazione, ecc. Il rapporto di coppia è sempre più difficoltoso perché si è squilibrato: c'è una donna sempre più esigente e un uomo sempre più insicuro. Buona parte degli uomini e delle donne non sa che cosa voglia dire amare in modo maturo; ignora che ogni relazione affettiva rappresenta il teatro nel quale ognuno mette in scena i personaggi del suo mondo interiore e che vi sono molte forze interne, per lo più sconosciute, che spingono verso strade buie e pericolose, percorrendo le quali si soffre molto senza sapere come uscirne.

Mai come oggi c'è stata fame di amore, di calore, di focolare. Per un desiderio permanente di unità, single, separati e divorziati cercano il grande amore, un valore perduto, dove il sesso è importante ma non basilare. Mai come oggi si è data importanza all'amore e mai come oggi lo si è vissuto temendone il fallimento. Nei suoi confronti ci sono molte aspettative, spesso seguite da altrettante delusioni per le crisi conseguenti. Perché sovente si è in amore «analfabeti primari o di ritorno». Mancano le parole per dirlo, i gesti per offrirlo, l'intimità per alimentarlo.

L'amore nasce da un sogno, ma si nutre di realtà. E vivere la realtà comporta maturità affettiva, cioè un rapporto psicologicamente maturo. «Amore» è infatti un termine sovente improprio; spesso lo si confonde con il desiderio sessuale o con l'innamoramento, anche se oggi ci si sposa meno per passione o per infatuazione, che possono essere vissute prima del matrimonio. Alcune volte ci si innamora per rispondere a bisogni personali, senza sforzarsi di scoprire l'altro, i suoi tempi, i suoi ritmi; altre volte si ama con la paura dell'amore perché è un sentimento troppo potente. E così prima o poi si inciampa nel proprio vuoto affettivo, specie quando si soffre per una storia fallita.

Chi fa lo psichiatra si confronta ogni giorno con il presente doloroso e triste dell'essere umano. Spesso i pazienti entrano in psicoterapia per la frustrazione dovuta alla mancanza o alla perdita di un legame affettivo. Quando un amore fallisce si apre infatti una ferita molto dolorosa, si subisce una delusione perché l'essere stati messi di fronte ai propri limiti ha leso il senso di onnipotenza che è in ciascuno di noi. Se poi l'amore è stato principalmente vissuto in modo narcisistico, la sua fine conduce per lo più a una sindrome depressiva per il crollo dell'autostima.

Sarebbe più accettabile soffrire per un fine nobile, per un ideale elevato, piuttosto che per la propria immaturità. Purtroppo però, a parte i rari casi di rapporti duraturi, profondi e sereni (non tutte le storie d'amore si risolvono negativamente), abbondano gli amori infuocati e brevi, in linea con il consumismo dei sentimenti. Ci sono poi altre unioni che scorrono stancamente per tutta la vita, vissute sempre con insoddisfazione e delusione, oppure si hanno rotture aggressive maturate nell'odio, quelle travagliate dall'esasperazione o dalla diffidenza e infine quelle difensive dettate dall'istinto di sopravvivenza.

Esaminando molte relazioni, normali o patologiche, emerge una notevole differenza tra un amore che finisce e uno che fallisce. Il primo si trasforma in reciproca amicizia o indifferenza e quindi è poco traumatico, mentre il secondo comporta una frustrazione narcisistica con conseguente dolore personale che, se non bene metabolizzato, può nuocere anche al coniuge e ai figli.

Gli amori finiti non sempre hanno bisogno di aiuto. Quelli falliti invece necessitano di «riflessione» per capire le motivazioni consce e inconsce che ne hanno determinato la crisi. Ciò per non ripetere gli stessi errori o le medesime omissioni in una successiva relazione oppure per riuscire a superare quella indispensabile, anche se transitoria, fase di «esaurimento amoroso», dovuta alla cicatrizzazione di certe ferite e alla formazione di nuove speranze per riprendere ad amare. Purtroppo non sempre si ha l'umiltà di «documentarsi», con finalità preventive, sulla propria immaturità, in modo da poter «crescere» insieme ad un futuro partner.

La disfunzione affettiva è la meno ammessa e compresa. Spesso la si banalizza, mentre è un disturbo serio e devastante, da trattare non con leggerezza e superficialità. I fallimenti amorosi ne sono la conseguenza e non la causa; quest'ultima è invece da ricercare nell'immaturità psicoaffettiva che trae a sua volta origine, più che da un terreno ereditario, dall'ambiente familiare.

Il primo passo per amare «bene» è capire fino a che punto non si è capaci di farlo in maniera matura. Per questo si devono affrontare le cause e non soltanto gli effetti del problema. Le soluzioni esteriori non lo risolvono perché esso necessita di una soluzione interiore raggiungibile attraverso la psicoterapia. Invece di dipendere passivamente da una capsula o da una compressa, è meglio iniziare a lavorare attivamente con uno psicoterapeuta. È meno tossico ascoltarsi dal di dentro che colpevolizzare gli altri o diventare farmacodipendenti, anche perché non esiste una pastiglia che insegni ad amare.

Per scrivere dell'amore, come per parlare con i miei pazienti, ho scelto l'immediatezza emotiva che scaturisce dalla descrizione di alcuni casi clinici, suffragando la teoria con la ricerca sul campo. La vita, oltre alla letteratura, ne è piena. Sono aneddoti, cose accadute, dati che non si basano su informazioni generiche, ma su autobiografie o biografie obiettive. Perché i pazienti non portano allo psichiatra o allo psicoterapeuta soltanto un sintomo, ma intere storie di vita personale o quelle di chi è loro vicino: genitori, coniugi, figli, fratelli...

Ho deciso di utilizzare esperienze individuali per una riflessione aperta a tutti, contro la tendenza a cercare la soluzione alle difficoltà esterne ed interne al di fuori di se stessi e delle proprie capacità. C'è chi si rifugia nel cibo, nell'alcool, nella droga o nella depressione, senza tentare di costruire personalmente la propria vita, sperando in miracoli esterni.

I casi clinici descritti sono storie d'angoscia, di depressione, di solitudine ma anche di speranza perché, malgrado il dolore sofferto, si cerca di porre rimedio alla propria immaturità psicoaffettiva. Perché in tempi di grande violenza e di grande crisi, l'amore è diventato l'unico bene-rifugio.

L'amore è stato poco studiato da psicologi, psichiatri e antropologi, che si sono occupati più del comportamento o della patologia sessuale che di quella amorosa, in quanto si dà per scontato che tutti sappiano amare, forse perché tutti se ne vantano. Probabilmente contagiati dalla «cultura delle illusioni», anche gli studi sulle funzioni e sulle disfunzioni relazionali della coppia sono rimasti carenti. L'esatto processo con cui questa si struttura e si destruttura è infatti ancora relativamente inesplorato. Ma, pur non riuscendo a spiegarne tutti i misteri, le scienze psicologiche hanno però fornito alcune basi per lo studio delle dinamiche emotive che agiscono sulle scelte del partner, sul legame affettivo che ne consegue e sull'eventuale fallimento. Soprattutto possono aiutare a riprendere la strada dell'amore con le carte in regola per amare serenamente ed evitare i precedenti errori.

Giacomo Dacquino

Avvertenza Le testimonianze riportate sono pubblicate con il consenso dei pazienti. Per rispetto del segreto professionale sono stati cambiati i nomi e alcune circostanze che ne avrebbero facilitato il riconoscimento.

pur non riuscendo a spiegarne tutti i misteri, le scienze psicologiche hanno però fornito alcune basi per lo studio delle dinamiche emotive che agiscono sulla scelta del partner, sul legame affettivo che ne consegue e sull'eventuale fallimento. Soprattutto possono aiutare a riprendere la strada dell'amore con le carte in regola per amare senza [illegible] ed evitare i precedenti errori.

Caterina [illegible]

Avvertenza. Le testimonianze riportate sono pubblicate con il consenso dei pazienti. Per rispetto del segreto professionale sono stati cambiati i nomi e alcune circostanze che ne avrebbero [illegible].

I

La pendolare dell'amore

A volte ci si sposa per bisogni che vanno ben oltre le normali esigenze dell'amore. In certi casi, il matrimonio può essere soltanto un modo per colmare un'intensa necessità di avere accanto a sé qualcuno che rassicuri e protegga. Ci si lega cioè a un partner per un inconscio bisogno di sicurezza, per ricevere psicologicamente quella protezione che di norma dovrebbe essere data dal proprio padre. Ma con il passare degli anni alla bambina-moglie il padre non basta più: diventando adolescente necessita di un coetaneo con cui spartire l'amore.

Il doppio legame

La bigamia non è più un fenomeno tipicamente maschile, interessa anche le donne, le quali però raramente arrivano a costruirsi una seconda famiglia. Anch'esse possono vivere due relazioni fisse, entrambe importanti, capaci di durare per anni o per tutta la vita. Il vivere due rapporti affettivi contemporaneamente corrisponde alla situazione del «doppio legame», tipica di quel soggetto che, pur non potendo rinunciare alla prima relazione, non riesce neppure a fare a meno della seconda.

Monica, maestra trentaduenne, ha un marito e un amante. È una persona che non sta a proprio agio dentro la vita affettiva; da alcuni mesi è infatti legata a due uomini: al coetaneo Aldo con amore e passione e al quarantacinquenne marito Antonio con affetto, raziocinio e buon senso. Aldo è un artista, creativo, effervescente, divertente, dalle idee e dalle abitudini più strane, mentre Antonio è un serio ingegnere, tutto orari e metodicità, sicurezza ed equilibrio.

L'avere un compagno in parallelo con il marito ha molto nevrotizzato Monica, al punto di dover ricorrere a una psicoterapia di sostegno. Invitata fin dalle prime sedute a parlare di sé, subito racconta del suo matrimonio: «Prima di sposarmi vedevo il mio futuro marito come il Principe Azzurro. Avevo bisogno di un uomo, l'amore non era per me una necessità...

«Durante il corteggiamento Antonio mi parlava molto. Era sicuro della nostra felicità futura. Io ero rassicurata dalla sua certezza d'amore, che m'impediva di prendere le distanze da lui. Avrei voluto rimandare le nozze perché ero troppo giovane ma, a dire proprio tutta la verità, ero affascinata dal mito del matrimonio più che dal futuro coniuge, più propensa a vivere il ruolo di futura madre che quello di moglie...

«Dopo il matrimonio mio marito ha iniziato a parlare sempre meno, destando in me delusione, rabbia, depressione. Poco alla volta è comparsa la rivale Tv; anziché tra noi, si dialogava con il video, chiusi in una "fragorosa" solitudine...».

La televisione, quando diventa routine serale, aliena la relazione di coppia. Ma già fin dal matrimonio le motivazioni all'amore nella paziente erano caratterizzate da profonda immaturità. Lei stessa, e sono parole sue, «aveva bisogno» di un marito, il che non comporta una scelta matura.

Da piccoli la soddisfazione dei bisogni primari è impellente; negli anni successivi la crescita psicologica porta a controllare gli istinti, cioè a desiderare e non ad aver bisogno, quindi a dosare o dilazionare la soddisfazione. Infatti la capacità di desiderare, conquista della persona adulta e matura, comporta la possibilità di attendere, scegliere, accettare o rifiutare. È la stessa differenza che c'è tra fame e appetito: il bisogno è la fame che obbliga a entrare nel primo ristorante che capita; il desiderio è l'appetito che permette di scegliere il luogo dove si mangia meglio. Soltanto quando si possiede una certa dose di autonomia psicologica si passa dal bisogno al desiderio.

Le nostre nonne a volte si sposavano con mariti scelti dalle famiglie e probabilmente alla vigilia delle nozze si sentivano dire dalle loro madri, le nostre bisnonne: «Non ti preoccupare, l'amore verrà dopo...». L'amore probabilmente non è venuto, ma i matrimoni sono durati lo stesso perché c'erano tanti figli da allevare, perché si pensava che la donna non meritasse di più e perché, se si fuggiva da quella vita senza amore, probabilmente si sarebbe fatta la fine di Madame Bovary[1] o di Anna Karenina[2].

Monica si è sposata e, dopo qualche tempo, si è innamorata di un altro uomo. Con le sedute ha iniziato a costruire un ponte con il passato: «Mi sono sposata per un conformismo statistico, perché lo fanno tutti. Provenivo da una famiglia operaia. Mio padre ha sempre e solo lavorato, lasciando a mia madre tutto il resto; era un uomo fedele ma noioso, che non le dava stimoli. Come mio marito, un pantofolaio... mentre io, anche da sposata, volevo vivere con gli altri, frequentare gli amici. E le rare volte che restavamo a casa da soli, senza ospiti, avevamo ben poco da dirci perché soltanto attraverso il gruppo riuscivamo a comunicare. Infatti il più delle volte approfittavo della presenza degli altri per insultarlo con tutta la rabbia della "malscopata"...».

Sentiamo ancora dalla paziente un altro frammento della sua vita: «...Il colore azzurro del principe alla distanza ravvicinata del matrimonio si è scolorito... Prima lo avevo idealizzato ma, dopo averlo sposato, ho iniziato a percepirlo come un uomo freddo ed egoista. È vero che la mia sessualità non era delle più "calde", ma che colpa ne avevo se mi faceva male a "farlo". Va bene, ero una frigida, mi chiudevo tutta, ma lui non mi aiutava certo: cercava più il mio corpo che il mio cuore...

«Un giorno che ero più disponibile del solito, gli ho detto: "Guardami come sono fatta da quelle parti". E lui, cieco come una talpa, mi ha risposto che ero come una fetta di lardo. Allora gli ho chiesto: "Ma c'è un grosso buco, vero?". E lui, come Cristoforo Colombo quando avvistò la terra, ha guardato a lungo, seriamente, e poi mi ha risposto: "No, è piccolissimo, come una capocchia di spillo..." e mi ha prostrata del tutto. Potevo ben avere una vagina più sollazzevole e non così tragica! Io sentivo parlare di "voglia", di passione, di godimenti all'ennesima potenza... Per me era soltanto un sentito dire...

«La prima volta che ho avvertito un po' di piacere ho pianto d'imbarazzo e, nello stesso tempo, di gioia per la conquista conseguita. Finalmente ero quasi normale perché ero riuscita a raggiungere quel piccolo godimento. Purtroppo l'ho provato poche altre volte e soltanto se Antonio mi umiliava. Poi ho sempre e solamente finto...».

Una donna su due simula l'orgasmo, ma solo un uomo su cinque se ne accorge. Monica era una persona che viveva nella noia del sesso coniugale, della passione mai conosciuta. Con il marito aveva infatti consumato soltanto coiti genitali, monotoni, ripetitivi, a volte persino depressivi poiché staccati da ogni relazione amorosa profonda; quindi rapporti sessuali con scarso eccitamento, piacere e appagamento.

La passione sessuale invece va oltre il coito e l'orgasmo; significa immaginario, desiderio, eccitazione non soltanto per l'aspetto fisico dell'altro ma anche per quello affettivo, intellettivo e amoroso. Passione vuol dire evitare ogni difensiva regressione che allontani dal partner, significa superare i limiti del Sé senza perdere il senso d'identità per vivere un'unione con un'altra persona, abbandonandosi con amore all'amore dell'altro.

La passione sessuale comporta quindi anche dei rischi perché abbandonarsi al partner può equivalere, nel caso di un'identità fragile, a perdersi nell'altro in una fusione simbiotica per il superamento dei propri confini. Per questo l'immaturo psicoaffettivo, dall'identità insicura, non riuscirà mai a vivere un'autentica passione sessuale. Potrà soltanto provare un'eccitazione genitale, che è tutt'altra cosa.

Il termine passione deriva dal latino *passio*, tradotto a sua volta dal greco *pathos*, che significa soffrire, sopportare. Per Monica la passione amorosa era davvero sofferenza, quasi un martirio. Apparteneva a quella categoria di coniugi che testimoniano come nella sessualità ci sia più tensione che abbandono, più dolore che piacere, più pena che peccato. Da parte sua poi, la paziente presentava, almeno all'inizio del matrimonio, un certo desiderio anche se privo del piacere genitale.

Lo stesso orgasmo con chi si ama richiede una risoluzione dei conflitti edipici[3], che permette il superamento di certe patologiche inibizioni sessuali. Monica aveva portato nel matrimonio, e particolarmente nei riguardi del marito, tutti quei conflitti che scatenano patologie del desiderio, blocco del piacere, colpevolizzazione profonda con conseguenti tattiche evasive, fughe dal coito, dolore se lo si deve fare almeno qualche volta. Ma soprattutto il rifiuto della sessualità coniugale aveva portato poco alla volta la paziente al rifiuto del proprio corpo, spegnendo ogni eccitazione e sensazione.

Sentiamolo da lei: «Abitavo in una casa perfetta, pulitissima, ordinatissima, ma io non ci vivevo bene perché era fredda. Allora non lavoravo, o meglio facevo soltanto la casalinga. Mi ero buttata nelle pulizie, più per disperazione che per amore d'igiene...

«Mio marito all'inizio mi piaceva quando non c'era; poi nemmeno quando non c'era... Continuava tra noi la solita incomprensione di pelle e certi rancori maturati "sotto le lenzuola" non favorivano un rapporto sereno... Anzi lui, credendo di aiutarmi, mi sgridava sempre; usava cioè la logica del contrario: trattava male chi amava. "Amava" a detta sua, beninteso!».

Per le persone che vivono in solitudine, le attività domestiche sono un modo per sentirsi meno sole. Se tutto è fatto, pronto e pulito si sente più acuto il vuoto affettivo in cui si vive e quindi si continua a pulire. Monica non aveva sposato un marito, ma un padre, e aveva scambiato il suo «innamoramento» per un bisogno di sicurezza, come probabilmente è stato per Jacqueline Kennedy con Aristotele Onassis, per Marilyn Monroe con Arthur Miller, per Sophia Loren con Carlo Ponti... Non è stato opportunismo, ma bisogno di rassicurazione da entrambe le parti. Per di più la paziente si era aggrappata disperatamente a un uomo idealizzato che, sfruttandone la dipendenza affettiva, l'aveva mantenuta bambina.

Quando la paziente, affamata di un uomo con caratteristiche paterne, ne ha incontrato uno che le dava anche l'impressione di proteggerla, si è legata a lui. Ma a determinare il suo innamoramento è stato un intenso «bisogno d'appoggio» da profonda insicurezza, che le ha fatto scambiare il partner per un genitore. È probabile che l'interessamento del marito non sia stato l'espressione di un desiderio altruistico di proteggerla, bensì di un intenso bisogno di potere per un'altrettanta insicurezza. L'assumere cioè il ruolo di padre di una moglie dipendente potrebbe essere stato per lui il massimo della gratificazione.

Non stupisce che a Monica il piacere sessuale venisse impedito da divieti inconsci relativi ai tabù edipici. È nel letto infatti, quando l'esercizio della sessualità è identificato con la colpa, che si gioca la guerra fredda indossando un «pigiama-corazza», evitando il contatto, relegandosi al bordo del letto. Di tutto questo la paziente si lamentava: «Era una sessualità stanca, ripetitiva, prevedibile, senza passione, senza fantasia; un sesso senza Eros come diceva una rivista, senza nemmeno l'attrattiva dell'abitudine... Ho letto che le scimmie e i topi si accoppiano una volta al mese, gli elefanti ogni quattro anni... Beati gli elefanti!».

È certamente faticoso vivere l'amore come un contenitore vuoto, quando si riduce ulteriormente il già povero respiro affettivo, quando si scopre che il vivere non è più così interessante, quando il ritorno della primavera diventa soltanto un intollerabile scherzo della natura. Conclude Monica: «È triste svegliarsi al mattino "spenti dentro", senza entusiasmo, con la voglia di piangere. Beati coloro che possono piangere... Non si dovrebbe mai arrossire del proprio pianto...

«Vivere tutta la vita nel grigiore di un matrimonio fallito, sempre criticata da un marito "maestrino"... Chiudersi in casa e vegetare davanti a un tubo catodico, con il rischio di seccare come un ramo spezzato...».

Chi è solo si sente inutile, invisibile. Se poi a una persona incapace, perché disturbata, continuiamo a rinfacciare i suoi limiti, questa non migliorerà sicuramente poiché non acquisterà mai fiducia in se stessa; se invece evidenziamo il positivo che è in lei, anche se si tratta soltanto di poche e incerte qualità, la incoraggeremo a conquistare sicurezza e autonomia.

La disistima, proprio perché espropria dell'autofiducia, si evolve in insicurezza, vuoto interiore, solitudine; nei casi più gravi conduce alla paralisi del Sé[4]. Si può morire «dentro», anche se si gode di ottima salute all'esterno, quando l'amore da motore mobile della vita diventa motore immobile. Conosciamo tutti persone morte dentro, che non sognano più e si sono arrestate nel ghetto del disimpegno, della solitudine, della depressione.

Continua Monica: «Mi dicevo: "Non devi lasciarti andare. Non devi soccombere". Avevo voglia d'amore. Avevo un'infinita sete di comunicare, di raccontare e nessuno voleva ascoltarmi, tanto meno lui. Avevo voglia di trasgredire, di uscire dagli schemi abituali del tutto prefissato, preordinato... Dentro di me, in un angolo riparato e segreto, sentivo che avevo bisogno di un vero uomo di cui essere orgogliosa, per me stessa, non per esibirlo agli altri.

«Con la speranza di trovare ciò per cui ero in credito con la vita, mi dicevo di guardarmi intorno alla ricerca di qualcuno che mi facesse rifiorire. Desiderare di amare non è peccato! Purtroppo, quando finisce un rapporto, non sempre fuori della porta c'è un altro amore che attende...

Ma l'importante era non avere paura della paura. Purtroppo allora era tutto pigro in me, a partire dall'intestino...».

Monica prosegue la psicoterapia, commentando la sua vita: «Un giorno mi sono resa conto che la colpa non era mia. Avevo iniziato a insegnare e a conoscere persone nuove. Mi rendevo conto che dovevo cambiare uomo. Un collega mi faceva la corte. Per un po' di tempo ho desiderato che mi abbracciasse e mi baciasse, ma non riuscivo a mettere insieme il desiderio e la persona. Quando si superano i trent'anni, si incontrano soltanto celibi immaturi o sposati in cerca di avventure. Però le cose nella vita capitano; bisogna accorgersene e saperle utilizzare...».

Un corteggiatore ogni tanto ci vuole; garantisce l'autostima. L'aver poi successo amoroso è autorivalutante, poiché equivale ad avere ancora potere seduttivo. Chi ha convissuto con un partner freddo e genitale, quando ne incontra un altro dolce, accogliente, disposto ad ascoltare e a solidarizzare, resta stupefatto che si possa venire accettati e rispettati, accarezzati senza essere graffiati, baciati senza essere morsi. Improvvisamente scopre un rapporto di coppia sconosciuto, rasserenante, gratificante. Perché finalmente si sente accolto e amato. È quindi inevitabile che finisca per seguire questa nuova strada d'amore sino ad allora vagheggiata e non assaporata, per un bisogno di caloroso affetto e di serena condivisione.

Afferma infatti Monica: «Pochi giorni dopo aver incontrato Aldo ero in una situazione di totale scollamento mentale. È stato il classico colpo di fulmine. Per la prima volta nella mia vita sentivo una musica dentro. Vivevo questo amore come un miracolo inatteso, stupita di essere in grado di provare tante meravigliose emozioni. I suoi baci mi ricordavano ciò che avevo letto a proposito degli abitanti delle isole del Pacifico, che manifestano il desiderio di aspirare l'"anima" dell'altro soffregando il naso contro il viso della persona amata.

«Erano incontri belli, vestiti di pudore e di poesia; un

giorno di luce fra due notti. Sembrava che bastasse alzarsi sulla punta dei piedi per riuscire a staccare la luna dal cielo... Mi addormentavo abbracciando il cuscino, come i fiori che di notte si piegano l'uno verso l'altro per non sentirsi soli...».

Il «colpo di fulmine» corrisponde a una risposta positiva ai messaggi inconsci dell'altro. Nella fase dell'innamoramento ognuno dei due si accorge di essere stato riconosciuto e accettato. E questo riconoscersi reciproco provoca una tensione emotiva, una sensazione di esclusività, di euforia, di momento magico. Così racconta la paziente: «Con Aldo ho preso coscienza di avere un nome, perché mi chiamava spesso "Monica". Mio marito invece mi chiamava "cara", "tesoro", "amore", senza dare a queste parole il significato che hanno».

Sentirsi chiamare per nome, bello o brutto che sia, è una conferma di riconoscimento di identità, di stima, d'amore; è dunque la certezza di esistere e di essere importante per qualcuno.

Prosegue la paziente: «Parlando con Aldo le mie solite difese erano scomparse; non lo sentivo distante, ma in grado di capirmi. Ero di nuovo allegra, felice di esistere... Noi due insieme e tutto il resto fuori dalla porta. Ma avevo paura a fare l'amore...».

Nell'innamoramento si tende a privilegiare il rapporto a due, escludendo altri tipi di relazione. Non si hanno più amici; non si ha alcun rapporto con il prossimo al di fuori del lavoro. Ci si isola dal mondo, perché chi ama ed è riamato è convinto di non aver bisogno di nessuno e realizza la maggior gratificazione nella vicinanza del partner. E proprio l'intensità del piacere di stare insieme è un metro valido per valutare il grado di coinvolgimento affettivo.

L'innamorato avverte il bisogno di contatto e di vicinanza fisica, anche se in questa fase la soddisfazione sessuale è meno importante mentre sono più intense le esigenze affettive. E non è obbligatorio che prima o poi si faccia l'amore. A volte la relazione può restare platonica e in certi casi l'amore più bello è quello che non è mai stato consumato. E questo dovrebbe far meditare quegli uomini insicuri, ossessionati dall'idea del possesso genitale della propria partner.

Tra Monica e Aldo c'è stata inizialmente un'intimità affettiva, ma non sessuale. Entrambi desideravano fare l'amore, ma la paziente ha preferito aspettare perché, e sono parole sue, «un coito è vincente quando è convincente». Afferma: «Certe cose crescono nel cuore. Io non ce la faccio ancora. Sento il bisogno di un rapporto completo con Aldo e con il suo aiuto riuscirò a realizzarlo. È vero. La mia è una doppia vita: gli affetti da una parte, i palpiti del cuore dall'altra».

Il marito come scelta di complementarità e di appoggio; l'amico come amore, dove ognuno si sente vivo e importante nella vita dell'altro. Aldo le lascia la libertà di amare come può; Monica vive nell'emozione e nella tenerezza. Commenta: «Ho sempre controllato le mie emozioni; le ho sempre tenute legate, imbavagliate. Ora, per la forte vicinanza di Aldo, tutto è diverso. Con lui non ho problemi di comunicabilità. La frase "Sono qui" è per me la sintesi di tante parole: "Sono qui e non vorrei essere altrove, sono qui con te e non vorrei essere con un'altra persona...". E poi qualsiasi emozione è più intensa se vissuta in due».

La parola «emozione» significa «movimento in fuori, fuori di...» e Aldo rappresenta una forte vicinanza emotiva capace di sbloccare Monica. Del resto quando c'è l'amore si ha il desiderio di comunicarlo e di ascoltarlo. Non si ha più voglia di parlarne quando subentra l'abitudine. Chi ama non lascia mai che l'amato chieda amore. Lo dà capendo di quale amore necessita chi lo riceve. Perché a ognuno si deve dare l'amore di cui ha bisogno.

L'emozione è la reazione a quanto avviene dentro e fuori di noi. È ciò che ci fa sentire vivi, il palpito della vita; senza non ci sarebbe creatività. In certi casi rappresenta persino la turbolenza della vita, ma un pensiero o un rapporto senza emozione è gelido, arido, vuoto.

La tenerezza va oltre le carezze e le parole dolci; è rispondere ai bisogni più profondi dell'altro, entrare nei suoi desideri, accettarli e soddisfarli. È un sentimento che si impara dalla madre: infatti tutti noi abbiamo avuto il primo scambio di tenerezza con la mamma, fin dalle prime ore di vita. Il suo modo di accarezzarci, di tenerci in braccio, di nutrirci, di parlarci ha segnato profondamente la nostra vita futura, condizionandola nel sentire e nel manifestare, attraverso gesti e parole, la tenerezza.

Monica è fiera di Aldo, una specie di secondo marito segreto. Il suo amore si nutre anche di rischio; non per nulla le passioni proibite sono le più forti. Sono gli ostacoli al vedersi, allo stare insieme che alimentano gli amanti. Spesso il matrimonio o l'inizio della convivenza segna la fine della passione perché si estingue il gusto del proibito e del clandestino che erotizza il rapporto o, peggio ancora, perché la quotidianità appiattisce il partner, rendendolo a volte persino sciatto.

Dopo dieci anni di matrimonio e qualche mese di psicoterapia cominciano ad emergere le motivazioni per cui Monica si è sposata. «Con mio marito chiacchiero, non parlo. Se lui non tira, io non spingo. L'amore non si sviluppa o prospera perché gestito da una regola imposta dall'esterno. Dopo anni di sopravvivenza in un quasi silenzio del cuore, quando incontri una persona che ti fa rivivere i ricordi dell'adolescenza, quando il distacco non è perdita dell'altro ma ansiosa attesa, quando diventano comprensibili il pudore e le parole "ti amo", bisogna saltare il fosso. Ogni amore contiene un sottinteso sessuale...

«Ha rimorso chi ha agito, ha rimpianti chi ha rinunciato ad agire. E molto spesso si porta dentro per tutta l'esistenza il rimpianto di non aver avuto il coraggio di mettere in pratica, almeno una volta nella vita, il desiderio di far prevalere la passione sulla ragione. Meglio bruciare che arrugginire!»

Monica è legata a entrambi gli uomini e avverte il bisogno di frequentarli: per giocare e fare cose desuete con Aldo che le trasmette energia vitale, per attingere sicurezza da Antonio che rappresenta, malgrado i rapporti genitali dolorosi, un sicuro punto di riferimento. Si divide così tra entrambi, raccontando le più svariate bugie: impegni di lavoro, riunioni, improvvisi cali di udito per non aver sentito il cellulare. E poi il doppio gioco con i conoscenti: nel rione dove abita Aldo la vedono spesso con l'amico e non mancano le battute sul prossimo matrimonio; nel quartiere dove risiede con il marito è riconosciuta ufficialmente dai negozianti, che la salutano deferenti come la «moglie dell'ingegnere». L'unico vero confidente è il telefonino che trasmette i messaggi di entrambi gli uomini, tenendoli separati con molta discrezione.

La paziente riferisce in seduta: «Il desiderio compare al primo sguardo o mai più. Perché mi sono resa conto che la mia non è tenerezza romantica, ma voglia di far l'amore con Aldo. La mia tensione equivale a eccitazione sessuale. L'altro giorno ho iniziato ad "accarezzarmi", pensando a cose strane... Ho avuto paura d'aver avuto tanto coraggio. Ho sentito il terrore di accettare o ricercare un piacere soltanto per scaricare il mio istinto. È meglio aspettare l'amore per coire? Ma io ce l'ho già. E l'amore permette di fare l'amore...».

La sessualità trabocca di stravaganze più sognate che vissute. Quando poi la realtà non appaga o delude, ci si può curare anche con l'immaginazione per coltivare ancora qualche superstite e bellissimo sogno, che non vogliamo né possiamo disperdere.

Dopo qualche giorno la paziente riferisce in seduta: «Ho fatto l'amore con Aldo; la curiosità e il batticuore erano quelli di un'adolescente. Ho scoperto d'avere una capacità d'amare che non ho mai realizzato perché l'ho sempre repressa, danneggiando me stessa. Finalmente ho capito che non è umiliante lasciarsi andare, restare meno attenta, meno vigile, meno controllata, abbandonarsi. Mi sono resa conto che, se non manovro o guido le cose, amo meglio, con più piacere e ne vengo ripagata... Finalmente l'orgasmo, quel piacevole attacco nervoso che fa perdere il controllo del cervello e dei muscoli... È come gettare una pietra in uno stagno e i cerchi si allargano verso l'esterno... Ho realizzato anche che amare non equivale a rinunciare alla libertà, ma a scegliere un piacere più alto, un bene maggiore».

Amore e passione non sono la stessa cosa. Si può vivere il primo, senza mai conoscere la seconda. Con Aldo la paziente prova quel lasciarsi andare che equivale a una benefica perdita di controllo. L'esperienza orgasmica richiede infatti un temporaneo abbandono dei limiti del Sé[5]. Ed è una scoperta che improvvisamente mette in moto sensazioni ed emozioni sconosciute. «Mi è parso» riferisce Monica «di sentire persino il canto delle balene. Pare che questi cetacei, quando sono in amore, emettano una musica così bella da far perdere la testa ai marinai.»

Intanto la paziente si sente contenta e più bella, come lei stessa afferma; ha infatti il fascino della persona che ama e il sorriso sereno di chi si sente amato. «Non so se è l'amore o la pillola anticoncezionale che mi rendono così bella. Ho letto da qualche parte che l'aumento degli ormoni nel sangue ha un'azione cosmetica sulla pelle, che diventa più idratata, liscia ed elastica. Io sono in superallenamento, faccio l'amore tutti i giorni, prendendomi gli arretrati. Però se una volta cercavo, nei rapporti, di dimostrare a me stessa che ero una donna, ora non m'interessa più, sono come sono e basta... Con Aldo però mi sono sentita donna per la prima volta, anche a letto...»

L'amore, per l'aumento degli estrogeni, produce cambiamenti esteriori (fa fiorire la bellezza fisica) e interiori (aumenta l'autofiducia, scioglie le inibizioni, stimola ad agire), per cui aiuta lo sviluppo di sé. È l'antidepressivo più efficace: le tenerezze hanno un effetto positivo sull'umore; il poter poi contare sull'affetto di una persona rassicura, inorgoglisce, aumenta l'autostima.

Monica, quando si è sposata, si valutava all'altezza della situazione, senza esserlo. Fanatica della palestra, conosceva soltanto un tipo di piacere: quello che provava saltando la corda. Ora crede di essere diventata una donna perché ha goduto dell'amore. Ma per essere una vera donna occorre molto di più. La capacità di coire e di orgasmare non garantisce infatti il possesso di una maturità psicoaffettiva.

Secondo il principio harvardiano (l'università statunitense dove formano i vincenti), bisogna trasformare una sconfitta in una vittoria. E Monica, che si sentiva perdente nella femminilità, grazie all'analisi e ad Aldo, proveniente da una regione sanamente godereccia e sessualmente iperattiva quale l'Emilia, sta imparando a fare l'amore, liberando sensazioni prima sconosciute e temute.

La sessualità è anche una via per conoscere l'altro; è linguaggio tra due corpi. Perché il corpo parla più delle parole, i gesti possono essere più espliciti dei discorsi (secondo ricerche antropologiche, in una normale conversazione soltanto il 35 per cento delle informazioni raggiunge l'interlocutore tramite le parole).

Riferisce la paziente in seduta: «Il suo corpo mi fa tenerezza, come il suo desiderio. Si dice che il letto e la tavola siano due luoghi propizi all'intimità. Per noi non sono necessari. A me basta sfiorarlo e il desiderio scorre tra noi come se fosse la prima volta. Allora il cuore diventa ingovernabile...

«Con mio marito mi sento inappagata, provo fastidio se mi tocca... Con Aldo invece rimango eccitata anche dopo "essere venuta" e, se lui continua, ricomincio a godere arrivando a più orgasmi».

Ancora le parole della paziente ci dimostrano come una buona comunicazione sia alla base di una buona intesa sessuale. Ciò non è accaduto con il marito. Monica però gli è ancora legata, anche se lo tradisce. Ormai quasi rifiuta il coito con lui: la sessualità è fedele, la genitalità è infedele.

A tanto piacere corrispondono tanti problemi, perché Monica è una donna divisa tra due uomini e due vite. È un'esistenza a due facce: una famiglia ufficiale e una accessoria. Nella situazione del doppio legame i due rapporti si prolungano, così che la protagonista si alterna tra due persone, spesso anche tra due case, dentro e fuori continuamente.

Per Monica scegliere un uomo, quindi scartare l'altro, è impossibile. Inconsciamente è presente in lei la paura di perdersi nell'amore, cioè di annullarsi completamente se ne ama uno solo: ha bisogno di numerosi partner per soddisfare più parti di sé.

Avere più persone è rassicurante. Più che un delirio di onnipotenza è angoscia dell'esclusività di un rapporto; si teme cioè l'idea di legarsi in esclusiva con una persona e sparirci dentro. Per questo anche ai giorni nostri, pur essendo possibili convivenze successive, le relazioni simultanee non sono in diminuzione. Spesso nel protagonista di queste situazioni è anche presente una certa dose di opportunismo che lo porta a prendere quanto di meglio i due partner possono dargli, trascurando di considerare la frustrazione che entrambi subiscono per avere un amore «a mezzo servizio».

Amare, o credere di amare, due persone contemporaneamente corrisponde ad amarne una soltanto. I due uomini (o le due donne) altro non fanno che corrispondere a due componenti della personalità: l'uno, per esempio, appaga un bisogno erotico-passionale; l'altro, invece, un bisogno di sicurezza e di conformismo. L'amore, la passione, la sessualità da una parte; il voler bene, la sicurezza, la solidarietà dall'altra.

Anche se legata ad entrambi i partner, Monica non riesce a rapportarsi in maniera completa ad alcuno. Proprio perché prende dal secondo uomo quello che non riceve dal primo e viceversa, vive entrambi i rapporti in modo incompleto.

Due partner part-time: con il marito la convivenza familiare e i regali natalizi sotto l'albero; con Aldo gli incontri clandestini in macchina o in locali fuori mano. Infatti

Monica continua ad arrabattarsi in tale ménage con una rocambolesca altalena di telefonate, corse in automobile, doppi pigiami e doppi nécessaire... Due legami paralleli, due strade lastricate di bugie: sesso legale e sesso rubato. La relazione con l'uno rappresenta la normalità e la tranquillità; quella con l'altro un rapporto emozionante e passionale anche se contraddittorio e faticoso.

«Aldo ed io ci vogliamo molto bene, quando abbiamo modo di potercelo volere. Ma non ce la faccio più a vivere in bilico tra ufficialità e clandestinità, non sopporto più di dover sempre nascondere una parte di me, di trasformare tutta la mia vita in una menzogna. Non mento per cattiveria, ma per difendermi. Ecco, per me la bugia è un modello di strategia difensiva...»

Se tra due donne può mettersi in moto una solidarietà femminile contro il maschio, tra i due uomini del triangolo permane quasi sempre l'antagonismo. L'amante all'inizio è anche disposto a ricevere brandelli di cuore della partner e accetta la situazione, lasciando al marito la quotidianità ufficiale. Il fatto di rimanere libero e amato con passione lo consola del non poter fare progetti di vita con la donna che dice di amarlo. Dopo qualche mese però si sente senza ruolo, come qualsiasi amante. Comincia a mercanteggiare, vuole di più e quindi entra in competizione con il marito. Compare la voglia del possesso, la gelosia, la rabbia, l'odio per l'altro; vuole che lei parli chiaro, che si separi, che vada a vivere con lui. La donna invece tende a mantenere la relazione part-time con il coniuge, anche perché spesso legata a una prole che «non si può abbandonare». E la vita diventa un inferno per tutti.

Nel caso di Monica i due uomini vogliono averla tutta per sé e mirano, in un gioco inconsapevole, a sottrarla al rivale. E in questo ménage a tre il più forte è spesso quello che sembra la vittima, cioè il marito. La vera vittima è invece la persona che resta invischiata in una situazione di doppio legame, che implica infatti alti costi psicologici. Il continuo duello tra «il principio del piacere» e «il principio della realtà»[6], proprio di certi grovigli emotivi, crea un'ansia profonda, accentuata dalle bugie e dai sotterfugi a cui la doppiogiochista deve fare ricorso. Monica ne sta diventando consapevole e commenta: «Vivere da amante è sempre rubare amore. E poi, tra tutte le soluzioni affettive, è la scelta più sbagliata: la più umiliante per me, anche se la più comoda per Aldo».

Non le è comunque facile uscire da tale situazione di doppio legame in quanto, da qualsiasi parte voglia interrompere il rapporto, ne consegue una dolorosa lacerazione. Per questo la persona che vive in tale triangolo evita di scegliere e alimenta le due relazioni, persistendo nel suo inconscio il bisogno di un punto di sicurezza (simbolicamente rappresentato dal coniuge) e di una gratificazione amorosa (che soltanto l'amante può dare).

Malgrado le forti tensioni quotidiane cui si sottopone, la persona che tiene i piedi in due staffe non è quasi mai in grado di scegliere tra il coniuge, che rappresenta a livello inconscio una specie di genitore, e l'amante, vissuto spesso come il primo amore. Infatti si tratta quasi sempre di un soggetto che ha contratto, credendosi innamorato, un matrimonio la cui motivazione inconscia era la ricerca di una figura rassicurante, genitoriale.

Amore e sensi di colpa

Riferisce Monica: «Il grande dilemma: dire la verità a mio marito oppure sdoppiarsi, simulare... Non sono un'adorabile fedele, ma una moglie bugiarda. Se devo guardarlo in viso, abbasso gli occhi o li giro da una parte. C'è qualcosa che m'incute soggezione. Poveraccio. Tutto quello che ha raggiunto l'ha pagato di tasca sua, impegnandosi duramente. E poi abbiamo in comune un bagaglio di fatiche e ricordi. Sono molto stanca...».

Tenere in piedi una doppia vita richiede notevoli sforzi di coordinamento; soprattutto comporta un forte carico di tensione. Non per nulla la protagonista, come molte donne sottoposte a stress, soffre di alterazioni del ciclo mestruale.

Quella della doppiogiochista è una vita movimentata, per la quale occorrono molte energie fisiche e psichiche. È una vita da pendolare, di sotterfugi; una situazione che dilata i rimorsi. La paziente ricorre a varie scuse per autoconvincersi che è morale tutto quanto rende felice, però in lei permangono molti sensi di colpa che rimbalzano da un uomo all'altro.

«A mio marito voglio bene profondamente, ma non ne sono più innamorata. Quando si tratta di parlare di "noi", reclama una moglie; poi ammutolisce, risponde a monosillabi, cerca di sgattaiolare dalla porta. E così si finisce con il dire sempre le stesse cose con pause sempre più lunghe. Io resto costantemente sulle mie posizioni, ma lui pretende sempre e solo, rifiutando ogni dialogo, ogni chiarezza. Apparentemente mi tratta in modo gentile, ma ignora i miei bisogni più profondi. È stupito che io sia triste, a dispetto di tutto quanto mi fornisce sul piano materiale. Mi ha dato infatti molte cose, è vero, ma non si è mai interessato a quello che io dico, sento, vivo.

«La nostra è una coppia fredda, chiusa in un igloo. Non ci riconosciamo nella realtà del matrimonio. Manca la volontà di trasformarsi; viviamo in una abulica simbiosi con molte cose negative: guardiamo senza vedere, vediamo senza reagire, reagiamo senza voler modificare. La convivenza, con le sue insidie, le sue delusioni, le sue usure porta all'indifferenza, alla glaciazione dei sentimenti. La quotidianità, con la sua routine, banalità o egoismo, devasta l'amore... Spesso certe scelte del cuore portano al tradimento della carne. E il tradimento è sovente un punto di non ritorno nella vita di una coppia...»

Monica vive con fatica tale doppio legame, ma vi è costretta per un'angoscia di abbandono, cioè di restare sola. Per queste sue insicurezze profonde deve sempre avere un secondo partner di riserva, che rimpiazzi il primo se questi se ne dovesse andare. Con il marito ha messo in atto una tecnica «evasiva», che attua non tanto con un abbandono fisico, ad esempio con la separazione dal coniuge, quanto mediante un'elusione mentale, cioè con un disimpegno strategico del coinvolgimento emotivo. Tale condotta non rappresenta una vera soluzione, ma un ripiego di risparmio emotivo utile, almeno temporaneamente, quando non si riesce a cambiare una situazione attraverso un intervento attivo.

Da parte sua il marito ha adottato la tecnica dell'«affermazione aggressiva» che mira a mutare un matrimonio, avvertito come negativo, mediante l'impiego di un atteggiamento denigratorio, mentre sarebbe consigliabile un intervento positivo, ad esempio una maggior attenzione, comprensione, disponibilità. All'amico invece non resta, almeno per il momento, che la tecnica «di adattamento», tendente a modificare il proprio comportamento in base alle decisioni di Monica, la quale, come spesso accade alle protagoniste del doppio legame, fa passare molto tempo senza riuscire a concentrare il suo bisogno affettivo in un rapporto d'amore con un unico partner.

«...Innamorata dell'amante, continuo a tradire mio marito. Molte "lo fanno" soltanto perché "tutte lo fanno". Ma poi, quando si deve pagarne il prezzo, il "lo fanno tutte" non fa più gioco perché ognuno paga da solo per sé.

«Il ruolo di moglie è per me come un vestito che si mette e si toglie a seconda delle occasioni. Mi sento ambigua; mi sembra di rubare ad entrambi qualcosa... Per quanto riguarda mio marito, io non sono una donna alla portata del suo desiderio. Lui mi vorrebbe "spontanea". Le mie offerte sono invece a richiesta. Il mio è un voler bene di pietà e di compassione che lo umilia.

«Devo dirlo a mio marito? La sua reazione sarebbe fonte di conflitti e di ulteriori sofferenze... Meglio di no. Meglio una pietosa bugia che una verità che ferisce. Di ciò che fa male all'altro è meglio tacere. Ma su questo argomento le mie idee sono confuse, contorte e contraddittorie. Non sono cose in cui si possa spaccare un capello in quattro, non è un teorema matematico. O forse la risposta la si conosce subito; soltanto non fa comodo darsela perché si ha paura di ammetterla...»

Questi non sono problemi morali, nemmeno psichiatrici; sono prima di tutto problemi umani.

Verso l'autonomia

Monica non è un'amante occasionale, come la sua vita di moglie non è soltanto una scelta di facciata. Quello che le è necessario è autostimarsi, aver fiducia in se stessa. Da piccoli si attinge autostima quando si è accettati dai «grandi»; da adulti, senza autoconsiderazione, non ci si sente apprezzati neppure dagli altri.

La parte di noi che facciamo più fatica a riconoscere è proprio quella che ci impedisce di vivere pienamente e serenamente il rapporto con chi si ama. Perché non viviamo veramente in noi, ma nell'immagine che l'ambiente dà di noi. E spesso quello che gli altri pensano non corrisponde a come ci sentiamo dentro, anche perché offriamo l'immagine di come vogliamo essere, non di come siamo realmente[7].

Perdiamo tempo a ignorarci, a non amarci, talora anche a odiarci. Ciò si verifica quando siamo contro noi stessi; quando diventiamo vittime di nostre parti contrastanti, di un padrone che vuole una cosa e di un altro che la nega, di una parte che tira avanti e di un'altra che tira indietro; quando avvertiamo la confusione tra un desiderio inconscio e la difesa contro di esso, e soltanto di quest'ultima abbiamo coscienza.

Monica è andata a vivere da sola. Sta soffrendo questo momento delicato, come lei stessa riferisce: «Adesso ho una vita da sola, non facile, a volte anche un po' triste, ma trasparente. Io ho sempre avuto bisogno di un uomo, di attaccarmi a qualcuno, di innamorarmi. Poi si scopre il partner molto diverso: "Come sei cambiato! Non ti riconosco più...". In realtà lui è sempre lo stesso e siamo noi che ci siamo sbagliati nel valutarlo...

«Con Aldo ho avuto bisogno di rodare dentro di me quello che desideravo si mettesse in moto. È vero. Un grande amore lascia svuotati. Ma esistono nella vita sacrifici che non possono essere contrattati con nessun altro se non con noi stessi...».

Ognuno porta negli affetti le varie componenti della propria personalità. E siamo soprattutto noi stessi che costruiamo il destino di ogni rapporto. Diventa così fondamentale, almeno da adulti, non lasciarsi influenzare da pressioni esterne; non si deve permettere agli altri di imporre come dobbiamo essere, sentire, amare...

L'ambiente rispetta soltanto a parole l'individualità; ci esorta a «seguire la nostra strada» e a essere noi stessi, ma ci spinge poi continuamente a uniformarci agli altri, alle regole, ai codici del gruppo. E anche noi medici vi contribuiamo. A volte mi chiedo se siamo i più adatti a parlare di amore, proprio perché quasi tutti gli studi di medicina o di psichiatria puntano più sul negativo, enfatizzando i problemi, i disturbi, le patologie. Troppe teorie nascono basandosi sui pazienti, cioè sui malati. Meglio sarebbe prestare più attenzione alle persone normali!

Affinché l'essere umano possa autoregolarsi, deve essere libero di valutare e di comportarsi come decide. E la vera fedeltà va fino all'inconscio, oltre le motivazioni razionali. Non è necessario conoscersi fino in fondo, ma quel tanto per vivere in armonia con se stessi, per volersi cioè bene con giudizio, senza la paura di guardarsi allo specchio o la tentazione di amarsi troppo e perdere l'autocritica.

Questa è autonomia psicologica, che equivale a saldi confini del Sé, sublimazione dell'aggressività, sicurezza nella propria identità sessuale, non paura o invidia per l'altro sesso. Autonomia per poter scegliere di dire «no», di misurarsi con le situazioni affettive. Perché una scelta matura si basa sul desiderio di amare e non sul bisogno, perché un legame maturo si fonda sulle capacità di scambio e non solo sul ricevere o prendere, sull'amare cioè l'altro senza il bisogno di possederlo ma rispettandolo per quello che è.

Così conclude Monica: «Non soltanto ho la voglia di appartenere a qualcuno, ma anche di appartenermi attraverso qualcuno. Spero di riuscire a concentrare i miei bisogni affettivi in un unico rapporto d'amore con un futuro compagno. Forse la mia completa realizzazione passa per un terzo uomo. Per questo, restando per il momento sola, mi preparo con la speranza di incontrare se non proprio la love story della vita, almeno una relazione serena».

L'amore va oltre lo «stare bene insieme», oltre l'emozione piacevole e rassicurante del sentirsi avvolti dal calore dell'altro. È volere la realizzazione della persona che ama e di quella amata. È percorrere insieme un cammino.

L'INFEDELTÀ

L'infedeltà ha ormai perso quella connotazione diabolica che aveva fino agli anni Cinquanta, così che ai giorni nostri la relazione extraconiugale è meno colpevolizzata dalla società. In Giappone, ad esempio, per i mariti altolocati l'amante è addirittura d'obbligo.

L'attuale società è ben poco adatta alla monogamia e il tradimento coniugale è diventato un genere di largo consumo anche nel nostro paese, al punto di essere il peccato più confessato dagli italiani, quello che supera tutte le altre trasgressioni erotiche. In testa alla hit parade delle confessioni vi sono infatti le colpe sessuali, con l'adulterio al primo posto; viene così ridotta l'area della colpevolizzazione, con l'esclusione dei peccati sociali quali evadere le tasse, sfruttare i dipendenti, farsi corrompere, sperperare il pubblico denaro, inquinare, guidare ad alta velocità... che, da chi li commette, non sono avvertiti come atti illeciti. Sembra quasi che tali violazioni delle leggi dello Stato non rientrino nella morale, per cui raramente sono vissute come trasgressioni.

A volte il tempo logora l'amore, lo consuma, determinando un ritiro delle cariche affettive precedentemente investite nel partner, cariche che vengono convogliate sul soggetto stesso o su una terza persona. Gli effetti delle reciproche frustrazioni ripetute per anni si manifestano nella coppia quando non c'è stata crescita psicologica o culturale in entrambi i componenti, quando l'uno dedica all'altro soltanto le ore di stanchezza, quando si è a disagio o si evita di farsi vedere nudi dall'altro perché qualche cosa non va più nell'intesa sessuale, quando si vive sospesi tra un matrimonio che non si ha il coraggio di disfare e un rapporto che non si ha la forza di vivere fino in fondo, quando chi non è solo si sente a volte ancora più solo proprio perché in compagnia, quando inizia una segreta nostalgia per un'altra persona...

Ci sono le «microinfedeltà» e ne sono esempio le tre donne su quattro che, mentre fanno l'amore con il marito o con il partner fisso, pensano ad altri uomini, ad altre donne oppure ad altri uomini con altre donne. C'è poi un'infedeltà «di pancia», cioè epidermica e transitoria, che non coinvolge: un nuovo partner soltanto quale soluzione alla noia sessuale. È la più praticata e tollerata, anche se attualmente è in diminuzione per la paura dell'Aids. Tale malattia mortale ha infatti ridotto la scappatoia dell'adulterio di pancia, anzi si sta ribaltando la mentalità e il partner fisso è più accettato. Ad esempio, il «fusto» che è stato in vacanza in Brasile è un uomo a rischio; altrettanto lo sono i dongiovanni, i bagnini, i playboy, che ormai sono in crisi. A loro si preferiscono altri meno atletici, più «sedentari». In questi casi si programma un incontro breve, di passaggio, talora di una sola volta, poiché si sa ragionevolmente che non può durare; infatti ci si arrende al sesso in media entro i primi tre appuntamenti.

A volte invece capita che si vada oltre l'avventura, oltre i limiti prestabiliti. Si finisce cioè innamorati e l'amore fa andare al di là dei confini previsti. È l'infedeltà «di cuore», coinvolgente e duratura, che nasce dal bisogno di una comunicazione profonda, di una relazione intima che comporti tenerezza, calore e abbandono. Attualmente questo genere di infedeltà è in aumento per combattere la solitudine interiore, un male dei nostri tempi. È sbagliata l'idea che il sentirsi soli sia una prerogativa di chi non si sposa; non sempre il matrimonio è un rimedio al vuoto affettivo, specie quando si crede che la soluzione sia negli altri e non in se stessi. Anzi, il peso della solitudine è ancora più grave quando ci si trova vicino a qualcuno che non colma alcun vuoto.

Vi sono poi l'infedeltà «acuta», ad esempio per rivalsa o vendetta, e quella «cronica» per un bisogno nevrotico di verificare il proprio potere seduttivo, quindi per rafforzare la propria autostima e autofiducia. In quest'ultimo caso la fedeltà diventa una prigione, perché il soggetto è un nomade che trae rassicurazione dal «predare» tutti i partner che gli capitano a tiro. L'infedeltà diventa allora una «trasgressione ripetuta», poiché per tale individuo ogni appartenente all'altro sesso è uno stimolo, va conquistato e posseduto per dimostrare di essere all'altezza della propria virilità o femminilità.

Tale immaturo è a volte nel profondo molto legato al coniuge, che rappresenta per l'inconscio un sostituto della figura genitoriale (quindi un punto di sicurezza) e per il conscio il partner «giusto», per nulla al mondo da lasciare. Nonostante tale intenso legame, lo tradisce continuamente per un narcisismo malato. È quindi un monogamo sul piano affettivo e un poligamo su quello genitale. E alla base di tale alto tasso d'infedeltà c'è un continuo bisogno di conferme. Purtroppo trattandosi di un traditore non episodico ma cronico è anche difficile da perdonare.

In altri casi l'infedeltà cronica si radica in una pulsione aggressiva profonda, che ha bisogno di umiliare, profanare, quasi distruggere i vari partner. Ricordo al riguardo un paziente, un imprenditore quarantenne, sposato con figli, che entrava in ospedale anche per la più lieve malattia non tanto per curarsi quanto per sedurre suore. I ricoveri nelle varie cliniche, selezionate attentamente in base alla presenza di «sorelle», erano vissuti con la frenesia di una vacanza esotica. La sua ossessione di conquista dissacratoria si rivolgeva quindi a prede non facili, senza preoccuparsi della loro età o della loro avvenenza. Si può dire che dovesse sedurre più l'abito monacale che il corpo che vi era contenuto. E poiché era un bell'uomo e con molto fascino, qualche volta riusciva nel suo intento. Del resto, dopo i trofei sessuali, consumati nei servizi o nei sotterranei dei reparti, abbandonava le poverine che spesso finivano persino d'innamorarsi di tale immaturo profanatore.

L'infedeltà può essere «adolescenziale», quando si vive il coniuge come genitore e si hanno le «cotte»; oppure «climaterica», tipica dei cinquantenni che, quanto più vanno avanti negli anni, tanto più desiderano partner giovani. È il caso, ad esempio, dell'uomo arrivato che, in piena età matura, si risposa o frequenta una donna molto più giovane per esibire narcisisticamente una bella compagna, per ritrovare una certa carica sessuale, ecc.

Esiste poi l'infedeltà «da noia», quando la monogamia sfocia nella monotonia. Un coniuge noioso è il miglior stimolo all'adulterio, mentre la novità è un notevole eccitante, anche in campo affettivo-sessuale. Sono i casi in cui la coppia è separata da un muro costruito giorno per giorno con i mattoni del torpore sessuale, della routine, dell'abitudine. Un'impossibilità si frappone tra i due; compare la claustrofobia della tana, con bisogno di evasioni trasgressive, che diventano impellenti.

Vi sono quindi l'avventura di una notte e l'innamoramento passionale, che sconvolge la precedente vita di coppia. L'infedele occasionale ricerca quasi sempre una verifica della sua identità sessuale, mentre l'infedele con una relazione continuativa si lega profondamente all'amante perché vi trova quanto manca nel rapporto coniugale e cioè accettazione, apprezzamento, stimoli, tenerezza, sensualità, intimità.

Si può tradire per carenza d'affetto, per vendetta nei confronti di un partner che ci ha umiliato, per evadere dalla noia di un rapporto routinario, per un bisogno di verificare il proprio potere seduttivo, per cercare una medicina a una disfunzione sessuale (le frigide sono infatti spesso adultere, per verificarsi). Nella maggioranza dei casi si è alla ricerca di un'iniezione di fiducia attraverso la corresponsione, anche soltanto genitale, dell'altro per rafforzare un Io vacillante a causa della propria età evolutiva o delle ripetute frustrazioni nel rapporto coniugale oppure in conseguenza di stress lavorativi, pensionamento, climaterio o semplicemente per aver raggiunto una certa età anagrafica.

Capita poi a volte che la ricerca di qualcosa mascheri la fuga da qualcos'altro. In certi casi l'adulterio è infatti un mezzo per fuggire da un rapporto di coppia in crisi. Si aspetta cioè d'aver trovato un partner per avere il coraggio di mandare all'aria un matrimonio che è diventato soltanto un peso. Perché si può essere infedeli anche per seppellire definitivamente un rapporto d'amore già finito da tempo.

Nel passato l'uomo ha considerato il tradimento come un diritto della sua posizione di maschio. Nell'immaginario collettivo l'uomo che tradiva era «cacciatore», la donna «puttana». Ancora nel nostro contesto culturale l'infedeltà maschile è valutata diversamente da quella femminile. Per l'uomo è quasi lecito infrangere la morale del matrimonio monogamico, dove l'esercizio della sessualità è concepito unicamente all'interno della coppia istituzionalizzata.

Il tradimento maschile è meno colpevolizzato di quello femminile, anche per il luogo comune che l'uomo avrebbe una maggior impellenza del «bisogno fisico», mentre se la donna tradisce è perché «non ha più affetto per il marito». E questa è ancora una concezione di «esclusivismo sessuale», che pretende ogni libertà maschile senza concederne alcuna femminile. Ma ormai la donna ha conquistato l'adulterio «liberato», assumendo un ruolo attivo anche in questo campo.

Ai giorni nostri l'infedeltà non è più una caratteristica maschile e anche in Italia la sua immagine tradizionale si è ribaltata. Infatti la percentuale delle donne che tradiscono ha superato quella degli uomini, seppur i loro tradimenti siano meno pubblicizzati perché sono più «furbe» nell'agire. E tale adulterio si verifica quasi subito dopo il matrimonio: il 70 per cento delle donne sposate da più di cinque anni infatti ha in corso o ha già avuto un'avventura extramatrimoniale. Anche negli Stati Uniti l'infedeltà femminile ha superato quella maschile, mentre trent'anni fa il rapporto Kinsey[8] dava per doppio, rispetto alle donne, il numero degli uomini infedeli. Negli Usa si calcola che più del 75 per cento delle mogli, sposate da dieci anni, abbia tradito il marito.

Anche negli animali il verbo «tradire» non si coniuga soltanto al maschile. Recenti ricerche hanno evidenziato, ad esempio, che l'adulterio è praticato dalle femmine degli uccelli monogami, cioè a coppia fissa per tutta la vita, come i germani reali, le rondini e le cinciarelle. Capita infatti che, mentre il maschio si allontana per un viaggio di approvvigionamento, la femmina cerchi rapporti sessuali extraconiugali con maschi vagabondi, che poi se ne vanno. Ed è probabile che la spinta all'adulterio sia il desiderio di procurarsi geni migliori per la prole nascitura, quindi per la discendenza.

Erroneamente dunque si crede che l'uomo sia infedele per la solita ragione, cioè per il «sesso», e che la donna lo sia per il solito motivo, cioè l'«amore», e quindi per la ricerca dell'emozione, della tensione esaltante dell'appuntamento, dell'incontro segreto. Questo va bene nelle telenovela e nei romanzi rosa. La realtà è un'altra. Come già scritto, dietro a un'infedeltà vi sono spesso noia, frustrazione affettiva, solitudine, disperazione, bisogno nevrotico di verifica, pulsioni di autodistruzione... E tutto questo ha ben poco a che fare con l'amore. Perché l'infedeltà è l'ultimo anello di una catena. Prima che la si consumi si è creato il silenzio affettivo e sessuale e, prima ancora, la perdita di fiducia, la disistima, l'indifferenza o l'intolleranza.

È vero che più che la fame di sesso, la molla dell'infedeltà femminile è soprattutto il bisogno di affettività. Nella donna prevale infatti la tendenza ai valori affettivi, all'impegno di coppia e, in questo contesto, al rapporto sessuale, solitamente accompagnato da un sentimento di familiarità o d'interesse personale per il partner. È però un luogo comune, un semplice alibi di copertura, affermare che la donna tradisca soltanto se innamorata. Spesso si convince di amare perché tale sentimento la giustifica agli occhi degli altri e di se stessa. Se dichiarasse infatti di ricercare nell'adulterio soltanto il piacere genitale, ne riceverebbe una condanna ben più pesante. In altri casi la donna può avere una relazione extraconiugale per un'autoverifica narcisistica, per ripicca o per fare dispetto al partner.

L'aspetto fisico, che è sempre stato sopravvalutato, è un elemento, e non sempre il più importante, dell'infedeltà. L'attrazione fisica per un'altra persona è soltanto la causa scatenante del tradimento. Le «corna» crescono quando un uomo e una donna stanno insieme solamente per rispettare un quadro istituzionale oppure quando possiedono una sensibilità affettiva assai diversa. Ma soprattutto si tradisce se si vuole soltanto bene, non quando si ama. Se c'è l'amore, non si pensa nemmeno a tradire; quando si ama, si prova il «piacere della fedeltà».

I veri innamorati si dicono «ti amo» e non «ti voglio bene», espressione da usarsi soprattutto nei riguardi dei genitori, dei fratelli e degli amici. Perché amare è un voler bene arricchito dalla passione. Per «girare bene» a letto il voler bene non basta; ci vogliono l'amore e la passione, che sono anche una questione di «sintonia inconscia», come affermano le scienze psicologiche.

Nell'infedeltà, specie quando si consuma con amici o

amiche di famiglia, è a volte presente quel fenomeno definito «complicità di coppia». Si verifica quando è il tradito a spingere l'altro verso l'adulterio, rifiutandolo, aggredendolo, castrandolo. Proprio per questo suo ruolo di promotore del tradimento, egli ne è soltanto una vittima apparente. Ricordo un paziente, adultero cronico, che forse era l'«uomo più pulito d'Italia» per le molte docce antiprofumo femminile che doveva fare. Aveva una moglie fobica, con la mania della pulizia, e nella sua casa l'ossessione dell'igiene e dell'ordine distruggeva il piacere di viverci. Per questo i figli vi restavano il meno possibile e il marito cercava «fiato» altrove. Il paziente si allontanava dalla moglie per ritrovare un suo spazio, anche se usava come «medicina» per i suoi problemi soltanto le prostitute, con le quali aveva rapporti veloci e non sempre coitali. Il suo comportamento si allineava a quanto per lo più avviene negli incontri mercenari, limitandosi spesso a rapide *fellatio*.

Non è dunque vero che il tradito sia sempre la vittima, come non corrisponde a verità che più un coniuge è affettuoso, presente e premuroso, più sia un soggetto a rischio. Spesso la cosiddetta vittima è un individuo opaco, noioso oppure presuntuoso o aggressivo. Perché a volte un coniuge se ne va non tanto perché ha voluto andarsene, ma perché gli è diventato impossibile rimanere. Sono i casi dove la colpa non è tutta dell'infedele, in quanto chi sembra subire a volte in realtà sfrutta, consapevolmente o no, la situazione a suo vantaggio; spesso non è affatto vittima, ma complice o carnefice.

Il fenomeno della complicità di coppia è anche presente quando il partner tradito ne è più o meno consapevole per i frequenti lapsus con cui l'infedele l'informa, ma non vuole vedere una realtà che lo manderebbe in crisi e fa di tutto per non saperlo, mettendo in atto una serie di omissioni o di compromessi per non prenderne coscienza. È un soggetto talmente insicuro che il lasciarsi sfiorare dall'idea di rimanere solo lo terrorizza. Proprio perché non può accettare tale situazione angosciosa, la esorcizza rimuovendola, cioè allontanandola inconsapevolmente dal conscio. Usa quindi un meccanismo infantile di difesa a un'idea dolorosa. Infatti se poi decide di fare una psicoterapia, rievoca intuizioni o situazioni che ha nascosto a se stesso, e ammette di «averlo sempre saputo».

Esiste anche il tradito «presuntuoso» che, pur messo di fronte ai segnali chiari ed evidenti dell'infedeltà da parte del partner, rifiuta tale realtà perché è troppo narcisista per accettarla. È infatti così convinto di essere il centro dell'attenzione di tutti, partner compreso, che non riesce a prendere in considerazione l'idea che anche quest'ultimo non ne sia affascinato.

L'ignorare il tradimento è più frequente negli uomini. Vi sono infatti molti mariti traditi, in maniera anche eclatante, i quali non se ne rendono conto, malgrado le partner abbiano una relazione extraconiugale da anni. Le mogli, invece, si accorgono quasi sempre di una relazione, a volte persino di una fugacissima avventura dei mariti. Le donne infatti hanno più spirito di osservazione degli uomini. Anche da ciò dipende la loro maggior intuizione. Le scelte femminili sono più selettive di quelle maschili. La donna è più interessata al corpo intero, l'uomo più a certi attributi esterni. La prima ha l'occhio più estetico, il secondo più genitale. Tuttavia, a parte il caso in cui il partner è più o meno consciamente consenziente, quando un uomo (o una donna) ama una terza persona è quasi impossibile che il coniuge tradito non se ne accorga, perché si modifica o viene meno la relazione affettivo-sessuale nella coppia.

Confessare un'infedeltà può essere un gesto di autentica sincerità. Occorre però molta cautela prima di confidare al partner che si è fatto l'amore o si è innamorati di un'altra o di un altro. Se a volte è opportuno farlo per una richiesta d'aiuto quando il sentimento centrifugo è allo stato nascente, il dichiararlo a infedeltà consumata può nascondere motivazioni immature. La sincerità a tutti i costi è spesso una copertura di comodo. Ad esempio, molti coniugi confessano i loro adulteri non per onestà, ma semplicemente perché sono sconvolti dal rimorso e quindi per autoassolversi scaricando sul partner il proprio dolore; oppure sono spaventati e vogliono essere rassicurati. Parlano quindi per sentirsi meno in colpa, per ottenere quel perdono che da soli non riescono a darsi.

In altri casi la sincerità è determinata da un desiderio inconscio di scaricare aggressività sul partner e quindi è soltanto una cattiveria nei suoi confronti per ferirlo, colpevolizzarlo o punirlo di quanto è successo. Oppure si confessa un tradimento per punire se stessi, per condannarsi a un dolore da espiare, per un desiderio inconscio d'un sadomasochistico gioco al massacro. Infatti certe verità degli infedeli non sono atti di lealtà, ma scarichi di crudeltà verso il partner o se stessi. È quindi più saggio, almeno in certe occasioni, anziché esibire tanta franchezza, sforzarsi di capire la propria esperienza per meglio elaborarla e, se possibile, superarla. Arriva sovente un momento nella vita in cui si devono chiudere i conti con la trasgressione, in cui si scopre il piacere di una regola, di una disciplina, di un ordine. Non dimentichiamo che la persona fedifraga può separarsi o divorziare il più possibile in modo civile, senza dover vivere e nascondere scappatelle varie o storie parallele.

Il tradimento «sincero» è dunque pericoloso, come è rischiosa la trasparenza. A volte il silenzio fa meno male, anche quando si pretende di essere molto «affezionati» alla verità. Troppe coppie sono naufragate sugli scogli della sincerità. Anche negli anni Settanta, quando si parlava di «coppia aperta», la politica dell'adulterio «sincero» si rivelò fallimentare. E poi se l'infedeltà resta segreta non obbliga l'altro a fare la parte del tradito. Molti coniugi lo sanno, però fanno finta di non sapere perché fa loro comodo.

Quando si decide di confessare un tradimento, è necessario considerare lo stato d'animo di chi riceve la notizia. Se l'interlocutore è in un momento difficile, se si tratta di un soggetto dall'Io fragile, può essergli dannoso, a volte con conseguenze negative irreversibili sul legame di coppia. Il venire traditi è infatti vissuto da ciascuno in modo personale in rapporto al passato, ai bisogni rimasti insoddisfatti e al valore che si attribuisce alla relazione di coppia. La persona tradita soffre quasi sempre perché è messa in crisi la sua identità personale, anche sessuale, cioè quella parte che fa sentire uomo o donna attraenti, desiderabili, seducenti; subisce quindi una sconfitta nell'identità e il ritorno di un'angoscia infantile, quella dell'abbandono da parte del genitore, la cui temuta diserzione equivale a perdita di sicurezza.

Ogni abbandono provoca una dolorosa «ferita narcisistica», ferisce cioè il Narciso che è in tutti, e quindi riduce l'autofiducia e l'autostima. Di conseguenza il sapere di essere stati traditi dal partner provoca per lo più disistima, rancore e caduta del desiderio sessuale. Le frustrazioni emotive prolungate possono poi influire anche sulla salute facendo insorgere malattie, ad esempio la depressione psichica, conseguenza dell'infedeltà del coniuge, facilitando magari l'insorgenza di una deficienza immunitaria e quindi di una malattia infettiva.

La persona tradita deve innanzitutto farsi un esame di coscienza sulle sue responsabilità. Vi sono uomini, ad esempio, con la vocazione a essere traditi, come vi sono donne eternamente seconde in senso affettivo, perché convinte di non meritare il primo posto nel cuore di un uomo. Inoltre chi è tradito non deve vantarsi troppo della sua fedeltà. La trasgressione amorosa è tanto più frequente quanto più se ne hanno maggiori opportunità legate al potere, alla fama o alla bellezza. Non dovrebbe dunque sentirsi meritorio della sua fedeltà chi non ha potere seduttivo in senso lato e quindi non gli è offerta la «tentazione» di tradire. E nemmeno può vantarsene chi resta fedele senza soffrire troppo o non soffrendo affatto.

Il coniuge tradito dovrebbe evitare il vittimismo, le ritirate emotive e soprattutto gli ultimatum («O me o l'altra»,

«O me o lui»), che peggiorano la situazione[9]. È da ingenui credere che con i rimproveri si possa riconquistare l'amore dell'altro. È molto meglio rassicurarlo, anziché aggredirlo con impietosa rabbia e spirito di vendetta. Certe parole o gesti possono provocare partenze senza ritorno. Conviene sempre scegliere la strada del dialogo. Parlare per capire e valorizzare il partner: un uomo deve sentire che la moglie è «fiera di lui», una donna che al marito «importa veramente di lei». La coppia ha bisogno di continuo nutrimento affettivo reciproco e in certi casi anche di superare le inibizioni e di inventare nuovi modi di vivere l'amore.

È poi necessario sapere che si può tradire, oltre che con un partner vero e proprio, anche con il lavoro, con un figlio o una figlia o con un esagerato amore per se stessi. Perché nel rapporto di coppia esistono egoismi, latitanze, soprusi, violenze altrettanto gravi, se non più gravi, del tradimento.

Chi è stato tradito deve inoltre imparare a perdonare: un perdono non soltanto razionale, ma anche emotivo. A parte i casi di adulterio recidivo, cronico, deve sapere che vincerà sempre se saprà essere paziente e aspettare, senza provocare l'irreparabile, mettendosi nello stato d'animo di un terapeuta che ha un malato particolare: ad esempio, un coniuge sulla cinquantina che ha bisogno di «curarsi» con l'infedeltà.

Secondo alcuni autori l'infedeltà è un fatto naturale, una necessità fisiologica, come afferma Helen Fisher[10] dello American Museum of Natural History di Washington; per altri anche l'infedeltà è colpa di un gene e, per chi ne è portatore, è un atto naturale[11]. Secondo tali linee di pensiero la poligamia unisce mentre la monogamia divide e tale «natura» dell'uomo si può capire pure attraverso gli studi dell'etologia comparata, una scienza recente che studia il comportamento dell'uomo confrontandolo con quello degli animali. Per gli etologi infatti la monogamia è una condizione insorta secondariamente nel corso dell'evoluzione ed è dovuta al fatto che, quando il territorio occupato dalla coppia contiene scarse risorse, occorre lo sforzo congiunto dei due individui per difenderle dagli altri concorrenti. La stessa monogamia è poi necessaria quando i piccoli nascono incapaci di badare a se stessi e quindi debbono essere accuditi a lungo da entrambi i genitori.

Qualcuno, come la quarantenne giornalista americana Dalma Heyn[12], sostiene la tesi che a volte l'infedeltà è addirittura un toccasana per il matrimonio, oltre a far del bene alla novella Madame Bovary[13] degli anni Novanta. Ciò sarebbe in linea con la ricerca della sessuologa femminista Shere Hite[14], secondo la quale sette donne sposate su dieci avrebbero tradito almeno una volta il marito senza conseguenze nefaste per il talamo coniugale. Sono i casi in cui l'adulterio non rappresenta un aut-aut e nemmeno una ragione per farsi venire rimorsi e sensi di colpa.

È difficile, almeno nella nostra cultura latina, accettare che si possa essere felicemente infedeli. Esiste infatti anche uno «stress da adulterio» poiché l'infedeltà coniugale implica sempre una tensione emotiva, specie se consumata con un partner non abituale, oppure quando il tradimento costa perché ci si deve nascondere e difendere. Equipaggiando per ventiquattro ore soggetti normali con misuratori della frequenza cardiaca e della pressione arteriosa, si è evidenziato che durante il rapporto sessuale la massima frequenza cardiaca viene raggiunta durante l'orgasmo e va dai 105 ai 120 battiti al minuto, durando da 10 a 30 secondi: lo sforzo fisico equivale infatti al salire a piedi due piani di scale, un passo al secondo. Nei rapporti extraconiugali invece le cose vanno diversamente. Per la tensione di sedurre, per l'ansia di venire rifiutati o per la paura di «non essere all'altezza», il cuore della persona adultera batte molto più in fretta che in un normale amplesso con il coniuge; inoltre gli strumenti rivelano valori pressori superiori alla media.

Attualmente le relazioni extraconiugali sono molto più numerose delle separazioni e dei divorzi. E se l'adulterio resta ancora il sistema più usato dalla coppia per «tirare avanti», si tratta sempre di situazioni psichicamente e fisicamente stressanti, anche se chi «cornifica» lo fa con una certa cautela e un certo stile, con il «rispetto» imposto da una certa educazione formale, come evidenzia questa lettera che ho ricevuto tempo fa.

Sono una cinquantenne moglie e madre, molto disponibile e sollecita con i miei cari. Ma c'è un «ma», che ai più sembrerà alquanto discutibile: tradisco mio marito.

Ho iniziato quasi per gioco; era bello sentirmi di nuovo corteggiata e ammirata, poi ho scoperto che non era necessariamente una cosa peccaminosa e morbosa, perché ne è scaturito un rapporto affettuoso anche se faticoso, che ha dato e dà a entrambi l'opportunità di sopperire allo stato di noia e di abitudine dei nostri rispettivi matrimoni.

Ammetto che la situazione non è sempre facile e in linea con la morale, ma ribadisco che non mi pare deprecabile. Nel mio caso è nata una storia dolcissima che mi aiuta a vivere meglio, anzi a essere più gentile con i miei familiari. E così non sono felice, ma abbastanza serena.

Più passano gli anni e più mi rendo conto che è difficile dare un giudizio. «Chi è senza peccato, scagli la prima pietra», disse Gesù[15] a coloro che volevano lapidare l'adultera. Di certe vicende affettive si può soltanto prendere atto e parlarne con il massimo rispetto. Ho conosciuto mogli che erano buone e gentili con il marito proprio perché si sentivano in colpa in quanto lo tradivano. Altre, ostentatamente fedeli, distruggevano poco alla volta il coniuge, sventolando la bandiera della fedeltà.

A volte cambiare partner corrisponde a non perdere qualcosa ma a guadagnare qualcos'altro. E se anche l'adulterio non è certo la miglior medicina per la salute del matrimonio, a volte può funzionare da catalizzatore, rendendo più sopportabile la convivenza: l'adultero smette di comunicare scontentezza al partner e talora diventa persino più gentile per i sensi di colpa.

Non crediamo però che le storie extraconiugali siano addirittura terapeutiche, in quanto rafforzino il rapporto di coppia. Il tradimento non fortifica mai l'amore poiché, se si tradisce, al massimo si può voler bene ma non amare. L'infedeltà può invece tenere unito un matrimonio se non conviene buttare all'aria una sicurezza affettiva, sociale, economica. Una mia paziente, ad esempio, tradiva il marito ma non lo lasciava poiché le conveniva comunque mantenere lo status coniugale. Opportunisticamente voleva evitare il rischio di trovarsi fuori da un sodalizio che in un certo senso funzionava e magari finire, dopo qualche tempo, più sola e più povera di prima.

Il tradimento non è mai funzionale alla sopravvivenza del rapporto di coppia. Anche quello stabilito con un patto reciproco tra i coniugi è sempre pericoloso per la continuità della relazione. E poi si corre il rischio di rimanere intrappolati nell'amore. Diventa allora difficile mantenere una fedeltà a prova di passione. Non crediamo inoltre che quanto è inscritto nei geni sia incontrollabile: la fedeltà è anche una scelta volontaria, poiché alla passione si può resistere. Ma si deve essere allenati agli atti di volontà, al lavoro quotidiano di chiarimenti, mediazioni, sublimazioni.

Non esiste il fedele assoluto, senza spinte centrifughe, perché tutti tradiamo almeno con il pensiero, perché tutti abbiamo l'istinto di «rapina» e quindi immaginiamo relazioni extra, almeno con la fantasia. Quando il ricordo degli anni che passano ci amareggia, facendoci aumentare i rimpianti, ognuno di noi vagheggia d'inoltrarsi in una bella storia d'amore. Adultèri sognati, fantasticati, basati su un'attrazione affettiva che abbiamo però più o meno controllato. Perché è normale durante la vita di coppia avere pulsioni verso l'esterno, desiderare un altro o un'altra. Non è tradimento la voglia di amare e di essere amati, come si deve distinguere fra il tradimento e il desiderio femminile di essere corteggiate o quello maschile di verificare un certo potere seduttivo. La cosa importante è saper controllare questi desideri, tenendo sempre conto del rispetto verso se stessi e il partner.

Si evita il tradimento quando si cresce insieme, senza

dividere le strade. È facile che s'imbocchino vie divergenti quando i ruoli sono troppo diversi, ad esempio quando l'uomo lavora fuori casa e la donna fa la casalinga oppure quando entrambi lavorano in campi diversi, con orari e impegni che li allontanano dal mattino alla sera e quindi con la necessità di discutere o sfogare le tensioni lavorative o personali con qualcun altro. È infatti dimostrato che chi lavora fuori casa finisce con il relazionare più con i colleghi che con il rispettivo partner.

Se negli edonistici anni Ottanta la coppia stabile era considerata una prigione per cui era di moda tradire il coniuge, ora si scoprono i vantaggi di una relazione fedele quale fulcro di sicurezza e di serenità. La stabilità del rapporto permette di poter sempre contare su un partner, di beneficiare di una fonte costante di affetto e inoltre di un erotismo più gratificante. La trasgressione sessuale non è più infatti verso l'esterno ma all'interno della coppia, alimentando l'immaginario erotico e perfezionando le varie tecniche amatorie. La passione infatti non è qualcosa che si riceve in dono dalla natura, non è frutto del destino o del caso, ma qualcosa che si costruisce poco alla volta, in due.

L'erotismo più piacevole non è quello adulterino, bensì quello costruito giorno dopo giorno con lo stesso partner, percorrendo nuove strade erotiche[16]. Non sempre la monogamia corrisponde alla monotonia[17]; la fedeltà può essere il miglior afrodisiaco.

II
Un Narciso in vendita

Narciso era un cacciatore di straordinaria bellezza e tutte le ninfe impazzivano per lui. Un giorno la ninfa Eco lo seguì nel bosco per dichiarargli il suo amore. Narciso non soltanto la respinse, ma anche la derise. Gli dei decisero allora di punire il bel giovane, facendolo innamorare di se stesso.

Un giorno Narciso si avvicinò a uno specchio d'acqua limpida; si chinò, vide la sua immagine riflessa e se ne innamorò a tal punto che non volle più abbandonare quel luogo fino alla morte.

Marco ha venticinque anni ed è un gigolo che si presenta sul mercato tutte le sere per essere comperato da «signore» bramose. Per lo più si prostituisce con divorziate in lutto affettivo o con mogli che vogliono una rivincita su un marito che si è fatto un'amante più giovane.

Negli animali monogami, ad esempio i gabbiani o i piccioni, le differenze tra maschio e femmina non sono pronunciate proprio per la monogamia stabile. Negli animali poligami invece, ad esempio i leoni, vi è molta differenza tra maschio e femmina: il primo ha infatti molti orpelli in più, perché deve aumentare il suo potere seduttivo per prevalere all'interno del branco sugli altri maschi e per essere scelto dalle femmine.

Anche Marco deve competere con la concorrenza. Una spinta nevrotica lo porta alla cura estrema del corpo, unico suo interesse, dalla mania del *fitness* alle diete salutistiche. Abbronzato, «palestrato», profumato, crede all'efficacia dello spray ai feromoni[1]; porta inoltre sul viso, da quando Mickey Rourke ha erotizzato la barba lasciandola lunga un paio di giorni, il simbolo di quello che lui considera virilità. Nella realtà non si può negare che sia un superfusto, intriso di umori mediterranei, che piace a un certo tipo di donne, delle quali guarda tutto, dai piedi ai capelli, compreso quello che c'è in mezzo.

Certamente gli ha giovato l'aver aggiunto all'*homo genitalis* dalla sessualità prestantistica ed efficientistica anche l'*homo cosmeticus* poiché qualche volta frequenta alberghi pieni di stelle come «uomo-chiffon», decorativo, da esibire, ma poi nascondere subito perché troppo «burino» se apre la bocca. Non è infatti un seduttore di rango, ma il classico bullo calato dalla periferia, con il gonfiore dei genitali sotto i jeans[2] come segno di virilità.

A Marco piace il lavoro di «maschio in vendita» sia per il profitto economico (è molto fiero del suo conto in banca) sia perché è sostanzialmente un pigro che non è riuscito nella vita. Tutto sommato, trasformandosi da seduttore a oggetto di seduzione, viene risparmiato dalla fatica di corteggiare le donne e, se qualche cliente lo tratta chiaramente da maschio-oggetto o qualcun'altra ancora più spregiudicata da «puttano», si difende con la tariffa. Infatti il suo cachet è direttamente proporzionale all'aggressività della partner e non alla trasgressività della prestazione.

Racconta in seduta: «È il solito lavoro serale: incontro al bar o sotto casa della cliente, cena e il resto... Nessun legame, nessun obbligo per il giorno dopo, i soldini... Meglio di così: unire l'utile al dilettevole...

«Veramente non sempre c'è il dilettevole, perché non manca la bruttona che ti chiede di fare un po' il romantico. Tu lo fai, è compreso nel prezzo, e poi pretende di vederti più spesso, vuole la continuità, magari s'innamora e diventa "lagnosa"... Oppure c'è la donna che, imitando gli uomini, ti usa da prostituto e tale ti fa sentire».

Il maschio ferito

Marco, nel passato sempre in grado di fornire venti centimetri di piacere, da un po' di tempo si è messo a perdere colpi genitali, specie con le clienti cinquanta-sessantenni. Le prime volte funzionava il trucco di fingersi ubriaco, ma poi una cliente abituale gli ha fatto trascorrere una serata senza alcool, vanificando così quel genere di alibi. Per tale impotenza erettile è venuto a consultarmi, non senza aver prima provato ad assumere vari ormoni per ritornare efficiente.

Così racconta: «L'altra sera sono uscito per lavoro, come al solito. Ero persino contento perché la donna che mi aveva invitato ad accompagnarla era ancora giovane, sui quaranta... Dopo cena, siamo andati a casa sua. Credo sia divorziata, ma non lo so. Io stavo bene, mi sentivo in forma, volevo farla godere molto... e pensavo di esibirmi in tutto il mio repertorio: di fianco, a cucchiaio (quando l'uomo abbraccia la donna da dietro), con le gambe in su o in giù, in piedi o seduti... Io detesto le solite posizioni e lo farei appeso a un lampadario...

«Niente. Lei mi ha detto che amava la classica "posizione del missionario"[3], distesa sotto di me, dicendomi che soltanto "sotto" si sentiva stimolata nelle parti "giuste"... "E va bene", dico io e inizio gli approcci... Allora lei, dopo avermi guardato per bene da quelle parti, mi ha detto: "Tutto qui?".

«Mi sono sentito privo del mio cazzo. A me, capisce, aveva detto quello proprio a me che nel mio quartiere sono soprannominato "il vermone" perché superdotato. E un "coso" più è grande più è stimolante.

«Non ce l'ho più fatta, mi è venuto molle. Lei se l'è presa. Sembrava che avesse tutto il mondo sul callo sinistro. "Ma tieni la tua faccia di merda a casa tua!", le ho gridato. Poi me ne sono andato, sbattendo la porta... Stronza! Forse il resto di me non può piacere, ma una cosa è certa: "quello" piace sempre... Però ho paura... Come le mie clienti. Loro hanno paura della menopausa e di invecchiare, io di fare cilecca. In passato, mentre le abbracciavo, controllavo il loro livello di eccitazione; ora devo sorvegliare il mio. E se la prossima volta non funziona? Mi drogherei anche per fare l'amore...».

Questo è il lamento di Marco, maschio ferito. Malgrado il suo «machismo» molto ostentato, è un individuo per il quale la certezza della virilità appare indispensabile all'equilibrio della persona. È infatti un campione nell'arte di esaltare le sue eccezionali capacità di dare piacere, i propri primati erotici, calcolando la frequenza dei suoi incontri, magnificando misure e turgidezze. Se una donna non va a letto con lui, spreca la vita.

Per essere sempre disponibile, un servizio a tutte le ore, usa il telefonino. Ma il suo fanatismo per tale oggetto non ha un significato soltanto funzionale bensì anticastratorio: il cellulare ha preso il posto, quale simbolo fallico, del coltello a serramanico che da ragazzo portava sempre in tasca. Spesso chi lo esibisce con l'aria di essere al centro del mondo è un inibito sessuale[4].

Alla crisi che lo ha investito, Marco reagisce in modo sbagliato: quello del «macho» che celebra aggressivamente la virilità. Sentiamolo da lui: «Io non sono effeminato, smidollato, 'recchione. Soltanto i castrati possono ancora essere gentili con le donne, si scappellano e mi riferisco al copricapo... Il peggior complimento per un vero uomo è quello di essere considerato "troppo gentile" dalle donne...».

Il paziente continua a cercare relazioni che apportino soddisfazioni immediate. La sua vita si alimenta di storie che durano una sola notte, ricorrendo persino all'«erezione programmata» con papaverina[5]. Crede di far l'amore come Superman, ma ha ben poco da dividere con il mitico uomo-uccello dalla S stampata sul petto e dal mantello alato. Infatti è solo maschio, non uomo; non fa l'amore ma «scopa», profondamente convinto che il *coitus curat omnia*, secondo il motto semplicistico della scuola salernitana.

«Nel complesso le cose mi vanno bene. Però potrei funzionare meglio... È proprio vero l'antico adagio che "il cazzo non vuole pensieri"... Ho acquistato una nuova auto sportiva, dalle ruote incollate all'asfalto come cozze. Aspetto la chiamata della quarantenne, quella del "Tutto qui?" per intenderci. Prima o poi arriverà e il "mister celòduro" la castigherà...»

Marco non conosce l'amore e anche nella genitalità manca di creatività e di fantasia. Nel suo linguaggio certi vocaboli anatomici, come l'organo sessuale maschile, hanno perso qualsiasi riferimento genitale, trasformandosi in sostantivi dai molteplici significati: «Non mi piace un cazzo», «Che cazzo vuoi»... Del resto è un popolano vero, un ignorante Doc. La sua media di consumo librario è zero: legge soltanto qualche fumetto scadente. Niente scuola, niente teatro, niente concerti; soltanto sesso, palestra e auricolari. È infatti un figlio gregario della civiltà dell'ascolto, un fanatico consumatore di musica attraverso una cuffietta collegata al mangianastri portatile, usato naturalmente a tutto volume[6].

Per dare un maggior impulso ai suoi muscoli alterna anabolizzanti alla palestra. La sua attività è limitata al fare ginnastica, non perché il movimento è vita ma per «scopare» di più. Quando infatti va in palestra si sente più eccitato ed è anche vero poiché durante l'esercizio fisico l'ipofisi (il direttore dell'orchestra ormonale) secerne una sostanza (ACTH) che stimola il surrene che a sua volta produce anche l'aldosterone, un ormone maschile.

Marco smaltisce nell'attività fisica anche gran parte della sua aggressività. A volte la sua è arroganza ostinata, cioè protervia. Si compiace di sé, è tutt'altro che umile. Nella realtà tali atteggiamenti mascherano una scarsa autostima. Ha paura degli altri e mediante le scazzottate, specialmente la domenica allo stadio se la squadra del cuore non vince, tenta di tranquillizzarsi. Appartiene a quel tipo di insicuri che devono sempre vincere per il desiderio inconscio di mortificare, avvilire, degradare. Quando non si è strutturata una buona virilità, si cerca di convincersi di essere maschi utilizzando la violenza. Lo stesso comportamento dei naziskin rientra in tale dinamica: il loro bisogno aggressivo corrisponde a una immatura compensazione a un'identità maschile carente.

L'analfabeta erotico

Marco è vittima di un passato che gli è cresciuto addosso fin dall'infanzia. Già da bambino gli sono stati inculcati il privilegio psicologico e il vantaggio materiale di nascere maschio. È stato così educato allo stereotipo di una virilità presuntuosa e aggressiva, con frasi tipo: «Non fare la femminuccia, non piangere», «Ma che razza d'uomo sei?». Fin da piccolo ha pagato i lati negativi di avere due stipendi in casa, restando a lungo in strada; ha vissuto la responsabilità di fare molte scelte da solo perché i suoi genitori non erano affatto empatici con i suoi bisogni. È inoltre figlio di un padre e una madre che, nella loro infanzia, hanno sofferto delle stesse carenze affettive che poi, inconsapevolmente, hanno procurato a Marco; perché gli adulti riservano ai figli lo stesso trattamento che a loro volta hanno ricevuto dai genitori. Le compagnie e i mass media hanno poi fatto il resto.

La mancanza di un sostegno emotivo nella famiglia ha indotto il paziente a rivolgersi più a se stesso che agli altri, a contare più sulle gratificazioni narcisistiche che su quelle relazionali. E certe precoci autosufficienze affettive si sono trasformate in sintomi d'immaturità. Cresciuto infatti nel mito del superomismo, secondo la «psicologia da bar», si è bruciato verde al fuoco di esperienze troppo precoci. Il suo curriculum amoroso contiene infatti soltanto frettolosi coiti in auto o nelle toilette delle discoteche, senza nemmeno vedere in viso le partner. Con il passar degli anni la sua sessualità si è sempre più genitalizzata[7], perdendo il senso di conquista, di mistero, di valore identificativo, di partecipazione emotiva, di canale relazionale; è diventata soltanto una redditizia attività fisiologica che unisce due funzioni, non due persone. La sua infatti è una vita che si arrotola solo sul perno del guadagno economico.

Negli anni successivi Marco si è ridotto a frequentare una girandola di donne per motivi venali e per un bisogno nevrotico di controllare la propria virilità. Ossessionato non soltanto dalla necessità di piacere ma di dimostrare a se stesso di essere un «vero uomo», la sua continua ricerca di trofei corrisponde a un inconsapevole tentativo di curare la sua insicurezza profonda. Si deve infatti distinguere la sessualità che nasce dall'amore per l'altro dalla genitalità che serve unicamente a verificare il proprio potere virile.

Attualmente il paziente è un gigolo dai muscoli gonfi e dall'occhio languido, che così commenta in seduta: «Mi hanno raccontato che nei branchi di cervi c'è un unico maschio che ha per sé tutte le femmine. Ha vinto tutti gli altri in combattimento e gli sconfitti, riuniti in un branco di scapoli, possono soltanto stare a vedere mentre lui se le "fa" tutte...

«Io ho voluto essere il capobranco e ci sono riuscito. Io vado a caccia da solo. Non ho bisogno dei compagni per darmi coraggio... Posso fare a meno degli amici... Per differenziarmi dalla massa, per uscire dalla borgata ho dovuto sudare... Sono andato in palestra... mi sono messo alla ricerca di capi firmati... Non basta essere bravi, bisogna anche avere la capacità di crearsi un'immagine...».

Il problema «immagine» interessa ormai molti personaggi pubblici, che vengono guidati nel loro modo di vestire, di parlare, di muoversi da autentici professionisti, i cosiddetti «pierre». Negli Stati Uniti si frequentano persino scuole di «autopubblicizzazione» per eccellere, per conquistare una superidentità. Purtroppo contro l'appiattimento da massificazione non basta la «griffe» personale o la targhetta con il proprio nome che viene assegnata agli impiegati statali...

Marco è un ipersessuale che non ricerca il piacere, ma

pratica una genitalità meccanica senza affettività. È infatti un analfabeta erotico che riduce tutto a un'avventura da correre sera per sera, senza strascichi. Magari si finge o si crede un amante appassionato, ma è soltanto alla ricerca di gratificazioni autostimanti, di vanitose soddisfazioni, di puntelli narcisistici.

Oltre all'incapacità di comunicare sessualmente, il paziente presenta anche uno scarso repertorio relazionale in genere, incontra cioè difficoltà a stabilire e a mantenere i rapporti con gli altri. La sua infatti è una relazionalità di tipo opportunistico, dove l'altro viene utilizzato per un determinato scopo e per un determinato tempo. A maggior ragione dunque con un tale partner diventa impossibile realizzare il piacere dello stare insieme, del donarsi e del godersi reciprocamente; con lui non c'è scambio perché il piacere di dare non è un suo autentico modo di essere: Marco guarda soltanto se stesso, non è abituato a «vedere» gli altri. In lui è sempre presente il fantasma di Narciso, che si consuma d'amore per la propria irraggiungibile immagine.

L'ansia anticipatoria

Il paziente è ormai affetto da quella che nel gergo sessuologico viene definita «ansia anticipatoria», quando si teme il successivo rapporto sessuale. Egli afferma però con tono di sfida: «Non m'importa di essere giudicato un maschio a pagamento, un uomo-squillo, sempre pronto per l'uso. Io so fare, a seconda delle richieste, il tenero, il violento o il sadomaso... Posseggo persino un guardaroba adatto a tutte le occasioni: il doppiopetto che fa immagine per la donna che mi usa come uomo di rappresentanza, i giacconi di pelle nera per quelle che mi vogliono macho aggressivo, le incerate e le Tod's per le barcaiole...».

E si sente persino un benefattore sociale: «È vero, sarò un uomo in affitto, a tassametro, ma sono anche uno che distribuisce piacere a donne disperatamente sole, delle quali ascolto le lamentele... Perché io le metto a loro agio, le faccio parlare dei loro problemi, lascio che si sfoghino. Io tratto bene tutte, non soltanto le "fiche", ma anche le "racchie". Penso di fare persino un servizio sociale... Poi, se non ce la faccio a "venire", simulo. Anche gli uomini fanno finta di avere l'orgasmo per togliersi il fastidio di una scopata noiosa...».

Il paziente divide le donne in «fiche» e «racchie», simula l'orgasmo, ma non può simulare l'erezione. Come tre milioni di italiani soffre d'impotenza erettile[8] e pensa seriamente di farsi operare ricorrendo a supporti protesici, cioè all'impianto di protesi cilindriche semirigide che permettono un'erezione semirigida permanente oppure di protesi peniene idrauliche che consentono un'erezione controllabile.

Per Marco sarebbe però inutile finire in sala operatoria, perché la sua è un'impotenza psicogena, una sessuopatia cioè da riferirsi a un disturbo psichico e non a una malattia fisica, come hanno confermato la visita endocrinologica e i vari controlli ormonali del sangue. Il paziente ne resta però deluso perché, secondo le sue parole, «se fosse stato un disturbo del corpo con una bella cura di ormoni tutto sarebbe tornato a posto». Invece deve patire l'ansia e qualche cilecca, perché la paura di un insuccesso attiva risposte emotive sbagliate o insufficienti, disturbando le prestazioni genitali[9]. E così l'impotenza temuta finisce, per suggestione o persuasione, per diventare reale.

Una dose ottimale di ansia, che varia da soggetto a soggetto in rapporto alle caratteristiche individuali, affina le capacità di attenzione, di concentrazione e di apprendimento. Una giusta dose di ansia ha quindi una funzione protettiva in quanto stimola a fare progetti per il futuro e migliora le prestazioni, mentre un livello eccessivo porta a manifestazioni patologiche, come le malattie da stress, le nevrosi ansiose e certe disfunzioni sessuali.

Sempre in rapporto allo psichismo individuale, ricerche

su studenti che sostenevano un esame hanno dimostrato che un certo grado di ansia per alcuni è facilitante poiché li aiuta a conseguire buoni risultati, mentre per altri è inibente in quanto determina un risultato basso o pessimo[10]. Nel primo caso un elevato grado di ansia si combinava con una buona dose di autostima e autofiducia; nel secondo caso l'intensa ansia era vissuta da soggetti con un'identità non ben strutturata, quindi carenti di quell'«identità positiva» che caratterizza il narcisismo sano. L'ansia può dunque rendere più lucidi, più efficienti e all'altezza della situazione oppure incerti, impauriti, insicuri, confusi e preoccupati; può spronare o impedire, favorire o bloccare, stimolare o paralizzare.

Commenta l'ansioso Marco in seduta: «I medici mi dicono che non ho niente... Ma io sono molto preoccupato. È vero che non si può vivere tranquilli, ma io ho un tarlo che mi rode. Adesso leggo tutto quello che riguarda il mio problema. Pare che al mercato di Hong Kong sia molto richiesto il cazzo di foca per "aiutarsi". Secondo un'antica tradizione cinese da tale "coso" si ricava una polverina molto eccitante per gli uomini...[11]

«La salute fisica non è uguale a serenità. Si può essere tristi anche da giovani... Sento tutti i miei muscoli[12] flaccidi e inoperosi. Ormai ho perso, nel gioco della vita, il mio jolly che mi assicurava il pane... Perché al fondo di questa strada c'è la fame!».

Marco ha dovuto conoscere le debolezze del «sesso forte» per rendersi conto che, fuori dall'alfabeto conosciuto, non riesce che a balbettare: «Sono un gigante fuori, un nano dentro. Un giovanotto che si fa pagare dalle donne "mature", in definitiva dai mariti cornuti. Ma se non ci fossi io, ci sarebbe un altro... Per me fare l'amore è più fatica che piacere, perché mi manca il desiderio. Quando il divertimento non diverte più, quando si temono le "cilecche", a notte inoltrata mi ritrovo da solo ad affrontare un certo vuoto, un certo silenzio; sto perdendo la voglia del futuro... La mia è una vita senza cuore, senza famiglia, senza desideri, senza cazzo...».

Il maschio, privato dello scettro, è un uomo migliore. E certe affermazioni sono un notevole passo avanti, implicano buone prospettive, non sono soltanto slogan suggestivi. Marco a livello conscio dice: «Se non ci fossi io ci sarebbe un altro», ma i sogni indicano colpevolizzazione. Il paziente recita il copione del duro, ma la trama affettiva profonda è infantile. All'esterno gioca a fare l'*homo erectus* in tutti i sensi, ma nel profondo s'intravede l'*homo affectivus*. Prende, «succhia», usa gli altri anche senza volerlo. E le donne sono un mezzo per «curare» in maniera sbagliata il suo narcisismo, perché in lui è presente una patologica angoscia verso di loro. E proprio la sua ginecofobia lo porta a condurre un'esistenza in superficie, vivendo soltanto relazioni di scarso spessore; talora arriva a esprimere un'indifferenza per il sociale fino al qualunquismo o all'asocialità.

L'impotenza è per Marco la conseguenza dell'angoscia del corpo femminile, in particolare degli organi sessuali. Entrare nel corpo della donna equivale in tali casi a tornare nel ventre della madre. E questa interpretazione è fornita da una serie di sogni che il paziente ha portato in seduta. Ripercorrendo il suo passato si è infatti evidenziato che, quando Marco aveva rapporti sessuali con una partner che lo coinvolgeva affettivamente, era molto insicuro. Era cioè disturbato dalla paura, anche se si comportava con la donna in maniera rude e scortese, da supermaschio. Infatti la paura è la protagonista principale nel 90 per cento dei casi di disfunzione sessuale: paura di non farcela, di sbagliare, di non soddisfare la partner, di venire respinto o rifiutato.

Con il prosieguo della psicoterapia il paziente è arrivato anche a capire di essere lui stesso la vera vittima delle donne che, ribaltando la violenza ricevuta nel passato, lo trattano come un oggetto. Alcune di loro infatti comprano un gigolo per una sera e con tale prostituto si sentono potenti, imitando certi maschi che vanno con le squillo. Non c'è infatti molta differenza tra la donna che compera un giovanotto e l'uomo che paga una ragazzina. Entrambi, anche dietro l'alibi delle più assurde giustificazioni («Non ho tempo per una relazione», «Non voglio complicazioni...»), sono immaturi che si gratificano con un senso di potenza derivante dal «pagare» il partner; entrambi, se ricorrono a tale mercificazione del rapporto, sono certamente disturbati. Per ricalcare certi modelli immaturi bisogna essere «poveri» dentro. La persona psicologicamente adulta vive l'amore fondendo due emozioni.

Il frigido affettivo

Marco non si è mai messo in gioco affettivamente; ha sempre vissuto rapporti superficiali per l'incapacità di stabilire un'intimità profonda. È un misogino, che difende la sua poca autostima non coinvolgendosi; è un uomo che ha paura del sentimento, che non riesce ad accettare i rischi dell'amore. Infatti la sua è un'affettività «sotto anestesia» per la paura del dolore; una spessa corazza impedisce agli avvenimenti esterni di penetrarlo, ma egli non è privo di risonanza interna.

E così, poco alla volta, il paziente impara a valorizzare il rapporto con la figura femminile, nel rispetto della donna che è diversa ma non per questo inferiore o pericolosa. Un giorno arriva anche ad affermare: «Nel terapeuta ho trovato un padre che mi aiuta a crescere. Con lui lavoro per costruirmi. Sto imparando ad andare con le donne, rispettandole e non disprezzandole. Per troppi anni le ho considerate come esseri inferiori, mentre ora scopro che valgono molto di più di noi uomini. Ma ciò che più mi fa soffrire è rendermi conto che sono solo, con un pugno di mosche in mano, senza nessun affetto. Forse farei meglio a farmi la ragazza... Dovrei però stare attento... se per caso qualche spermatozoo andasse a buon fine, potrei finire un casalingo castrato, con un pupo sempre in braccio...».

Poco alla volta cambiano nel paziente i punti di vista, la messa a fuoco delle cose. Al corpo muscolare per il possesso si sostituisce il corpo sensoriale per la relazione, anche se dai sogni e dalle libere associazioni affiora che il bisogno di possedere l'altro suscita, per proiezione, il timore di esserne a sua volta posseduto e quindi il bisogno di sfuggire a ogni rapporto. Marco comincia a prendere coscienza di questa illusoria razionalizzazione per mantenersi libero e commenta in seduta: «Sto ricuperando l'istinto, la spontaneità sessuale, quindi la mia virilità. Forse non la ricupero, ma la conquisto per la prima volta...».

Riconciliarsi con la donna, prima con il suo corpo e poi con la sua interiorità sarà un cammino laborioso, fatto di compromessi e di ritorni all'indietro, ma anche in avanti, sia pur lentamente. Per vivere l'amore è infatti necessario armonizzare le varie istanze mentali, aiutando a «crescere» certe parti infantili di cui sono responsabili, e qualche volta anche colpevoli, i genitori.

Vi sono cose che non dipendono da noi e che dobbiamo accettare; ve ne sono però altre che abbiamo il dovere di perseguire. Una tra queste è la salute psicologica, che equivale all'equilibrio tra le diverse forze che operano nella psiche. Infatti ognuno di noi trova la sua serenità in quello che fa in armonia con quello che è. Marco purtroppo non convive ancora con il proprio Sé, ma con la sua ombra. Manca in lui l'allenamento a sintonizzarsi con le emozioni e ad armonizzarsi con le sensazioni; non è abituato ad ascoltare i desideri, non è in contatto con i sentimenti: non comprende l'amore.

I valori veri si trovano però nella sua interiorità, non nella sua immagine. Per questo, rinforzando il Sé inadeguato, diminuirà la necessità di un'immagine compensatoria. Imparerà quindi ad autopilotarsi nel mondo delle cose, per non ridurre il suo corpo a peso fisico, la sua intelligenza a semplice raziocinio, i suoi sentimenti a calcolo.

Con il procedere delle sedute Marco ha presentato meno narcisismo, meno presunzione, più umiltà. Inoltre ha dimostrato più disponibilità a riflettere e a cercarsi un lavoro. Poco alla volta si è reso conto che la sua vita non poteva «durare» in tutti i sensi e ha pensato di aprire un bar.

«Io non ho la forza per prepararmi un futuro, forse nemmeno la capacità poiché non sono stato allenato a farlo. Non è facile trovare la strada per uscire, ma devo rinunciare a farmi mantenere dalle femmine...

«Sono stufo di stare con chi mi sceglie e, se anche da quelle più noiose mi faccio pagare di più, ho voglia di farla finita. Un uomo può essere poco virile anche se "scopa" per delle ore... Stasera uscirò con una tardona e so già che verrà malissimo...».

Marco comincia a criticare il modello tradizionale di maschio, quello tutto sesso arrogante, ma non sa ancora quale sia l'alternativa per trovare una nuova identità di uomo. In lui il gallo italiano è in estinzione; stanno per finire i tempi del maschio sempre pronto ad attentare alla virtù femminile, dell'uomo «cacciatore», sempre con il «colpo in canna». Ha dovuto avere la doppietta «scarica» e la nostalgia di come-quando-quante se ne «faceva» in una notte sola... Ma è stato soltanto un bla-bla-bla immaturo.

Il paziente si sta orientando verso un nuovo modello di uomo: più affettivo e meno Rambo. Poco alla volta si rende conto che può essere forte senza essere dominatore e violento. Prima cambiava sempre partner per non cambiare se stesso, acquistava auto sempre più veloci per potenziare la sua virilità. Ora allo slogan d'assalto «tutto e subito» si è sostituita la consapevolezza che occorrono pazienza e tenacia per costruire le cose importanti, per diventare protagonisti della propria esistenza. L'affermazione: «Uomo si diventa, non si nasce» è dunque quanto mai scientifica.

Dopo anni di prostituzione, dopo molte vaccinazioni genitali, per Marco non è facile imparare a vivere le pieghe più intime delle emozioni e dei sentimenti, dimensione affettiva che è la più gratificante nella vita. Altrettanto difficile per lui è dare dignità e valore al rapporto sessuale, anche se lentamente si rende conto che alla più intima vicinanza fisica può corrispondere un'estrema lontananza affettiva.

Chi vuole rimanere quello che è, rifiuta qualcosa di sé. Chi si trova bene da solo, è un immaturo psicoaffettivo. Non esistono i single per scelta, ma per forza, poiché lontane esperienze infantili impediscono di essere disponibili a un'intimità affettiva. Poche persone vivono sole per una decisione consapevole e matura. Molte invece sono single per ripiego di tipo nevrotico: scelta inconsapevole e involontaria.

Rifiutare la vita di coppia è da considerarsi raramente una scelta. Infatti quasi sempre i single, donne o uomini che siano, sono persone disponibili a una relazione, ma non hanno le carte in regola per un rapporto psicoaffettivo valido. Convivono con se stessi e vivono giorno dopo giorno in maniera sempre più intensa la loro «ritirata dei sentimenti», poiché hanno preso le distanze dall'amore per difendersi dalla concreta possibilità di sperimentarlo su di sé. Appartengono a tale categoria non soltanto coloro che vivono soli, ma anche quelli che, pur restando con gli altri, si rifugiano in loro stessi, appartandosi da ogni possibile relazione affettiva che li possa coinvolgere.

Chi critica o rifiuta l'amore, non è capace di amare in modo sano, cioè come offerta e donazione di sé. Ama quindi in maniera nevrotica, cioè dipendente, possessiva, difensiva, ecc. Ad esempio, ogni rapporto è ambivalente, ma la persona psicologicamente matura smorza l'amore-odio a vantaggio dell'amore, conciliando l'urgenza di autonomia con il desiderio di coesione; quindi, in un maturo rapporto di coppia, l'amore prevale sull'odio.

Un giorno Marco così si esprime in seduta: «Vorrei imparare a fare l'amore per me e non per ottenere l'approvazione della donna. Capisco ora l'angoscia del "niente dentro" e la sua passata domanda: "S'accorge che non è capace di piangere?" era vera. Aveva ragione. Ma io sono cresciuto imparando che "i maschietti non devono piangere...". Nessuno mi ha mai insegnato a piangere...

«Mi piacerebbe imparare a guardare la vita anche con gli occhi degli altri. Spero di essere accettato per quello che sono, non per quello che faccio o per quello che ho... Mi chiedo cosa accadrebbe se un giorno le donne nascessero non più vergini e una specie di imene venisse a noi uomini... Devo stare più attento, devo usare una maggior cautela, anche perché l'Aids aumenta...».

Successivamente affiora nel paziente un incerto desiderio di paternità: «Mi sento come un salmone che affronta immani fatiche e pericoli per deporre il suo seme in un determinato posto e poi morire, con l'aggravante che io lo depongo in donne sterili, perché sono quasi tutte "tardone" e rincorrono pateticamente il fantasma del sesso per illudersi di sconfiggere gli anni... Chi decide di non dividere la propria vita con un partner perde la possibilità di avere dei figli... Un figlio dà dignità».

È vero. La sua è una genitalità senza paternità, come la sua vita affettiva, che è sempre stata carente, in una dolorosa dissonanza sentimentale. Nel narcisista infatti la libido[13] è investita nell'Io, è rivolta al soggetto stesso, ha carattere centripeto e non centrifugo, cioè verso gli oggetti esterni. Di conseguenza il Narciso è una persona che non riesce ad amarsi bene poiché si ama troppo, quindi male.

Non si può evadere dalla propria verità: molte risposte per noi sono in noi. Chi cerca una sicurezza esterna (successo economico, gerarchico o mondano) e non si preoccupa di guadagnarsi quella interna, non sarà mai libero. Anzi, proprio perché insicuro nel profondo anche a dispetto di quel che possiede, sarà sempre teso ad aumentare la sicurezza esterna per compensare l'insicurezza interna.

IL NARCISISMO

Esiste un narcisismo sano e uno patologico. Il primo corrisponde all'amore e al rispetto di sé, a una giusta dose di autostima e di autofiducia. È quindi garanzia di salute contro la depressione, la vecchiaia e la malattia; è alla base di un senso di benessere, di soddisfazione e di sicurezza, quindi premessa indispensabile per un buon rapporto con se stessi e gli altri. Un sano narcisismo permette inoltre l'individualizzazione, il distinguersi dagli altri, sottraendosi agli schemi collettivi. Fornisce dunque la capacità di amarsi per dare amore, con rapporti non difensivi, non di fuga dagli altri[14], partecipando intimamente ai sentimenti altrui (empatia).

Il narcisismo patologico si verifica quando il soggetto investe troppo sul Sé, concentrando esagerati interessi sulla propria immagine esterna e trascurando quella interna. Questo avviene perché il narcisista ha sacrificato, fin da piccolo, la propria identità. Anzi, per farsi accettare dagli adulti, ha enfatizzato un'immagine che gli è aliena (ad esempio quella della «donnina» generosa e diligente o del bambino autonomo che primeggia, l'«ometto» per intenderci), allontanandosi dal Sé autentico. Ha negato cioè, già dai primi anni di vita, i suoi sentimenti, reprimendo specialmente quelli, come la paura, la rabbia, la gelosia, la tristezza, che danneggiavano quell'immagine che i «grandi» volevano da lui.

L'immagine da offrire agli altri è diventata talmente importante da innamorarsene, come nel mito di Narciso. E così un Io «grandioso» compensa un Sé povero, ma il divario tra l'immagine e l'interno, cioè il contrasto tra quello che si vuole apparire e quello che si sente, porta a disturbi patologici quali: sensazione di vuoto, incapacità di sentire, demotivazione al vivere e quindi depressione o ipocondria[15]. Il narcisista soffre soprattutto di una rappresentazione instabile del Sé, con reazioni contrastanti: grandi ambizioni e crisi d'insicurezza, fasi megalomaniche e sentimenti d'inferiorità, atteggiamenti pilotanti ed eccessiva dipendenza, momenti maniacali e incertezze, troppa sicurezza e insicurezza, ecc.

Il narcisista patologico presenta quindi scarsa o assente

capacità relazionale. A livello di coppia non sa vivere rapporti nel segno della reciprocità, perché incapace di amare. All'esterno è un pavone, all'interno ha l'ossessione di essere il brutto anatroccolo. Del resto l'iperinvestimento sul Sé esterno porta a un ipoinvestimento sul partner, con il quale non può esservi sintonia ed empatia. Si tratta quindi di rapporti a rischio.

In tutti i tipi di relazione il narcisista conosce gli altri non per quello che sono ma per la loro immagine; non riesce quindi a integrarsi, rimanendo solo. Lotta per il potere, per tranquillizzare la sua vulnerabile fragilità; è il «pescecane» che elimina colleghi, amici, familiari, e lo fa senza scrupoli poiché privo di coscienza morale. Purtroppo più ha potere più ha paura di perderlo per insicurezza profonda. È infatti un soggetto che vive male, che non si tratta bene (spesso sono presenti tendenze autodistruttive) e che non può godersi le cose poiché incapace di entrare in relazione con esse.

Il narcisista, il dongiovanni e il casanova

Viviamo in anni dominati dalla cultura del narcisismo[16], votati all'Ego. Abbondano i protagonisti della società narcisistica, i cui unici valori sono la religione del potere e del successo, un estremo interesse per se stessi e la negazione degli altri, che servono soltanto per raggiungere scopi economici, carrieristici, sessuali, ecc.

Narciso era innamorato della propria bellezza e anche l'uomo contemporaneo tende a guardarsi non per capirsi, ma per ammirarsi. Vive soltanto di sé, per cui quando parla, guarda e ama, ascolta, vede e vuole bene esclusivamente a se stesso. Il narcisista si crede infatti al centro del mondo; non si rende conto che nell'universo visibile vi sono dieci miliardi di galassie e, soltanto nella nostra, cinquecento miliardi di stelle.

Un narcisismo malato ha effetti anche sulle pieghe più profonde dell'essere umano, comprese quelle affettivo-sessuali. Infatti nel narcisista è presente un'ipertrofia della propria immagine, un'autoesaltazione, che si accompagna alla mancanza di autentico interesse per tutto ciò che è «altro da sé». Di conseguenza nel rapporto con la donna spende le sue energie unicamente in favore di se stesso, mira a soddisfare le proprie richieste a prendere e ad avere, considerando la partner come un'espansione di sé, come un mezzo e non come una persona. Descrivendo la vita affettiva con la compagna, non disdegna frasi come: «Io sono al centro della sua vita», oppure: «Io sono un buon amante e un buon marito», tutte affermazioni narcisistiche che non tengono conto dell'altra persona, che non si preoccupano delle sue reali esigenze, che la escludono e la rifiutano. Si ripete cioè il mito di Narciso, che respinge la ninfa Eco e insegue se stesso.

L'amore è portarsi fuori di sé, incentrarsi sull'altro, sul come è. Normalmente chi è innamorato si dimentica di sé, pensando soltanto alla persona amata; il narcisista invece si comporta esattamente al contrario. È infatti un soggetto che pretende di essere amato ma non sa amare, pur esercitando spesso un enorme fascino sull'altro sesso sia perché possiede una bella immagine per un corpo piuttosto curato, sia perché presenta un notevole potere seduttivo dovuto a una certa pseudosicurezza e baldanza che lo rendono interessante. Non per nulla Narciso possedeva straordinaria bellezza, invocata dal mito per spiegare il suo autoinnamoramento.

Nel rapporto di coppia il narcisista non è in grado di stabilire una relazione matura, poiché i suoi obiettivi sono quelli di valorizzare se stesso, autoproteggersi, amarsi; tende cioè a fare di sé il punto di riferimento intorno al quale organizzare ogni sua esperienza affettiva. Essendo troppo concentrato sulla propria persona, non entra in contatto con la partner e non ne cerca l'intimità. Ha bisogno di uno specchio, non di un'interlocutrice; l'altra è soltanto una figura che rispecchia lui stesso, uno strumento per trovare sempre riflessa la propria immagine.

Il narcisista non riesce a vedere realmente la donna, a entrare in relazione con lei. Non vede dunque la compagna come persona *in toto*; ne coglie solamente dei frammenti e su questi inventa una storia d'amore, considerando vere le proprie costruzioni fantastiche. Manca quindi il rispetto per la partner, che è stato sostituito dalla presunzione, dall'orgoglio e dalla vanità: tutti comportamenti dovuti all'esagerazione dell'amor proprio, all'ipertrofia del senso del proprio valore, a una continua autoesaltazione. Anche per questo è affetto da una vera e propria anestesia emotiva.

Sul versante sessuale l'uomo narcisista è per lo più un soggetto che fa bella mostra della sua potenza, che promette ma non dà. La sua passione è al servizio del narcisismo: usa il corpo per sedurre, eccitando sessualmente ma negandosi al momento buono. Si presenta come un partner disponibile a dare un piacere infinito, non mantenendo però quanto promette perché controlla sentimenti, emozioni e sensazioni, dosando accuratamente incontri e reazioni. Il coito avviene: sono presenti l'erezione, la penetrazione e l'eiaculazione, ma scarseggia il piacere. È tutto normale dal punto di vista fisiologico e tecnico, ma non c'è quel godimento sessuale la cui origine va ben oltre il contatto degli organi genitali.

Anche nel coito, oltre che nell'autoerotismo, si può ricercare una verifica narcisistica, tipo masturbazione in vagina. E quello del narcisista è un erotismo che si esaurisce rapidamente e finisce con l'abbandono dell'altra, usata e poi gettata via. Infatti il narcisismo patologico è la negazione dell'amore e della sessualità, proprio perché disturba la mediazione affettiva e corporea. Subito dopo infatti il Narciso inizia un'altra conquista in quanto innamorato della sua immagine fisica e non sa vivere se non ha la certezza di piacere.

Le sue relazioni sono quindi epidermiche, superficiali e tendenti a esaurirsi in tempi brevi. Infatti quasi sempre il rapporto finisce, anche perché la persona narcisistica ha una bassa tolleranza alle tensioni e quindi tende a separarsi o a divorziare più delle altre. E così il narcisista si ama sempre, ma continua ad amarsi male. E l'amore per tale immaturo è ansia perenne.

Le cause che portano al narcisismo risalgono all'infanzia, in quanto i bambini iniziano a formare la loro identità fin dalla culla. E il narcisista nella sfera affettiva è sempre sulla difensiva perché, pur senza rendersene conto, si ricollega alla primaria relazione con la madre che non l'ha rassicurato. Manca infatti di sicurezza originaria poiché nei suoi primi anni di vita e nelle prime relazioni familiari non è stato amato per quello che era, ha cioè subìto frustrazioni affettive riportando uno stato di insoddisfazione nei riguardi di se stesso.

Al figlio narcisista i genitori non hanno quindi dato affetto e appoggio sufficienti; in altri casi, invece, hanno fatto sentire il bambino troppo importante, offrendogli eccessive gratificazioni; altre volte ancora hanno cercato di far corrispondere il figlio alle loro aspettative, quindi a un'immagine idealizzata che è poi quella che si erano fatti di loro stessi. La conseguenza di tali errori educativi è un comportamento nevrotico dovuto alla mancanza di sicurezza. Infatti il narcisista è portatore, anche da adulto, di un'insufficiente autostima e di scarsa autoaccettazione, per cui vive i rapporti affettivi come prove, come verifiche e non come piacere; di conseguenza è sempre in ansia, in difesa. Presenta infatti tutte quelle incertezze di un'identità ancora da strutturare e consolidare. È una persona immatura, incapace di dare ordine alla propria esistenza, che gioca con i propri sentimenti e con quelli degli altri.

La matrice narcisistica genera anche il «dongiovanni», sempre a caccia di donne. Infatti è un «seduttore specializzato» in perenne ricerca di nuove emozioni e continue gratificazioni perché ha bisogno di dimostrare a se stesso che sa conquistare una partner. Mentre gli altri uomini cercano di primeggiare nel lavoro o nello sport, di conseguire il potere economico o politico, il dongiovanni mette il suo impegno nel far innamorare le donne, che non contano affatto di per sé, ma quale banco di prova per verificare le proprie capacità seduttive. Non s'accontenta infatti di una partner, ma necessita di una specie di harem (come il Don Giovanni di Mozart miete le sue vittime fino ad averne «1003») per un bisogno malato di conquista.

Quando fa loro la corte è brillante, ma non ha più niente da dire se si stabilisce un legame, perché è un soggetto incapace di provare amore e di attuare una comunicazione profonda; è soltanto in grado di vivere una specie di passione che si consuma in qualche ora o in qualche giorno, senza un reciproco scambio affettivo[17]. Vive quindi la donna come oggetto genitale, senza provare quella parte di sessualità fatta di tenerezza, di preliminari, di postludio e quindi di emozioni. C'è dunque una mancanza di coinvolgimento emotivo; non ci sono amore, passione, sintonia erotica, intimità: la soddisfazione di conquistare una donna è più importante che vivere con lei un'esperienza d'amore. Quando è sicuro di poterla portare a letto o vi rinuncia o lo fa in maniera frettolosamente esibizionistica, senza strascichi. Non gli interessa la collaborazione sessuale femminile, non vuole la compagna partecipe del «piacere», privandosi così di quell'erotizzazione che proviene dal godimento complementare della donna. Per lui il sesso equivale a una serie di trofei perché appena ha «posseduto» la partner si ritira, disorientando chi ha subìto la sua corte sessuale. È infatti abituato a «colpire» e salutare, per tornare dagli amici al bar con una storia di sesso in più.

È un soggetto che usa l'Eros soltanto per tranquillizzare la propria genitalità, perché è un conquistatore sempre inappagato. La sua perenne insoddisfazione lo spinge in maniera coatta a una continua condotta seduttiva, a passare di conquista in conquista. È una genitalità la cui frequenza deriva da un bisogno di rassicurazione. E la quantità va a scapito della qualità, cioè dello stesso piacere. Tale immaturo psicoaffettivo ha tuttavia bisogno di sedurre; se non lo fa si ammala. Il coito è però soltanto il necessario epilogo di questo obbligatorio rituale di seduzione. Non è quindi un ipervirile, ma la dimostrazione della non raggiunta virilità matura. Soprattutto non è una persona libera.

Il suo dongiovannismo fa da schermo a grandi insicurezze. Spesso usa le donne come antidepressivo ai suoi conflitti profondi e ogni conquista è una tacca incisa sul suo pene per curare un'incerta identità virile. Perché il dongiovanni evidenzia, nella continua frenesia conquistatoria, la sua antica paura di una «madre dominatrice» o di un «padre castratore». C'è quindi un nevrotico bisogno di mettersi alla prova; infatti il suo è spesso un dongiovannismo rozzo, da «tempo libero», che raccoglie tutto quanto trova; un «asso pigliatutto», con rapporti che non lasciano un segno nella vita affettiva, che non hanno niente a che fare con l'intimità. Sulla sua *facies* genitale si può leggere l'ossessione del sesso. Ricorda il mandrillo maschio che presenta sul volto una segnaletica sessuale che imita le regioni genitali, ripetendovi il rosso fallico e le chiazze blu.

Il narcisismo e il dongiovannismo mascherano un'immaturità affettivo-sessuale, sia nell'estrinsecarsi di una ipogenitalità per difesa sia nel manifestarsi in un'ipergenitalità come necessità ansiosa di un sempre nuovo trofeo. In entrambi i casi infatti si tratta di una reazione rassicuratoria alla propria insicurezza profonda. Spesso la fissazione alla fase edipica è la motivazione inconscia ai continui tentativi di seduzione. La spinta incestuosa per la proiezione edipica fa però insorgere in tali immaturi una reazione difensiva, che è causa della loro continua fuga e della loro persistente insoddisfazione anche sessuale.

Nel passato certi dongiovanni ottenevano un'ammirata approvazione rivelando con esibizionismo di cattivo gusto i loro fasti predatori, magari utilizzando l'amplificazione dei mass media. Altre volte tali novelli Priapo ad «alta libido», sempre a caccia per risolvere le loro «esigenze» giornaliere[18], erano persino invidiati. Attualmente chi passa di avventura in avventura non è più un modello positivo, anche perché l'Aids ha smorzato certe «abbuffate» genitali. Tuttavia, se è vero che la società attuale ostacola ancora la liberazione della donna, è altrettanto vero che costringe molti uomini a essere «maschi per obbligo» sulla base di vari miti di efficienza e di elevati livelli di performance, anche sessuali. E così il maschio è ancora costretto al cliché della virilità (superattivismo, carrierismo, ecc.), alla fatica per conservare la sua tradizionale qualifica di «forte» e di protettivo e a una maggior incidenza di infarti cardiaci.

Oltre alle due tipologie sopra descritte, vi sono anche degli immaturi più sfumati, i «casanova», che tendono a vivere vari rapporti di coppia con modalità più o meno «normali». Sono uomini che hanno la mania dell'amore, si innamorano di ogni donna e di più donne contemporaneamente e, se hanno un rapporto sessuale, vogliono dimostrare quanto possono dare nell'intento generoso di rendere felici le partner. Spesso non soltanto le rispettano, ma anche le adorano, sottomettendosi ad esse con rispettosa umiltà. Sono adulti portatori di un bisogno di calore e di rassicurazione inappagato nell'infanzia, che ricercano nelle compagne; queste non sono numerose come nel dongiovannismo, ma spesso più di una nello stesso periodo. Si potrebbe dire che i casanova vivano per l'amore, che diventa fine a se stesso.

Anche chi ama troppe volte nella vita dimostra di essere alla ricerca di qualche cosa per tranquillizzare se stesso. Infatti si innamora troppo spesso la persona immatura, fragile, con facilità alla idealizzazione e al distacco dalla realtà. I veri grandi amori nell'arco dell'esistenza non superano le dita di una mano. Gli altri sono relazioni superficiali, infatuazioni transitorie o soltanto «voler bene». Spesso si confonde infatti l'amore con la passione, cioè con una forte attrazione genitale; altre volte con pulsioni immature, quali ad esempio un nevrotico bisogno di dipendenza o di dominio, che nulla hanno a che fare con le autentiche motivazioni che portano ad amare. Per tali equivoci si è calcolato che certi amori dei giorni nostri, dichiarati eterni, non durano più di due anni, mentre negli Stati Uniti molte relazioni affettive durano in media cento giorni.

I rapporti con più partner sono da considerarsi normali nella fase adolescenziale di sperimentazione. Dai trediciquattordici anni ai diciotto-venti è anzi opportuno che l'adolescente esperimenti più relazioni affettive, anche platoniche, per fare una specie di «apprendistato» all'amore. Nell'adulto l'avere rapporti affettivi e sessuali con molti partner non è normale, ma tipico della persona incapace di costanza affettiva, in preda alla coazione a ripetere per un bisogno nevrotico di verificarsi. Si tratterebbe cioè di rapporti che non sono conseguenza di un trasporto verso i partner, ma che hanno per motivazione una costante ripetizione di una verifica autodimostrativa e quindi tranquillizzante per un eccessivo bisogno di valorizzazione, di rassicurazione, di comprensione che disturba la relazione affettiva.

Altrettanto si può dire della ricerca della novità a ogni costo, perché l'esasperare il desiderio del nuovo, sostituendo continuamente quello che appare «superato», è un aspetto immaturo. Così si esprimeva al riguardo un quarantenne, un nomade dell'amore, che non accettava confini e che si doveva alimentare di «prede», un casanova in balìa di una permanente tensione amorosa perché continuamente in cerca di grandi emozioni: «Sono sempre passato da un amore sviscerato all'altro perché, anche se mi accade spesso, non è mai un'"avventura". Purtroppo il grande amore è sempre l'ultimo... La verità è che non soltanto non so amare da grande ma nemmeno soffrire da grande, per cui mi consolo troppo in fretta...».

In altri casi l'infantilismo psicoaffettivo porta il soggetto a cercare inutilmente, attraverso molteplici partner, quella virilità matura che non possiede. Il più delle volte infatti, malgrado l'apparente ruolo di conquistatore, è presente una sottomissione alla donna. In altri casi ancora, la ricerca continua può simboleggiare un perpetuo desiderio di sedurre una figura genitoriale, ad esempio quella materna; non per nulla la ricerca della partner si polarizza spesso sulla moglie di un altro ed è seguita dall'abbandono di questa donna con simbolica restituzione al marito (inconsciamente vissuto come padre) di qualcosa sentito come illecitamente sottratto. Altrettanto si può dire dell'uomo che s'innamora sempre e soltanto di donne sposate, proprio perché l'oggetto amato ha valore in quanto viene tolto a qualcuno.

Tutti inevitabilmente, nella realtà o nella fantasia, siamo un po' narcisisti, dongiovanni o casanova perché è difficile separarsi da noi stessi. Ma se vi sono situazioni che non dipendono da noi e che dobbiamo accettare, ve ne sono altre che abbiamo il dovere di migliorare. Anche l'immaturo psicoaffettivo adulto, proprio perché bloccato nel suo sviluppo e quindi cristallizzato su posizioni infantili, può crescere psicologicamente mediante il rapporto con una partner. Nei casi più lievi può essere la compagna che, con assidua tenerezza, stimola in lui la disponibilità all'amore, alla comunicazione, all'intimità. Nei casi più difficili la sua vita affettiva è una serie di errori, di insuccessi a catena. Ed il guaio è che, per tale immaturo, il male non è mai una colpa personale, ma sempre l'effetto degli errori altrui o di un fato avverso. Sono i casi in cui diventa necessario l'aiuto di uno psicoterapeuta, per realizzare un'adeguata autostima, una solida immagine di sé e quindi un'autoaccettazione, con fiducia nelle proprie capacità d'amare e nella propria amabilità.

Purtroppo tale soggetto è sovente troppo narcisista per accettare di chiedere aiuto.

III
La scambista

Accade, più spesso di quanto si creda, che persone molto intelligenti e realizzate nel lavoro facciano scelte affettive sbagliate. Anche una donna colta e professionalmente gratificata può vivere situazioni amorose ansiogene, poiché innamorata di un partner immaturo. E ciò avviene perché spesso in amore non si relaziona con un'altra persona, ma si idealizza una propria ossessione.

Sara è un medico di quarantadue anni, in carriera universitaria. È una donna che si è omologata al modello maschile; una donna-soggetto, che guida lei: l'auto, il lavoro, gli assistenti, i malati. Vola da una città all'altra, da un congresso all'altro, sorvolando però sui particolari della sua vita privata. Pur facendo un mestiere che s'impasta con il dolore, esercita la professione come una disciplina; o, meglio ancora, ha imparato la disciplina dalla professione[1].

Sara è curata nel vestire, attenta ai dettagli, anche se casual. Quando si sente giù, va per negozi. Un abito nuovo ha per lei una virtù tonificante di ordine psicologico, soddisfa un lontano senso d'insicurezza, come la donna convinta d'aver trovato nel rossetto il mezzo per apparire più bella. Purtroppo ricorre troppo facilmente ad ansiolitici; ha anche voluto il taglio cesareo in anestesia generale, evitando così di vivere l'intensità emotiva della nascita della figlia, momento importante per una donna[2].

La paziente così si lamenta della sua vita: «Ho trascorso una settimana terribile. Mi hanno attanagliato la rabbia furiosa e l'impotenza di fronte a quanto accade. Non è giusto che io sia qui, sul lettino a curarmi, mentre mio marito può andare dove vuole, con chi vuole, infischiandosene di me e di sua figlia. Non è giusto che lui "carichi" tutte le donne che vuole, mentre io non ho uno straccio di uomo. E più lo penso a divertirsi con un'altra, più mi prende il nervoso e non riesco a controllarmi...

«Mi tocca passare le domeniche in casa, senza far niente... Mia figlia esce con un'amica poi, quando torna, io non posso lasciarla. E poi dove vado? Non so dove sbattere la testa e piango per ore. Sono piena di rabbia... Cosa devo fare? Me lo dica! Se dovrò rimanere sempre sola per tutta la vita io mi ammazzo, ma prima ammazzo lui, così non potrà godersi più nessuna...

«Vorrei ricordare un fatto doloroso: poiché mio marito ha come amante una donna bella, giovane, con i capelli biondi e lunghi, io non sopporto di vedere in televisione, in clinica o per strada ragazze simili. Mi viene una nausea spaventosa e penso di non poter piacere mai più ad alcuno perché ormai sono vecchia e non più desiderabile... Sono ridotta in cattivo stato e non ho più voglia di nulla. Vorrei distruggermi e distruggerlo...

«Da ragazza non c'era mai nessuno che mi guardasse. Passavo le domeniche da sola, come faccio adesso. Soltanto che non ho più i vent'anni per reagire... Avevo in mente una vecchiaia serena con mio marito, nella nostra casa al mare, sulla nostra barca, le cene con gli amici, il matrimonio di nostra figlia...

«Invece oggi sono qui a lottare da sola. Ho dovuto cambiare circolo e mia figlia ha perso gli amici del golf. Anch'io ho dovuto cambiare amici; non li posso più frequentare perché vedono anche lui... Che cosa ho fatto per meritarmi questo? Ho paura di andare da qualsiasi parte per il terrore di incontrarlo con quella bionda, soprattutto con l'aria soddisfatta e felice... Cosa faccio? Non ne posso più. Cosa posso fare per ritrovare la serenità? Ammazzarlo e farla finita?

«Ho telefonato a mio marito per chiedergli di farsi vivo almeno con sua figlia. Non c'era e sono stata presa da una rabbia feroce. Chissà dove è andato, magari al mare, a festeggiare San Valentino con quella... Me la prendo così tanto perché trascura sua figlia, ma anche perché ignora me. Sono io quella che si sente respinta, abbandonata...

«Come posso essere ancora attaccata a un uomo che mi fa tanto soffrire? Perché non lo lascio perdere e mi rassegno? Ma la rabbia è tanta e mi domando come mai non mi sono accorta prima di vivere con un simile mascalzone...

«Fino all'ottobre scorso tutto sembrava filare abbastanza liscio. Ci eravamo conosciuti dodici anni prima. Era già divorziato. Appena mi ha vista, ha subito iniziato a corteggiarmi; il giorno seguente è venuto nel mio reparto... Dopo due sere ha detto che voleva sposarmi. Dopo una settimana abbiamo fatto l'amore e in seguito abbastanza spesso perché a lui piaceva...

«Mi raccontava le precedenti esperienze con la moglie nei loro due anni di matrimonio e quelle con la successiva amica con la quale aveva convissuto per un certo periodo. Si vantava di piacere molto alle donne... Io ero gelosa di tutte: della ex moglie, dell'amica, delle altre... Vivevo angosciata per una gelosia retrospettiva verso le sue ex, che fantasticavo più belle, più efficienti, più erotiche. Io non facevo domande circa il suo passato, era lui che parlava spontaneamente dei suoi trascorsi amorosi, descrivendoli come magnifici.

«Mi sentivo carente come femmina e vivevo nella continua paura che mi paragonasse alle donne precedenti e tornasse da loro. E poi mi dava un terribile fastidio l'ex moglie, che continuava a essere presente nella sua vita, anche se con rapporti amichevoli. Per fortuna non avevano avuto figli!

«Il fantasma delle sue ex era diventato per me un'ossessione, anche perché evocato continuamente dalle sue battute. Mi sentivo confrontata, vittima di tanto suo entusiasmo impregnato di nostalgia. Poco alla volta ho quasi finito per sentirmi soltanto una fotocopia di un'esperienza già vissuta, una specie di terzo incomodo.

«A volte, purtroppo lo capisco soltanto ora, pareva che provasse piacere a parlare delle sue ex donne e mi rendo conto che fin d'allora era disturbato...»

Un'insicurezza circa la propria femminilità ha spinto la paziente ad essere gelosa di tutte le esperienze precedenti del partner, soprattutto a uscire perdente dai confronti di pessimo gusto che il fidanzato-marito faceva con le donne del suo passato.

Il complesso del sultano

Oltre all'insicurezza profonda di chi teme il confronto, ad alimentare la gelosia a volte contribuisce l'incapacità del partner di liberarsi del passato, al quale inconsapevolmente rimane legato. Tale atteggiamento fa provare al secondo coniuge o convivente la sgradevole sensazione di essere sempre in tre. È, ad esempio, il caso dell'uomo con il «complesso del sultano», che ama beneficiare narcisisticamente dell'interesse di più donne anche perché, magari dietro l'alibi di interessi affettivi (figli) o economici con l'ex moglie, non ha il coraggio di azzerare il suo passato amoroso. Infatti l'ombra dell'ex incombe ancora di più quando ci sono figli del precedente matrimonio e l'altro genitore non perde occasione di disturbare, con la scusa della prole, il coniuge che si è rifatto un nuovo e sereno rapporto di coppia.

Per l'uomo il confronto con il precedente rivale si colora spesso di competizione sessuale; per la donna invece prevalgono la parte affettiva e il desiderio spasmodico di essere soltanto lei la padrona del cuore dell'altro. E per scatenare la crisi di gelosia è sufficiente una vecchia foto che sbuca da un cassetto o una lettera lasciata tra le pagine di un libro. Il fantasma dell'ex o della ex si insidia nella mente trasformandosi in un tarlo e, nei casi peggiori, in una ossessione[3].

Sono però le donne che più facilmente soffrono di tale gelosia retrospettiva poiché, nel nostro contesto culturale, l'uomo spesso si vanta del suo passato amatorio, a volte esibendolo come una patente di merito anche se le sue vecchie storie sono finite male. Infatti è spesso proprio l'altro che contribuisce a scatenare nella partner psicologicamente più debole la «sindrome di Rebecca»[4]. E guai se questa, per insicurezza o per incoscienza, ne accetta la sfida. Meglio non cadere nel tranello e cambiare casa, arredamento e luoghi di vacanza. Alla fine è anche una questione di buon gusto. E se il sultano non vuole o non può tagliare i ponti con il passato, è necessario tagliarli con lui per legittima e dignitosa difesa.

A tutti capita che saltino fuori i fantasmi del «prima», che ritornano nel ricordo come modelli con cui confrontare il nuovo partner. Sono sufficienti una frase, un tono duro di voce o un cibo mal cucinato per scatenare pericolose nostalgie. Normalmente però ci si controlla, si evita di pensare ad alta voce e soprattutto si rammentano anche le ragioni negative per cui l'altro è diventato ex. Esistono però i casi di ipermnesia patologica di coloro che continuano ossessivamente a ricordare i particolari e i dettagli di un rapporto affettivo ormai finito, tenendolo sempre vivo. Magari non ne parlano mai, ma continuano a proiettare le ombre del passato sul presente e quindi su tutti i possibili partner che incontrano. Ne consegue che, se non riescono a curare tale patologia, la nuova coppia rischia di naufragare.

Non stupisce quindi che il «reducismo» psicologico del fidanzato di Sara abbia mandato ancora più in crisi la sua già precaria identità femminile. Tuttavia il rapporto di coppia ha resistito perché, e lo racconta la paziente in un'ulteriore seduta, l'uomo era, forse per compensare, molto generoso.

«A quell'epoca mi copriva di regali... dopo un mese mi ha dato l'anello di fidanzamento. Nel contempo era rimasto senza soldi e così glieli davo io... Ne guadagnavo già fin troppi!»

Gli scambisti

«Prima del matrimonio mi aveva accennato a certe sue esperienze sessuali di gruppo. Diceva d'aver provato molto piacere e che ne aveva nostalgia... Mi faceva rabbia non essere stata io l'unica sua donna. Mi ero cacciata in un rapporto che mi attraeva anche se lui era così diverso dalle mie aspettative. Dopo pochi mesi ci siamo sposati... Tutto sommato era l'uomo ideale per "sistemarmi".

«Poco alla volta sono stata travolta dalle sue richieste sessuali, senza però trovarle così disdicevoli. Prima aveva cercato di farmi avere rapporti con un suo amico, che già lo faceva con la moglie e l'amante insieme. Ma questi non ha voluto accettare. Allora ci è capitato tra le mani un mio ex spasimante. Una sera eravamo in campagna e, dopo varie battute, siamo andati in un prato e abbiamo fatto l'amore in tre. A turno venivano con me, poi li facevo godere con la bocca... Questo è successo altre quattro o cinque volte e, dopo questi rapporti, mio marito era ancora più esaltato e sembrava adorarmi...»

Pur essendo una bella donna, Sara ha puntato tutto sull'intelligenza per emergere nel suo campo. È tutta cervello, ha messo da parte il cuore. Per difesa ha ipertrofizzato la razionalità ai danni dell'emotività. Pensa quindi, non sente. È una persona informata ma senza educazione dei sentimenti, che non corrisponde a conoscenza scientifica ma a un sapere che penetra dentro la persona e viene metabolizzato con ripercussioni sul pensiero, sulle emozioni, sulla morale e su ogni comportamento[5].

La competenza specialistica della paziente ne fa una professionista tecnicamente di alto livello, ma pericolosamente immatura. Privilegia infatti un tenore di vita troppo libero, rispetto all'impegno di fare bene il medico e di allevare bene la figlia. Si alimenta di un'integrazione sociale superficiale e consumistica (viaggi, vestiti, vacanze), che crea nuove forme di marginalità. Eccone un esempio: «Dopo un anno dalla nascita di nostra figlia, che lui sembrava adorare, abbiamo coinvolto nei nostri giochi erotici un'altra coppia e dal triangolo siamo passati al quadrilatero. A dire la verità mio marito, durante i nostri rapporti sessuali, mi sollecitava spesso proponendomi di abbordare qualcuno. Ho quindi colto la palla al balzo quando un'amica mi ha raccontato d'aver problemi analoghi. Insieme abbiamo organizzato una cena intima con i mariti e poi è successo quello che volevamo...

«Il marito della mia amica era bello, ma non mi piaceva come faceva l'amore... sudava troppo... Era particolarmente emotivo ed aveva le mani sempre umide. Scaricava infatti la sua tensione sui palmi, mentre altri la manifestano a livello di cuore o di intestino. Normalmente si suda con quattro milioni di ghiandole distribuite nella cute, ma lui doveva averne miliardi...».

Prosegue Sara: «In seguito abbiamo "scopato" in tre o quattro: io con mio marito e quest'altro oppure mio marito, quest'altro e la moglie. In altre circostanze abbiamo coinvolto un'altra coppia amica... ma mi toccava fare esercizi di apnea per gli odori corporali, primo fra tutti l'alito. Mi è anche capitato un lui che, parlando, stendeva le mosche meglio del Ddt...

«Potrei dire che erano entrati in funzione tutti i dieci milioni di cellule olfattive delle mie cavità nasali... Però vivevo un'eccitazione vitalistica, un'orgasmomania. Attraversavo la mia giornata senza sentimenti di colpa, spendendo senza rimorsi il mio corpo. Mi comportavo da "sessistenzialista", cioè come coloro che sostengono che il sesso è l'unica via per dare significato all'esistenza...».

Con la disforica voce delle personalità immature Sara continua: «Non importava ciò che è bene, ma ciò che piaceva. E poi nell'amore a volte è meglio rinunciare a capire, arrendersi all'irrazionale perché il fondo di certe passioni resta misterioso... A quei tempi ero una donna camaleontica che, con un taglio di capelli o con un vestito nuovo, cambiava aspetto e personalità. E così, senza eccessive nevrosi, procedeva inconsciamente la mia vita *double-face*, senza chiudere con certe esperienze... come facevano i medici antichi che tenevano aperta una piaga nel corpo del malato per farne spurgare gli umori velenosi...».

Le ragioni per cui la paziente ha accettato simili situazioni sono da ricercarsi nel suo comportamento flessibile, molto adattativo, che risale all'infanzia: «Mio padre era un uomo debole, sottomesso alla moglie, una donna fisicamente attraente ma psichicamente superficiale, mediocre... Era un padre timido, e come tale un prepotente, che stava bene soltanto con le persone a cui poteva mettere il piede sul collo. Mia madre aveva la gelida bellezza della donna narcisistica, fredda e scostante, dominatrice e bisbetica. Era anche generosa... a patto che la persona che riceveva si umiliasse e le desse sempre ragione. Con me ha esercitato un'educazione repressiva. E così la sessualità è diventata soltanto dolore: dal menarca[6], avuto senza una preparazione psicologica, alle successive mestruazioni, dalla deflorazione al parto, in anestesia però...

«Se da adolescente ero una ragazza-bambina, divenuta donna non mandavo messaggi erotici e gli uomini se ne rendevano conto; con me provavano sintonia di cervello e di cuore, ma non di sesso. Persino quando mi sono sposata, mi consideravo una donna insoddisfacente, che conosceva soltanto sui libri le varie tappe fisiologiche della risposta sessuale: desiderio, eccitazione, orgasmo, ecc.

«Mi sono sposata senza avere avuto altre esperienze con cui misurarmi. Se mi fossi imbattuta in un eiaculatore precoce, in un impotente, in un sadico sessuale o semplicemente in un maschio che non si preoccupa della sensibilità erotica della sua donna, io non sarei stata in grado di capirlo perché non avevo termini di paragone...

«Per fortuna c'era il lavoro: molto, bello, pieno di gratificazioni, anche se il fare carriera implica spostamenti, orari impegnativi, cene di rappresentanza, cioè tutto quello che caratterizza la vita professionale degli uomini di successo. Ma mentre questi ultimi possono serenamente assolvere tali impegni per la presenza di una moglie a casa che provvede al ménage familiare, figli compresi, la donna in carriera è molto più esposta. Non ha infatti una consorte a casa, bensì un marito che non sempre le è alleato nella corsa al successo; spesso anzi la fa sentire in colpa per tutto quello che non va in famiglia, specie nei figli...

«Poi è nata la bambina e, per una donna che lavora fuori casa, essere madre è un pesante svantaggio. Il mito della carriera professionale si infrange infatti contro la durezza degli orari, spesso inconciliabili con le necessità familiari... Rinunciare allora al mio lavoro? Fare la mamma nevrotica? Non avrei saputo cosa fare di me stessa. Intanto continuavano gli scambi, anche se facevo sempre più fatica a superare certe barriere igieniche... E poi a volte mi sentivo un vuoto vestito di carne...».

Sara è una figlia del Sessantotto, tempi di permissività comprensiva, di scelte liberalizzate. In quegli anni i sentimenti erano «strutture» e il «personale», nella totale tensione alla collettivizzazione e alla socializzazione, diventava «politico». La paziente è una femminista passata dai collettivi al camicione premaman, per un ritorno al «privato» come fuga dal politico, come ricupero di una certa femminilità... Ma non era ancora preparata a simile responsabilità, come ammette lei stessa: «Quand'ero giovane facevo la grande: seria, studiosa, impegnata socialmente. Quando sono stata grande, mi sono comportata da irresponsabile: feste, scambi di coppie... C'è molto disordine nella mia vita... Mi è rimasta soltanto la mania della simmetria per tutto quello che è irregolare: ad esempio, vedo subito un quadro storto. Il mio però è un ideale malato di perfezione in una persona insicura, imperfetta e disordinata. L'ordine mentale comprende tutto, anche come si tiene pulita l'auto...

«Vorrei tornare al mio passato. Ricordo le notti del 10 agosto. Si vegliava fino a tardi per guardare le "lacrime di san Lorenzo" e, mentre la loro fulminea scia di luce percorreva il velluto del cielo, formulavo desideri d'amore... Poi, da medico, ho più volte pensato che la donna ha un rapporto più denso con la vita cosmica, per i suoi ritmi biologici modulati sulla luna, per la sua capacità generatrice. Purtroppo io sono una "mamma per caso". Con mia figlia ho una relazione fredda, anerotica, come se fosse nata in provetta... Ma i figli tolgono la libertà. Facendo sacrifici per allevarli, dando loro del bene, uno si affeziona al bene che fa. Sterilizzare tutti, figli in provetta: questa è la soluzione, sarebbe...

«Quello è un periodo della mia vita di cui non sono orgogliosa. Ero stufa dei giochi d'amore che facevo con gli uomini e volevo smettere eppure, quando li vedevo eccitati dal mio corpo, ne andavo fiera...».

L'angoscia del rifiuto

Sara esercitava un'intimità «di pancia» per sopperire a una mancata intimità «di cuore», passando così la sua vita con un immenso bisogno di chiedere affetto e con un'altrettanta immensa paura di viverlo. Perché la paziente, nel corso della sua vita e in special modo durante l'infanzia, è andata incontro a una serie di frustrazioni affettive causate dal cattivo rapporto con i genitori. Ella stessa afferma: «Da adolescente il mio ideale era la sterilità affettiva (e c'era un certo clima familiare che spingeva in questa direzione), eliminare cioè quelle manifestazioni spontanee, tipiche del voler bene e dell'amare...».

La paziente, più o meno consapevolmente, è vissuta nell'angoscia di essere rifiutata dal partner e tale evenienza è sempre stata per lei drammatica, proprio perché generata da una «non accettazione» fin dall'infanzia. Quando una donna ha paura di essere rifiutata, reagisce spesso alle difficoltà amorose, causate il più delle volte dalla sua stessa angoscia, con una dolorosa perdita di fiducia in se stessa e con un gran senso di inferiorità nei confronti del partner. E da questa angoscia l'altro prende potere. Per queste ragioni Sara non è in grado di far funzionare bene la sua affettività e si porta dietro, seppur adulta, l'handicap di non sapere amare in maniera matura.

Un'insicurezza profonda può essere alleviata se il partner dimostra una paziente dolcezza e tenerezza e, soprattutto, se si sforza d'instaurare con la compagna una progressiva intimità relazionale basata sul dialogo, sulla comprensione e sull'accettazione. Il marito di Sara non possedeva tali qualità. Commenta amaramente la paziente: «Invece di migliorarmi, mi ha peggiorata. A volte, per debolezza, diventiamo complici delle colpe di un'altra persona, le facciamo nostre e poi ne paghiamo il prezzo...».

Racconta in una successiva seduta: «Non abbiamo continuato questi "combini" perché la mia amica si è nauseata, vergognandosi di quello che aveva fatto; non voleva neanche più continuare i nostri rapporti di amicizia... E anch'io non ne ero entusiasta. Quando vedevo mio marito "farlo" con le altre sentivo dei moti di disgusto, mentre lui si eccitava moltissimo quando io lo facevo con un altro; anzi era quello che più voleva. Per lui l'illusione libertaria dell'ammucchiata non finiva mai...».

Il marito, proponendo incontri a tre-quattro, manifestava una notevole dose di voyeurismo. È poi probabile che la sua grande eccitazione mentre osservava la moglie fare l'amore con altri uomini, fosse la conseguenza della sua componente omosessuale. Per quanto invece riguarda Sara, scambiava per sottomissione al coniuge quello che in realtà era soddisfazione di un proprio desiderio. Infatti nessuna donna fa l'amore di gruppo per compiacere il proprio uomo se non ha da soddisfare anche delle sue valenze omosessuali, esibizionistiche, ecc. Fa infatti comodo dichiararsi vittime della volontà altrui, mentre nella realtà ci si è lasciati semplicemente condurre per una strada che era già propria.

Almeno a livello conscio, Sara così riferisce: «Il sesso di gruppo distrugge nella coppia ogni residuo di intimità. Con mio marito l'affettività si era infatti decisamente sfilacciata. È vero che una coppia si alimenta anche di aree di segreto e di mistero che soltanto i componenti conoscono, ma noi avevamo superato certi limiti rispetto ai costumi sessuali e ai codici di comportamento. Ci univa ancora in parte il letto, dove alternavo periodi di anoressia sessuale ad altri di bulimia. Però, quando lo facevamo, alla tensione dell'eccitazione seguiva regolarmente una fase di depressione: *Omne animal post coitum triste*...

«Nel frattempo avevo ripreso a frequentare i congressi. A quello di cardiologia, a Vietri sul Mare, due anni fa ho conosciuto un collega anestesista romano: un uomo normalissimo, che ha subito cominciato a "farmi il filo". Io gli ho dato corda perché mi sembrava innocuo e tutto sommato la cosa era divertente... Non era bello, non aveva alcunché di particolare: manifestava soltanto grande interesse per me. Ovviamente non è successo nulla, era solo un gioco... Ce n'erano altri che mi piacevano di più... E poi ero diventata pigra con gli uomini... Sarà che d'inverno, per la minor luce, le capacità amatorie tendono a ridursi. È quindi utile fare un viaggio verso zone solari per rigenerarsi. Al caldo si è più disponibili. Tutto è più esplicito, senza ipocrisie. Avevo voglia di vacanze, di libertà edonistica, di passione, di erotismo in genere... Ma con quel collega romano non è accaduto proprio nulla».

Spesso vi è confusione tra desiderio e scelta. Non sempre quanto è desiderabile è disponibile. Il desiderio non equivale sempre a possibilità. Se così fosse non avrebbe senso la necessaria distinzione tra principio di piacere e principio di realtà. È legittima la ricerca di forme d'evasione, a patto però che aiutino la sanità mentale e fisica. Chi ricerca troppo il piacere, finisce con il perdere quei valori che permettono di goderne[7].

Prosegue la paziente: «Metabolicamente sono più pipistrello che allodola. Al mattino il mio motore psichico fatica a carburare, tossicchia. Ancora nel letto devo distendermi lentamente con qualche esercizio di stretching. Poi faccio una mezz'ora di ginnastica, anche se è il modo più noioso di fare sport. Ma la fatica muscolare scarica l'eccesso di emotività e di fantasia...

«Ritornando a quel congresso... ho poi raccontato a mio marito l'interesse che l'anestesista aveva avuto per me e ne abbiamo riso insieme. Dopo dieci giorni però il collega è venuto nella mia città e mi ha invitata a prendere l'aperitivo. Sono andata con lui in macchina fino a un bar di periferia, facendogli chiaramente intendere che non mi interessava più di tanto. Quando però mi ha detto che non avrebbe mollato, mi sono spaventata un poco... Forse avevo esagerato nel dargli corda e, per paura di non essere capace a respingerlo adeguatamente, ho detto a mio marito che mi stava ancora corteggiando... Anche questa volta lui l'ha messa sul ridere... e mi ha proposto: "Perché non lo inviti a casa? Lo possiamo fare in tre...".

«Mi ha dato fastidio. Per la prima volta l'ho visto un po' maniaco, come se fosse vittima di una laida pornografia e mi sono resa conto che possedeva al massimo la passione della scopata, non la tenerezza del fare l'amore. Non aveva mai concepito un'eccitazione che permettesse un piacere più raffinato, a due».

Sesso o sessualità

C'è una sessualità sottocorticale e a livello lombosacrale, quindi istintuale, genitale, e una sessualità corticale, ricca di partecipazione emotiva e d'immaginario, più difficile da far funzionare. Per questo «sesso» e «sessualità» non sono la stessa cosa. Il primo è innato e riferibile alla biologia e quindi al sistema ghiandolare e nervoso, la seconda è appresa e legata alle psicodinamiche consce e inconsce. In altre parole il termine «sesso» è riferibile più alla genetica, ai cromosomi e quindi alla neuroendocrinologia, mentre con «sessualità» si fa riferimento alle variabili psichiche dell'erotismo umano, sia negli aspetti comportamentali che nelle psicodinamiche inconsce.

Sara continua a elaborare i suoi conflitti per passare dal

sesso alla sessualità e a raccontare la sua vita: «A un anno dal congresso di Vietri sul Mare, mi sono trovata di nuovo davanti l'anestesista ed è ricominciata la solita solfa: languidi sguardi da parte sua e occhiate compiaciute da parte mia. Lui era lì, tenero e fedele... Io dovevo fare una relazione importante, avevo altro per la testa, anzi sono rimasta persino stupita quando, al ritorno a casa, mio marito mi ha chiesto se c'era il collega... Gli ho risposto, divertita, di sì.

«Al successivo congresso nazionale in Sardegna sono andata perché, più che di informazioni scientifiche, avevo voglia di gratificazioni. Per me, che da ragazza ero sempre stata sola, trovarmi fra tanti colleghi significava essere al centro dell'attenzione perché ero, tra le poche donne presenti, la migliore sia come fisico che come posizione accademica. In più il mio direttore di clinica era presidente del congresso e io fungevo un po' da *first lady*.

«L'anestesista era come al solito presente e non mi mollava, corteggiandomi sempre con maggior insistenza. Tutti ormai se ne erano accorti e ci scherzavano sopra. Un pomeriggio mi ha invitata ad andare a Sassari per fare spese e io l'ho accompagnato. Nei quaranta chilometri di taxi mi ha tenuta per mano e poi abbiamo passeggiato sottobraccio. Non ci siamo però nemmeno dati un bacio... Questo è successo nel dopo cena, sull'ascensore. Mi ha chiesto di entrare in camera mia, dicendomi: "Stavolta possiamo dormire assieme". Io non ho voluto e così, da fratello e sorella, siamo stati a parlare fino alle quattro del mattino...

«Tornata a casa ho detto a mio marito che il collega aveva cercato ancora di circuirmi, ma lui se la rideva e mi ha chiesto perché non ne avevo approfittato, concludendo: "Vai con lui, così poi mi racconti". "Ma allora non gliene importa proprio di me!", ho pensato.

«La stessa sera abbiamo fatto l'amore, ma è stato un disastro. Tra la mia vita sessuale e la sua non c'era comunicazione. Era tutto finto, come le riproduzioni in miniatura dei piatti del menù nei ristoranti giapponesi. Ma almeno quelli servono al turista straniero che non capisce la lingua!

«Io non sono abituata a mettermi in discussione. Non ho l'umiltà per rivedere i miei passi falsi, la mia vita. Quando prendo in esame le mie reazioni emotive riesco soltanto a dare risposte razionali. L'informazione, la laurea, le specializzazioni confondono le idee... Quando mi sono innamorata di mio marito, ho amato una qualità: la sua generosità. Era una specie di antropofagia per impossessarmi di un bene che avevo bisogno di ricevere. Purtroppo sto scoprendo che di tale qualità ne possiedo più io di lui...».

Ricorda la paziente: «Dopo tre mesi, dovevo andare a Bologna per un altro congresso e mio marito mi ha detto: "Dai... è l'occasione che aspettiamo!". Io non sapevo che cosa fare: se prendere per buona la sua battuta o non far niente...

«A Bologna l'anestesista mi aspettava. Si era fatto spostare nel mio albergo e, alla sera, mi ha invitata a cena. Io ho cercato di tergiversare... ho chiesto a una collega di venire con noi, ma lei non poteva. Che cosa dovevo fare? Sono uscita con lui, prima in un ristorante elegante, poi a ballare nel più bel locale della città...

«Ci siamo baciati e comportati come due fidanzatini. Al ritorno, passeggiavamo tenendoci per mano. Quando siamo arrivati in albergo, è venuto nella mia stanza. Abbiamo fatto un po' di petting dentro la doccia... poi mi sono ritratta... non ho voluto che mi penetrasse...

«Il mattino dopo avevo l'aria distrutta e il mio direttore non mi ha risparmiato qualche battuta... In giornata ho telefonato a mio marito, facendo un po' di "scena"; gli ho detto che il collega mi aveva sorpreso, che non credevo si eccitasse così, che però non l'avevo lasciato entrare in camera dove voleva masturbarsi davanti a me... Mio marito al telefono si è eccitato molto e mi ha detto, più bramoso che mai, che mi aspettava per fare l'amore...

«Quando sono tornata a casa, ha voluto sapere che cosa

avevo fatto con l'anestesista. Gli ho raccontato soltanto di essere andata a cena, ma con altri. È incominciata così una sequela di domande: "Spiegami com'era esattamente... Raccontami i particolari...". Io ero un po' evasiva perché mi sembrava morboso quello che voleva sapere. E poi iniziavo ad avere il terrore che pensasse qualcosa di più... Nel frattempo il collega mi telefonava tutti i giorni, professando il suo amore. Io ci scherzavo sopra, ripetendogli che amavo mio marito, il quale continuava a sollecitare un incontro sessuale a tre...

«Ognuno sente il bisogno, prima o poi, di celebrare i propri miti. Ma lui esagerava. Allora la mia critica era più rivolta al suo modo di fare, alla sua elasticità da cemento armato, più che a quello che faceva. Ma lasciamo perdere. Non parliamo, almeno per oggi, di lui. Non si possono cambiare gli altri, ma si può cambiare se stessi... La serenità non s'ottiene uscendo a cena o acquistando di più nei negozi, ma nel trovare il senso della propria vita...

«Molta gente si guarda soltanto in fotografia, senza arrivare a una vera conoscenza di sé. Conosciamo la nostra immagine dal di fuori, quella che ci rimanda lo specchio, non dal di dentro. Addentrandomi nei vasti territori dell'inconscio, m'accorgo di quanto sia stata dipendente da mio marito...».

L'esperienza clinica ci informa che, ai giorni nostri, aumentano le personalità dipendenti: dal lavoro, dal cibo, dall'alcool, dalle droghe, da altre persone. Vi sono poi quelle che dipendono dall'amore e, se non sono innamorate, si sentono perse, mentre se nella vita si ama due o tre volte è già andata di lusso! Vi sono ancora i dipendenti dal sesso, ad esempio da certi comportamenti compulsivi, come fare gli scambisti.

Ritornando a Sara, al suo doloroso passato, la paziente racconta: «Una sera mio marito è rientrato a casa cupo e teso. Prima ancora di cenare mi ha interrogata a lungo; voleva sapere se ero andata a cena con il collega da sola.

Io gli ho risposto di no. Lui me lo ha fatto giurare ed io ho giurato il falso perché avevo paura...

«Dopo qualche giorno c'è stato un simposio nella mia clinica. Mio marito, venutone a conoscenza, mi ha costretta a invitare a cena l'anestesista...

«Durante il pasto io ero sulle spine... il mio consorte invece sembrava giocasse, divertendosi a parlare con il rivale. Quando però l'ospite se n'è andato, mi ha rimproverato d'averlo guardato in modo strano. Da quella notte è iniziata una vera e propria persecuzione, con domande a ripetizione su che cosa c'era stato tra me e il collega. Io ho sempre negato, ma mio marito non ci ha creduto, al punto che gli ha telefonato facendogli capire che sapeva tutto. L'altro ci è cascato e gli ha raccontato quello che era successo.

«È stata la fine del mondo. Era la sera del nostro anniversario di matrimonio e mio marito mi aveva regalato il solito anello comprato con i soldi che gli passavo periodicamente. Dopo avermelo dato, mi ha detto: "So tutto quello che hai fatto con quello di Roma... Ma perché mi hai tradito? Non me lo meritavo... Io ti adoravo...". E poi: "Se non ci fosse di mezzo una figlia, ti lascerei subito, perché non ho più fiducia in te. Senza fiducia è finita. Se manca infatti la fiducia non c'è amore...".

«Poi sono continuati i tormenti. Mi perseguitava, mi interrogava continuamente, mi frugava nella borsetta, mi seguiva dappertutto, nascosto dietro le auto; mi ha fatto anche pedinare da un'agenzia investigativa...

«È stato un tormento. Si sentiva deriso da tutti, anche dagli amici. Bastava che qualcuno facesse una battuta tipo: "Chissà che cosa fa tua moglie ai congressi?", oppure: "Tua moglie non c'è mai in clinica..." ed esplodeva di rabbia, si metteva a insultarmi e voleva fare l'amore con me sempre più frequentemente, così che mi era sempre addosso chiedendomi in modo ossessivo quante volte l'avevo fatto con l'altro... Faceva l'amore senza baciarmi. Diceva che per baciare ci vuole sentimento e che io avevo ucciso il sentimento in lui...

«Ricordo il suo sguardo pieno di voglia animalesca che mi ripugnava, i suoi coiti come segno di possesso. Sembrava un grosso elefante di mare, aggressivamente bellicoso nella stagione degli amori quando, geloso delle mogli e del territorio, rintuzza gli attacchi dei maschi privi di harem...

«Più ero insicura e disposta ad adeguarmi alle sue richieste, più diventava aggressivo. Più tentavo di rassicurarlo, più pensava che l'avessi ingannato... Mi buttava addosso qualcosa di vischioso che sembrava colla. Anche il nostro rapporto era diventato un groviglio soffocante; era come essere circondati da una vegetazione troppo lussureggiante che avviluppa, soffoca, strozza. Più distanza si prende da certi immaturi, più si respira aria normale...

«Per mesi abbiamo tirato avanti fra tragedie e pianti, sesso sfrenato condito da insulti... Poi, piano piano, è iniziata la fase di menefreghismo verso di me e la figlia. In casa aveva la faccia cupa, mi guardava con odio e disprezzo; fuori, con i suoi amici, era allegro e scherzoso. Stava sempre più per conto suo, consumava i pasti fuori casa... la sera si metteva sul divano e non parlava più neanche se interrogato. La domenica trovava scuse per stare fuori tutto il giorno... Per mesi non mi ha più toccata, dicendo che gli facevo schifo. Io non sapevo chi fosse la sua amante, dove andasse, cosa facesse... Pensavo a mia figlia, a non lasciarla sola mentre lui era sempre in giro. Un giorno l'ho affrontato e mi ha risposto: "Io ho perso interesse per te, in tutti i sensi... Ho delle esigenze... Sono ancora troppo giovane per la castità...".

«Ero disperata, piangevo, non mangiavo, perdevo chili... Mi sono rivolta a uno psichiatra che mi ha consigliato di "piantare il marito", ma io non ne avevo il coraggio. In certi momenti lo odiavo per come mi disprezzava, ma pensavo a nostra figlia. Se mi fossi separata da suo padre, lei non l'avrebbe più rivisto. Per questo supplicavo mio marito di volermi ancora bene, lo scongiuravo e gli dicevo che lo amavo sempre, mentre lui mi rispondeva: "Tu non sai cosa sia l'amore... Io ho dedicato anni per fartelo capire, ma tu te ne sei sempre fregata..."».

Il comportamento del marito di Sara può sembrare incoerente. Le cause della sua reazione sono verosimilmente da ricercarsi nel fatto che la moglie ha condotto il gioco dell'amore in maniera autonoma, privandolo del suo dominio e del piacere, seppur morboso, che ricavava partecipando direttamente ai «tradimenti» della consorte.

Prosegue la paziente: «Mio marito ha poi cominciato ad accusarmi d'aver avuto altre relazioni, d'averlo sempre tradito mentre lui, nel frattempo, si era fatto l'amante fissa. L'ho sorpreso infatti per strada, abbracciato a una bionda molto giovane. Ero intanto venuta a sapere, dai soliti perfidi comuni amici, che le regalava anelli, braccialetti e abiti, mentre a me non dava nemmeno i soldi per comprare da mangiare... Perché secondo lui io l'avevo sempre sfruttato, mentre mi arricchivo. E pensare che, se aveva potuto elevarsi socialmente, lo doveva a me; prima non aveva mai giocato a bridge o a golf, né fatto un viaggio...

«In quei mesi non si interessava a quello che facevamo io e la figlia, non si preoccupava minimamente della casa e allora a che cosa serviva? Che cosa serviva avere un uomo così? Era come se non ci fosse. Anzi peggio...

«Sono andata da un avvocato e ho chiesto la separazione. Lui ha dovuto andarsene perché l'appartamento era mio. Da qualche mese vivo con mia figlia, odiandolo perché mi disprezza. Lo odio perché si concia da "superfigo", con quell'aria da *play boy*. Lo odio perché non rispetta neanche sua figlia e in sua presenza fa apprezzamenti pesanti sulle donne, mentre guarda con bramosia le ragazze giovani e bionde. Lei ne soffre e mi chiede: "Mamma, ma che razza di padre ho?".

«Ancora oggi ricevo da lui degli insulti telefonici tipo: puttana, stronza, mi hai sempre tradito... E poi da mesi non mi dà soldi: se li tiene per farsi la casa. Per me non voglio nulla, ma che rispetti l'obbligo dell'assegno di mantenimento per la figlia...

«Soltanto pochi giorni fa mi ha gridato al telefono: "Non avrai una lira da me, stronza, tu hai sbagliato e devi pagare tutta la vita. Pagherai per quello che mi hai fatto, per aver distrutto un uomo e sarai sempre infelice perché non troverai nessuno come me...".

«In effetti è vero, non trovo nessuno come piace a me. Anche se ho perso il ricordo delle carezze, voglio scoprire una dimensione diversa e migliore dell'amore. Però non sarà facile che qualcuno s'innamori di una donna con una figlia adolescente...

«Dottore, le chiedo ancora aiuto su come devo vivere, pensare, agire, sperare... Non riesco più a muovermi in un mondo che è nuovo per me. Che cosa devo fare? Mi aiuti, la prego...».

Dopo qualche mese la paziente così commenta: «Una volta la mia immagine era al servizio di mio marito; ora mi rendo bella come piace a me. Per lui la femmina ideale non doveva avere contenuti, ma soltanto accessori: reggicalze, tacchi a spillo, capelli lunghi, fondoschiena sporgente... La sua ricerca di calore non sapeva andare oltre seni, vagine e natiche; per lui l'amore doveva essere un baccanale continuo... Il sesso come gioco di potere, perché i rapporti di forza si giocano anche a letto...

«Ma io non sono più la sua valletta bamboleggiante. Non voglio più un pene usato come strumento maschile di superiorità e di dominio. E poi ho preso coscienza che non si può andare avanti in un'orgia con tutte le varianti possibili... Il pudore non riguarda soltanto le zone del corpo riferite al sesso o ai suoi dintorni... La vera emancipazione non ha niente a che fare con il sesso disinibito e disinvolto...

«Se uno svolge un lavoro gratificante in senso affettivo, ad esempio fa il medico come me, sente meno il bisogno dell'altrui affetto, quindi di avere immediatamente un nuovo partner...».

Questa è stata l'ultima seduta di Sara perché, in occasione dell'interruzione estiva, ha preferito concludere la psicoterapia.

LA GELOSIA

La gelosia corrisponde al timore di perdere il partner. È perciò una dolorosa compagna dell'amore, che ne comporta sempre una certa dose. Anche se raramente si ammette di soffrirne, non è mai passata di moda, neppure nelle epoche più disinvolte, come nel dopo Sessantotto, quando la «coppia aperta» aveva relegato tale sentimento tra quelli più retrogradi. La gelosia non è infatti diminuita nemmeno negli anni Settanta, quando veniva considerata una «sovrastruttura» che la rivoluzione, osannante il modello della coppia aperta, avrebbe completamente abbattuto. E anche oggi che il tradimento è quasi routine e la costanza affettiva scarseggia, la constatazione (o il sospetto) che un amore sia stato tradito è più che mai dolorosa.

Quando la gelosia diventa angoscia è patologica: per questo si parla di gelosia sana e di gelosia malata.

La gelosia sana

In ogni coppia che si ama c'è l'angoscia latente di perdere l'altro; infatti soltanto in un matrimonio senza amore la gelosia non fa parte del contratto. Al di là delle ricerche che frugano tra le lenzuola, l'esperienza clinica ci conferma che circa tre persone su quattro dichiarano di aver tradito, e le donne sono sicuramente più infedeli degli uomini.

Qualche grammo di gelosia, che non diventi però persecutoria, gratifica poi il partner in quanto gli dimostra che si è interessati a lui. Durante l'esercizio della professione ho sentito molte mogli lamentarsi: «Mio marito non mi chiede mai che cosa ho fatto... Se gli dico che vado a trovare un'amica, e magari mi fermo a cena da lei, non mi domanda neppure chi è. Non gliene importa proprio nulla di me...».

La gelosia sana ha dunque effetti positivi in quanto testimonia all'altro che lo si ama. Tale sentimento, come ha scritto Peter van Sommers[8], è quindi vitale per l'amore.

A livello di coppia è spesso più geloso il maschio, forse per proteggere il suo investimento genetico e quindi il suo successo riproduttivo; altrettanto si verifica nel regno animale, dove attraverso la gelosia il maschio si garantisce sovente la paternità della prole. La gelosia quindi non corrisponde tanto alla perdita dell'altro quanto alla perdita della propria parte contenuta nell'altro. L'uomo è dunque più geloso della donna perché non ha la certezza fisiologica della sua paternità; il maschio dà lo spermatozoo, ma non sa se la femmina utilizzerà proprio quello o come lo gestirà: può tenere il figlio o abortire.

L'uomo è come un operaio alla catena di montaggio: fa un pezzo senza sapere se questo finirà nel prodotto finale. Ha quindi un problema che la donna non ha: la certezza della paternità. Di conseguenza l'infedeltà della partner alimenta nell'inconscio maschile l'atavica insicurezza della paternità biologica. Mentre infatti la donna teme di più il tradimento «di cuore» e meno quello genitale, l'uomo vive con maggior angoscia quello «di letto», soffrendo meno se la partner ha un amore platonico. Ma forse non è soltanto una questione di certezza di paternità, come sostengono certe analisi sociobiologiche; verosimilmente è anche una questione di identità virile, più incerta nell'uomo rispetto alla corrispettiva identità femminile.

Nella nostra cultura occidentale poi, orientata prevalentemente in senso maschilistico, la donna è per lo più gelosa quando ama, mentre l'uomo lo è anche quando vuole bene. La prima, se «cornuta», è infatti compatita; il secondo viene invece deriso, perché ogni tradimento della partner lo copre di ridicolo, svilendolo nella virilità.

La gelosia malata

C'è chi è geloso e non lo fa capire; c'è chi lo dimostra, ma si controlla; c'è poi chi si rovina la vita, diventando un tormento per l'altro e compromettendo così la serenità della relazione affettiva. Si parla in questi casi di gelosia patologica, poiché il dubbio diventa angoscia e ossessione, traducendosi spesso in aggressività persecutoria verso il partner.

Ricordo un paziente che mi consultò all'inizio della mia professione psichiatrica. Era un commerciante cinquantenne, angosciato dai continui tradimenti della moglie che, a detta sua, aveva un amante. Fin dal primo colloquio, pensando a una nevrosi depressiva di tipo reattivo, gli offrii «sostegno» e antidepressivi. Al secondo appuntamento lo invitai a non rovistare in bagno per cercare eventuali tracce di sperma sulle mutande muliebri, ripescate nel cesto della biancheria sporca. Se era convinto della persistente e disinvolta infedeltà della consorte, anche se questa negava (non sarebbe stato il primo, né l'ultimo marito «cornuto»), poteva consultare un avvocato matrimonialista.

Alla terza seduta il paziente arrivò molto agitato e con fatica riuscì a dire: «Ho trovato delle strane macchie sulle scarpe di mia moglie... adesso le porto all'Ufficio di Igiene per farle analizzare. Pensi... lo fa persino in piedi, quella svergognata!».

Fui sorpreso da tanta sfrontatezza adulterina. Il mondo è pieno di mariti traditi, ma quella moglie non salvava nemmeno le apparenze! Più per curiosità personale che per interesse terapeutico, invitai il marito a farsi accompagnare il giorno dopo dalla «signora».

Quando la mattina successiva quella donna entrò nel mio studio, non vidi la vamp esuberante che mi aspettavo bensì una persona piccola, magra, sofferente, persino mal vestita. Capii immediatamente che mi ero sbagliato. La moglie scoppiò subito a piangere e mi disse che il marito la perseguitava, sorvegliandola fino al punto di non poter più uscire di casa per fare la spesa. Anche di notte la torturava con lunghi interrogatori, supplicandola o minacciandola affinché confessasse la sua tresca con l'amante.

Mi resi conto del «delirio di gelosia» del marito e dalla terapia antidepressiva passai a quella antiossessiva; iniziai poi a lavorare per capire le ragioni inconsce che stavano alla base di tale patologia.

Il «delirio di gelosia», la cui intensità è maggiore rispetto a quello d'amore, si basa su sospetti o indizi infondati; non corrisponde dunque a una ragionevole preoccupazione giustificata dalla presenza reale di un'altra persona, ma a un'angoscia che parte soltanto dal pensiero, senza riscontro nella realtà. Infatti sia il rivale sia le prove di infedeltà sono inventati da un'immaginazione distorta, che interpreta erroneamente i fatti. Purtroppo, a volte, l'aggressività persecutoria verso l'altro arriva fino al delitto passionale, ben tristemente noto alla psicopatologia criminale.

Il «carattere geloso» si forma già nell'infanzia, quando il bambino si sente escluso dal legame con il genitore del sesso opposto e vive quindi un sentimento di gelosia nei confronti della propria madre se maschio, del proprio padre se femmina. Nel triangolo edipico, oltre all'amore e alla gelosia per il genitore di sesso opposto, vi sono però anche sentimenti aggressivi, ostilità, sensi di colpa e paura nei confronti del genitore dello stesso sesso, vissuto come rivale. La presenza di fratelli e sorelle è poi un ulteriore ostacolo all'amore esclusivo che il bambino vorrebbe ricevere dalla madre (o dal padre se si tratta di una bambina).

Nel contesto edipico rientra dunque il problema della rivalità con persone dello stesso sesso. Ne sono esempio la moglie che vede in ogni sua amica un pericolo di relazione tra questa e il marito oppure il marito che ritiene ogni uomo un potenziale amante della moglie. Tali adulti non hanno superato nell'inconscio la fase edipica e restano vittime di quelle pulsioni infantili che continuano a operare attivamente, influenzando il loro modo d'amare e di voler bene: gli uomini hanno quindi l'angoscia di perdere la moglie-madre per i vari rivali che simbolicamente rappresentano il padre, mentre le donne temono di perdere il marito-padre per le varie rivali che simbolicamente rappresentano la madre.

Se poi il bambino, per una negativa relazione con i genitori, non riesce a sviluppare un'identità positiva, cresce con una carenza di autostima e autofiducia che determina nell'adulto l'angoscia dell'abbandono e la necessità di possedere l'altro. Se infatti la certezza d'amare o di essere amati rinforza un individuo normale, manda in crisi un soggetto fragile poiché avverte a livello profondo un senso di indegnità, di colpevolezza, di sfiducia in sé e nel proprio valore. Tale sensazione di non amabilità è avvertita a livello conscio soltanto come dubbio sull'amore del partner, che potrebbe amare un'altra persona più degna.

Chi non si ama, non riesce a credere di essere amato dagli altri. Infatti la gelosia diventa malattia quando una gran parte dei pensieri tende a defluire attorno all'idea di «perdere» l'altro. Perché la paura dell'abbandono fa parte del bagaglio psichico di ogni persona. Ma se le ferite affettive (da svezzamento, da socializzazione infantile, cioè da distacco dai genitori) sono state ben cicatrizzate, l'adulto può accettare, senza drammatizzare, la possibilità di venire abbandonato. Per l'insicuro invece tale eventualità non esiste poiché per lui, seppur adulto, il problema primario è l'angoscia dell'abbandono. La gelosia patologica non dipende quindi dal rapporto reale con il partner quanto dall'inconscia autosvalutazione; è dunque l'effetto di disistima e di scarsa autofiducia.

Le stesse psicodinamiche sono presenti quando la gelosia tradisce un desiderio di possesso tirannico del partner. È la pretesa di possedere tutte le emozioni dell'altro per la paura di perderne la proprietà esclusiva, reazione a una certa dipendenza da lui. Il «Se l'altro ama qualcuno, non può più amare me» è un modo di continuare nel partner un immaturo stato di «figliolanza».

La gelosia diventa così patologica quando si trasforma in possessività, per l'angoscia di perdere un punto di sicurezza indispensabile per l'equilibrio della vita. Non si è gelosi dell'altro, ma dei sentimenti che si sono proiettati su di lui. Infatti la persona più gelosa è quella che non è capace di amare, ma ha bisogno di sentirsi amata. L'insicuro scambia infatti la possessività con l'amore e in tale caso la gelosia diventa un elemento di potere.

In altri casi la gelosia patologica è la conseguenza di spinte all'infedeltà presenti nel soggetto. Tale desiderio di tradire è stato non soltanto rimosso, cioè allontanato dalla coscienza, ma anche proiettato sul partner: si teme così che l'altro faccia quanto nel profondo si desidera fare. Tale gelosia corrisponde dunque alla proiezione[9] del proprio desiderio di tradire o alla consapevolezza di aver già tradito poiché, per la legge del taglione, si teme di ricevere quanto si è fatto nel pensiero o nella realtà. Altre volte poi la gelosia è la conseguenza di un desiderio di finire un rapporto di coppia ma, poiché non si ha la forza di prendere l'iniziativa in prima persona, si creano indirettamente le condizioni per rompere facendo sì che l'altro se ne vada.

Se la gelosia sana può essere uno stimolo a non cadere nella routine e può persino rafforzare il rapporto, quella malata è sempre violenta, quindi elemento di disturbo nella coppia anche nei casi in cui diventa un afrodisiaco, come quando il marito, per rivendicare il possesso della moglie, la obbliga a molti coiti frenetici. Crede cioè di risolvere i contrasti facendo sesso, proprio in quei momenti in cui la donna è nelle condizioni peggiori per avere un rapporto. Perché non si può fare sesso come si prende una medicina, sperando che faccia guarire da una relazione.

Proprio perché il geloso teme di perdere quello che ha o crede di avere, la gelosia, come l'invidia, si cura migliorando la sicurezza personale e il sentimento del proprio valore; infatti si attenua con la crescita dell'autostima.

IV
Il Peter Pan

Una volta la giovinezza finiva a venti-venticinque anni; si entrava poi nella vita adulta, caratterizzata dal lavoro e dal matrimonio. Oggi non c'è più un'età di confine tra questi due periodi perché si tende a rinviare decisioni e responsabilità. E così i figli prima di andarsene di casa ci pensano bene, in media se ne vanno quando sono sulla trentina e, se «assomigliano» a Peter Pan[1], ancora più in là.

Mario soffre della sindrome di Peter Pan: trentenne, laureato con il massimo dei voti, serio lavoratore, non intende affatto staccarsi dalla famiglia d'origine, farsene una propria, avere dei figli. Ha la fidanzata, Lisa, ma continua ad abitare con la mamma, rinunciando a diventare adulto a tutti gli effetti. La sua è una vita lineare: laurea in biologia, servizio militare, un buon lavoro, il fidanzamento… senza aver mai avuto il tempo di decidere cos'altro avrebbe potuto fare.

Dal colloquio e dai test (Rorschach – HRSD – HRSA – Luscher) emerge il quadro di un soggetto emotivamente fragile, insicuro, con conflitti interiori inerenti alla realizzazione personale e al rapporto con la figura femminile. Sul versante psicoaffettivo a volte si cresce soltanto in altezza corporea, perché il capo si allontana dai piedi. Infatti il paziente è un maschio affettivo-dipendente, che tende a sottomettersi all'autorità materna in modo succube e passivo. Malgrado l'età, non è in grado di decidere o di fare qualcosa senza il parere della mamma, perché è presente in lui un coinvolgimento eccessivo con la famiglia d'origine. Inoltre, quale «adolescente prolungato», è fedelissimo agli amici in linea con la filosofia del gruppo.

Negli anni universitari ha ricalcato con le ragazze il ruolo del fratello maggiore, dell'amico confidente con il quale ovviamente si parla molto ma non si fa l'amore. Così commenta il paziente: «Quante volte sono tornato a casa dalla discoteca solo e triste perché non ero riuscito a "farmi" una ragazza (veramente non ci provavo neanche), mentre i miei amici ne conquistavano sempre di carine. Ma io continuavo a raccontarmi delle bugie, illudendomi che dopo la laurea tutto si sarebbe risolto… pensavo che la causa dei miei problemi fosse il non poter dedicare tempo sufficiente alle donne…

«Allora ero molto timido. Provavo un senso d'imbarazzo nei confronti degli altri, del mio o dell'altro sesso. Avevo difficoltà a muovermi, a parlare; temevo sempre che gli altri mi disapprovassero. E così diventavo rosso, non ero in grado di sostenere una conversazione, di guardare negli occhi l'interlocutore. E poi non riuscivo ad attraversare da solo una discoteca: avevo il terrore di essere al centro dell'attenzione degli altri».

Due anni fa Mario ha incontrato Lisa, ventiseienne insegnante di educazione fisica, la quale, a detta del paziente, «ha confuso le aspettative di un'avventura con quelle di un matrimonio».

«Lisa non mi dispiaceva e fu così che, dopo essere usciti qualche volta in gruppo, mi decisi a chiederle se voleva provare a stare con me, ovvero a fare una coppia. Lei mi disse subito di sì. Io le accarezzavo il viso ma, quando tentò di baciarmi, mi ritrassi dicendo che eravamo in pubblico… veramente non c'era quasi nessuno in quel bar. Poi misi le mani avanti dicendole che non mi aspettavo nulla da quella relazione: se fosse andata bene tanto meglio.

«Una domenica, in casa di amici, le chiesi di farmi poggiare la testa sul suo seno. Lisa acconsentì; io non avevo mai provato niente di simile e il contatto con il suo corpo mi dava un piacere immenso. Ma il mio desiderio verso di lei serviva soltanto a soddisfare il mio bisogno di tenerezza, anche se in quell'occasione scoprii che il seno era molto soffice, non sodo come me lo ero immaginato...»

L'innamorarsi è una realtà che non si lascia definire. Ognuno ha un modo e un percorso diversi. Mario è un uomo smarrito davanti alla donna vissuta come «potente», che diventa impacciato e pauroso e le chiede certezze e sicurezze; è un maschio incerto e confuso, sempre qualche passo indietro. Cerca una donna vice-madre, protettiva, dispensatrice di coccole. Infatti non vive una paritaria coesione amorosa, ma un'opportunistica simbiosi. E lo ammette fin dalle prime sedute.

«Circa gli errori da non commettere in amore, io sono la persona meno adatta per parlarne perché li faccio tutti... Io ho la capacità d'innamorarmi, ma non di rimanere innamorato. E poi sono distratto: ad esempio, mi dimentico gli onomastici e i compleanni, e faccio i regali postumi.

«Con Lisa ci si ama, si sta insieme quando se ne ha voglia, ma poi ciascuno a casa propria... Altrettanto vale per le "vacanze separate", per divertirsi da soli, senza dover competere con l'altro, per potersi esibire sulla spiaggia o nella vita mondana...»

La formazione di una coppia aiuta la separazione psicologica dalla famiglia d'origine e quindi il rafforzarsi della propria identità. Ma si può anche amare una donna per soddisfare bisogni di non autonomia, per continuare una dipendenza mai superata. È il caso di Mario che, impegnato a guardare il proprio ombelico, cioè a pensare soltanto ai propri comodi, agogna vacanze separate dietro l'alibi del «salva-amore» o l'illusione che la lontananza esalti la reciproca attrazione. In realtà vuole restare solo per il proprio piacere, per mostrarsi, per dare spettacolo e magari per sedurre senza la presenza o l'ombra della sua ragazza. Infatti nel suo infantilismo non ha ancora abbandonato la convinzione onnipotente di piacere a tutte le donne.

«Ci vuole tutto l'amore di Lisa per sopportare una persona come me, sempre altalenante tra i "forse" e i "vedremo", che non le ha mai dato niente di certo anche dal punto di vista dell'amore. Io d'altra parte mi trincero dietro la scusa di dover essere leale con lei e quindi non posso dire o fare cose che non sento. Non le ho mai detto "ti amo", nonostante lei me lo chieda e mi dimostri tutto il suo affetto.»

Il paziente oscilla tra il bambino che è stato e l'adulto che non è riuscito a diventare. Per questo continua a procrastinare un impegno affettivo come realtà presente e prospettiva futura, a dispetto della ragazza che lo vorrebbe più responsabile.

«"Immobilista sentimentale", mi ha definito... perché non mi decido a sposarla. Io sono propenso alle iniziative a breve termine, ma allergico agli impegni duraturi. E poi voglio essere io a decidere... Chi idealizza una donna come una fata, facilmente se la ritrova strega. E Lisa, perché innamorata, crede di obbligarmi ad amarla... È violenza imporre agli altri di farci felici! Perché lei è una donna con i coglioni e non avrei dubbi sul regalo da farle: un "reggipalle", del tipo di quelli usati dai giocatori di football...»

Gli uomini, malgrado l'evolversi dei tempi, preferiscono ancora le donne che danno loro l'illusione di prendere l'iniziativa. E purtroppo, mentre le ragazze sognano ancora partner maturi, i Peter Pan fuggono per la paura di coinvolgersi, di venire sopraffatti dai sentimenti, di abbandonarsi... E pensare che l'intraprendenza maschile è sempre stata una «risorsa» nazionale...

Prosegue Mario: «Mi viene in mente la Madonna che schiaccia il serpente, cioè mia madre che disprezza la mia virilità. Come posso essere affettuoso con Lisa con il terrore che mi si chieda di sopportare qualcosa più forte di me? Il matrimonio è la morte della libertà, è la perdita dell'identità. Alcuni scappano a poche ore dalla cerimonia nuziale. Un mio amico ha usato, non so quanto consapevolmente, un "innamoramento strategico" per un'altra donna, per fuggire dalle nozze con la prima. Però non è facile scappare; è più facile sposarsi, pur sapendo di commettere un errore...».

Il paziente teme qualsiasi relazione profonda con la donna. Anche con Lisa rimane sulla soglia di ogni rapporto, affettivo e sessuale. Non «penetra» mai all'interno del suo cuore o della sua vagina. Prima non ha voluto rapporti completi per non fare peccato (e la sua era ipocrisia nevrotica, neanche in buona fede perché faceva il petting), poi si è limitato a una penetrazione parziale, cioè all'introduzione della punta del pene.

Questo è successo perché Mario non ha un'idea relazionale e ludica del sesso, ma fobica: «Mentre mi avvicino, faccio sempre più fatica come se la strada fosse diventata in salita... Un bacio non sicuro, esitante... Qualche volta anche una leggera scossa[2]. E pensare che tutti dicono che il bacio è un momento magico dell'amore, un punto di partenza per l'attacco maschile in quanto segnale di resa femminile... Per me non è prioritario nella gerarchia dei gesti erotici; anzi è origine in modo quasi drammatico di rischi, dubbi, incertezze... Io vorrei soltanto posare il mio capo sul suo seno... Quel seno che è l'immagine dolce e morbida della femminilità.

«I guai sono iniziati quando Lisa mi ha chiesto una maggior intimità sessuale, abbracci, carezze... Io non ho il mito del nero superdotato, del *big black bamboo*, come si dice in gergo. Vivo invece nell'angoscia di essere poco dotato ed ho persino pensato di farmi iniettare un po' di silicone nello scroto e nel pene... Anche per un uomo lo spogliarsi davanti a una donna è un gesto importante!

«Vivo ogni gioco sessuale come un'altra piccola spinta che m'avvicina all'orlo del precipizio... Non sopporto il movimento dei suoi fianchi... Quando facciamo l'amore si isola, così come quando balliamo. Io vorrei ballare con lei, ma si stacca e si muove da sola. Ciò mi irrita, come mi irrita che raggiunga l'orgasmo per conto suo, senza curarsi di me...

«La mia è una sessualità rapida, che non incide, non lascia il segno. Eiaculo subito e quel poco sperma che esce non ha il colore del latte, ma dell'acqua. Intanto mi sento morire e mi viene in mente il grillo della salvia[3] che immola se stesso sull'altare dell'amore, offrendosi in pasto alla sposa e facendosi persino succhiare il sangue. Infatti mentre lei mangia le sue ali e beve il suo sangue, lui la feconda...».

Mario non soltanto manca di «potere di penetrazione» ma, come il 20 per cento degli uomini, soffre di eiaculazione precoce[4], la più frequente delle disfunzioni sessuali maschili. Colpisce infatti un uomo su cinque per paura (vagina pericolosa), per ansia (soggetto che fa tutto in fretta: parla, mangia, guida, lavora), per evitare di perdere l'erezione (l'eiaculazione precoce maschera un'impotenza, per cui si eiacula perché si teme di perdere l'erezione), per punire la partner lasciandola insoddisfatta (rivalsa sessuale per reagire a presunte o effettive violenze subìte da lei).

Anche il disturbo di Mario è psicogeno: manifesta infatti precocità di eiaculazione soltanto nel rapporto vaginale, mentre non è tale nell'autoerotismo o se viene masturbato dalla partner. Solamente il coito scatena un eccesso di emozioni, che lo porta a una riduzione del controllo volontario.

Il paziente si è sempre limitato a vivere le sue reazioni, senza conquistarne la padronanza; anche la sua eiaculazione precoce, che corrisponde a una prevalenza delle spinte istintive sui meccanismi di controllo, è un tipico sintomo di angoscia di fronte al desiderio femminile. La stessa sua «cinesifobia», cioè la paura del movimento della partner durante il rapporto sessuale, maschera angosce profonde di castrazione.

Mario non se ne rende ancora conto e per il momento è soltanto capace di lamentarsi: «È vero. Non si può amare senza convivere. Ma tutto a tempo debito. Per ora sono privo di pulsioni coniugali. Lei non mi stimola in questo senso; anzi ogni suo atto continua a pesarmi come qualcosa che mi lega e mi costringe. Sento il suo affetto come un attentato contro di me. Se mi chiede di uscire dopo cena, penso subito: "Mi distoglie dal lavoro, domattina farò fatica a lavorare...". Il lavoro è una base sicura, l'unica della mia vita. È logico che io mi attacchi all'appiglio più solido, no? Finché ero preso di lei, avevo giocato con le sue regole. Finita la fase di innamoramento, però, ho deciso di difendermi...».

Una componente ansiosa è sempre presente in ogni rapporto amoroso, ma quella di Mario è patologica perché è cresciuto sviluppando solo l'intelletto, restando bloccato nei sentimenti. Il problema non è legato al presente, ma al passato.

Padre assente, madre iperprotettiva

Sofocle[5], fin dal VI secolo avanti Cristo, ci ricorda in una tragedia che Edipo e Giocasta si sposarono commettendo un incesto poiché, anche se non lo sapevano, erano figlio e madre. Precedentemente Edipo aveva ucciso, sempre senza saperlo, il padre Laio. Ma quando un indovino li informò del vero rapporto tra l'una e l'altro, Giocasta si suicidò mentre Edipo, dopo essersi accecato, vagò angosciato per la vendetta divina.

Anche se l'incesto è sempre stato colpevolizzato in tutte le culture e in tutti i tempi, è sempre presente nell'inconscio dell'essere umano[6]. Infatti fin dall'infanzia, il bambino o la bambina ama il genitore di sesso opposto, provando avversione e odio per il genitore dello stesso sesso. Tale fase viene però quasi del tutto superata con la fanciullezza e l'adolescenza, beninteso se il soggetto «cresce» regolarmente in senso psicologico.

Questo non è accaduto a Mario, come lui stesso racconta in seduta: «Nella mia famiglia i figli venivano presi in ostaggio dalla madre. Il padre era come se non ci fosse e, quando c'era, urlava e picchiava. Alla fertilità biologica non ha certo corrisposto in lui quella psicologica: non è mai stato disponibile a fare il genitore. In compenso avevo una mamma molto buona, dolce... una "mamma-torta". Sono stato un figlio superamato... mi aveva "aspettato" per qualche anno... Per questo forse sono cresciuto dotato di paracadute, cioè sempre troppo protetto...».

Troppi figli sono pensati, progettati e voluti soprattutto dalla madre, per cui sono spesso soltanto figli suoi, da lei gestiti con un'appropriazione indebita. Nel passato questo accadeva meno facilmente perché nella famiglia patriarcale, dove convivevano regolarmente tre generazioni, i bambini beneficiavano di un'educazione «diffusa». Il paziente è invece cresciuto nel triangolo di una madre «tenera», che copriva gli errori di un figlio molto «sensibile»[7] per difenderlo da un padre violento. E purtroppo fin dai primi anni di vita si depositano nell'inconscio i perché del nostro pensare e agire, negli aspetti sani o malati. I rapporti infantili con la madre e il padre sono infatti decisivi per la formazione della personalità del bambino prima e dell'adulto poi.

La fobia delle donne

Durante il Medioevo si usava un atroce strumento di tortura, la «vergine di ferro», che consisteva in una specie di bara di metallo a forma di donna provocante nella quale veniva imprigionata la vittima, che moriva di fame o per le ferite provocate dagli aculei di ferro presenti all'interno.

Mario usa la «vergine di ferro» in senso simbolico. Come molti maschi edipici alla ricerca di una donna-madre, ha trovato Lisa pronta ad amarlo e adottarlo, contenta almeno all'inizio del carico che si era assunta come prova d'affetto. Il paziente però non dichiarava né dava amore, e quindi la loro relazione non ha mai avuto cemento affettivo. Tuttavia è stato ed è per la ragazza un compagno avvolgente, asfissiante, un «succhiaruote» in gergo ciclistico.

Infatti Mario, proprio perché è un adulto passivo che ha bisogno di una donna materna, è un soggetto che succhia il sangue come un novello Dracula. Di conseguenza la vittima di tale vampirizzazione affettiva poco alla volta si anemizza nei sentimenti e si stufa.

Al riguardo ricordo le parole di una paziente che, riferendosi al marito-figlio, così affermava: «Si preoccupa soltanto di se stesso. Tutto è in funzione dei suoi comodi... Mi vede come una madre che ammira o detesta, mai come la sua donna. È vero che a volte ci si trasforma in vittime per aiutare gli altri, ma prima o poi ci si stanca. E il guaio è che non riesco a liberarmene...». Perché accade che l'uno investa l'altro di un ruolo «genitoriale», così che diventa difficile lasciare il porto sicuro di un padre o di una madre.

Ritornando a Mario, si ricorda che anche sessualmente è deficitario. Più volte ha portato Lisa al culmine dell'eccitazione, per desistere e ritirarsi al momento di penetrarla. E così non c'è da stupirsi se, dopo mesi di tale «doccia scozzese hard-core», la ragazza abbia deciso di lasciarlo. «Abbi cura di te e soprattutto curati», è stato il suo ultimo saluto.

Il paziente non si rende conto del perché sia stato lasciato, in quanto Lisa rappresentava un modello materno idealizzato che sempre deve dare e tutto perdonare. Così equivoca: «Io sono troppo gentile, troppo educato, troppo buono, anche se qualche volta un po' ingenuo. È vero, io non guido auto sportive, non so cambiare una ruota forata, non ho una mountain bike, non reggo l'alcool se bevo, non faccio la doccia ma preferisco la vasca da bagno e porto sempre la maglietta sotto la camicia... Forse non ci si può eccitare con un tipo come me... Ma perché dice d'aver perso la fiducia?».

Quando cade la fiducia finisce l'intimità. E il contrario dell'intimità è l'estraneità. Lisa è stata fin troppo paziente, anche se il suo essere stata maternamente seduttiva ha fatto il gioco di Mario che, seppur alla sua maniera, le vuole ancora bene: «Ogni tanto penso a lei con un certo affetto, e non soltanto perché è bionda come mia madre... Quando però passo dalle considerazioni astratte alla sua immagine concreta, tutto crolla. Al massimo potrebbe interessarmi per uno scambio di tenerezze... Con lei mi veniva meglio la tenerezza che l'amore, anche perché con la prima non correvo rischi... Ma Lisa è forte, non ha bisogno del mio aiuto... è grande, non ha bisogno che io la sposi...».

Intanto la madre, come una leonessa che si riprende il cucciolo scappato dal branco, si è ributtata sul figlio. Si è così ristabilita la coppia «placentare», simbiotica. Mario non è più soltanto infantile: è in fasce.

L'ipertrofia materna

La società industriale, soprattutto nelle grandi città, costringe la donna senza un'attività extradomestica a vivere troppo intensamente il rapporto con il figlio, in quanto il marito è fuori tutto il giorno. Di conseguenza la madre scarica sul bambino tutte le sue ansie, le sue frustrazioni e le sue tensioni, anche erotiche[8]. Perché il padre affettivamente assente non soltanto priva il figlio di un valido modello, ma lo lascia alla mercé della madre. E se questi vi resta senza svincolarsi, non diventerà mai un uomo[9]. Gli vengono infatti a mancare quei riferimenti virili di vicinanza e di sicurezza, indispensabili per lo sviluppo di positive identificazioni e quindi per il raggiungimento della propria identità. Soltanto nella buona relazione con il padre il bambino mette in crisi l'onnipotenza materna e se ne autonomizza.

In altri casi è l'atteggiamento di seduzione e complicità della madre nei riguardi del figlio che rende impossibile la necessaria identificazione con la figura paterna, rafforzando invece la relazione con quella materna. Il problema poi si complica quando, in assenza della figura paterna, non sono disponibili figure sostitutive, anche perché i «nidi» e le «scuole d'infanzia» sono ginecei: luoghi femminili in esclusiva, dove la paternalità è sempre assente.

Afferma Mario: «Mio padre era soltanto capace di criticarmi, perché nella sua filosofia lo sbagliare era indice di stupidità. L'errore non era sentito come un incidente, ma rimproverato come qualcosa di colpevole. Mia madre invece mi paralizzava: "Non fare questo, non fare quest'altro...". Voleva un figlio fermo come un quadro appeso al muro. E di conseguenza in casa mia non si poteva "essere", ma si doveva "sembrare di essere...".

«Ancora oggi nessuno mi prende come sono; ognuno si fa un'idea e mi prende in base a quella. Però io comincio a pensare che i padri non abbiano sempre ragione e che le madri abbiano sempre torto, anche se la mia rabbia comincia a esplodere in sintomi isterici... Ho nostalgia di vedere scendere i fiocchi di neve e di mangiarli, come facevo da bambino...».

Mario è cresciuto senza confrontarsi con l'autorità. E chi non ha mai sfidato il proprio padre non può aver conquistato il coraggio di dire le cose in viso alle persone, ma tende a denigrarle alle spalle. Critica infatti il padre, anche se non lo conosce veramente. Del resto quando i padri non hanno voluto comprendere i figli, questi ultimi non «vogliono» capire i padri. Purtroppo per il paziente l'ignorare il proprio genitore è doloroso. È un tarlo che lo rode dentro e non lo lascia vivere sereno.

Un errore frequente degli psicoterapeuti è quello di limitarsi a parlare con la madre dei giovani pazienti, attribuendole ogni responsabilità, mentre spesso è il padre la causa dei disturbi del figlio. Nel caso di Mario la scarsa presenza paterna ha aumentato quella materna, favorendo rapporti di ostilità tra figlio e padre.

Se, come abbiamo già scritto, nella famiglia manca il ruolo paterno diventa difficile per il figlio separarsi dal rapporto fusionale con la madre. Perché per realizzare una propria individuazione, per costruirsi come persona, egli deve separarsi da lei e questo fa paura, perché è sempre un salto nella solitudine. Non per nulla è verso i tredici-diciotto anni che l'adolescente, se il processo evolutivo avviene nella norma, riesce con fatica ad autonomizzarsi dalle figure parentali, realizzando una propria identità.

Il complesso di Edipo non è un fenomeno unilaterale, cioè vissuto solamente dai bambini nei confronti dei genitori, ma è presente soprattutto nei padri e nelle madri che si coinvolgono troppo nel rapporto con i figli. Sono infatti i genitori stessi che virulentano in essi il complesso di Edipo manifestando nei loro confronti un'eccessiva simpatia erotica: dal padre per la figlia, dalla madre per il figlio. Ma capita più spesso di quanto si creda che la moglie, delusa affettivamente dal marito, erotizzi il figlio eleggendolo a unico uomo della sua vita. Sono i casi in cui la madre manifesta una particolare complicità con il figlio maschio, il quale viene spesso sollecitato anche nell'erotismo attraverso il seguente messaggio inconscio: «Devi crescere forte e virile per me».

A sua volta il figlio, che deve rimpiazzare il coniuge assente materialmente o affettivamente, elegge inconsciamente la propria madre a compagna ideale per tutta la vita. Ne derivano legami incestuosi molto intensi, che preludono a tensioni angosciose se si intromette un'altra persona, ad esempio la compagna o la moglie del figlio edipico, la quale non soltanto non sarà amata in maniera matura ma inesorabilmente emarginata come un corpo estraneo dal sodalizio inconscio figlio-madre.

Nella famiglia di Mario la madre ha usato il figlio per riempire la sua solitudine, per colmare il vuoto lasciato dal marito. Lo ha usato come confidente, alleato, consigliere, a volte persino come amante inconscio facendolo da ragazzo dormire insieme nella stessa stanza o nello stesso letto, formando così una coppia simbiotica e incestuosa.

Il paziente è rimasto, anche da adulto, l'oggetto erotico della madre, una madre possessiva che ancora oggi si vanta, colpevolizzandolo, di «averlo sempre amato troppo». Ma quando si ama troppo, si ama male. Il voler bene in maniera abnorme è negativo, perché l'ipertrofia materna è tossica, perché l'affetto è come le vitamine: un sovradosaggio provoca gli stessi sintomi della carenza.

È raro che una madre insegni al figlio il concetto di libertà. Soltanto quelle che vivono un gratificante amore con il marito possono evitare di legarsi morbosamente ai figli. Molte, e sono ancora troppe nel nostro mondo latino, fanno i «genitori» per tutta la vita, trascurando il coniuge e impedendo ai figli di autonomizzarsi. È così che, dietro l'alibi del grande amore, si rovinano i figli.

Una volta c'erano i «figli di papà», e non soltanto in senso economico. Ora, purtroppo, abbondano i «figli di mamma».

La distanza di sicurezza

Anche nel passato Mario è sempre scappato dalle donne. «Al liceo c'erano le ragazze della mia classe. Raramente le compagne di scuola sono omologate come donne, ma a sentire i maschi già facevano con loro diverse esperienze e adesso non penso che fossero tutte frottole. Naturalmente li giudicavo come quelli che sarebbero andati all'inferno, mentre io ero buono e perciò un giorno avrei trovato una ragazza, l'avrei sposata e fatto quello che loro facevano senza andare contro la volontà divina… Intanto assorbivo molte energie da mia madre, che passava con me ore e ore per aiutarmi a studiare…

«A quei tempi incontrai una ragazza molto carina: Mara. Aveva i capelli e gli occhi neri. Fu la prima donna che baciai, avvertendo quei sintomi d'innamoramento come il batticuore, la bocca secca, il pensare sempre a lei… Quel bacio che le diedi sulle labbra in occasione del suo compleanno fu per me bellissimo: mi batteva forte forte il cuore…

«Quando però in discoteca mi sentii obbligato a baciarla più intensamente, mi pare si dica bacio alla francese o bacio profondo, fu un vero disastro. Lo feci per dovere di copione, in modo meccanico, perché avevo sentito dire che più o meno si faceva così. Da quel momento il sogno d'amore cominciò a svanire e finì con tristezza, dopo una settimana, alla fermata di un tram...

«La stessa cosa è successa con Lisa... Lisa era un po' come i denti: ci si rende conto di averli soltanto quando fanno male o si perdono. Penso a lei con rimpianto, non per quello che c'è stato e non ho più, ma per quello che avrebbe potuto esserci e non c'è mai stato...

«Sono andato a vedere una mostra di quadri ed ho scoperto che le uniche donne con le quali riesco a dialogare sono quelle dipinte sulle tele. Perché io con loro ho bisogno di trovare una "distanza di sicurezza". Per questo da un po' di tempo faccio l'amore con il televisore o meglio con le donnine inviate nell'etere; per questo cerco di risolvere le mie tensioni con i servizi telematici a luci rosse, in mitiche orge via cavo...

«Prima, per sfogare i miei istinti, lo facevo da solo e sopportavo il peso della grande tristezza che mi prendeva dopo. Ora, protetto dalla distanza e dall'anonimato, mi gusto la trasgressione alle mie paure, dando briglia sciolta al mio erotismo inibito. Perché non condivido le mie fantasie erotiche con nessuna donna vera... e tutto quello che penso e faccio fa soltanto parte del mio teatro privato...

«Dovrei iscrivermi a un festival per pornomani... Però mi dispiace, forse perché sono cresciuto in un ambiente cattolico[10], di non dare al mio sperma una destinazione più naturale. Studiando biologia ho imparato che nella natura è molto raro che un ermafrodita[11] si autofecondi, applicando la pratica del "fai da te". Infatti nella maggior parte di tali animali i prodotti genitali maschili e femminili non maturano contemporaneamente; quando sono mature le uova, sono ancora immaturi gli spermatozoi o viceversa per cui se, ad esempio, una chiocciola vuole riprodursi deve andare in cerca di un'altra chiocciola[12]». Dopo questa dissertazione scientifica, il paziente così conclude: «Poiché non so che cosa pensare, non penso a nulla».

Nell'adolescenza l'autoerotismo ha un carattere iniziatico, una specie di azione di prova. È un modo per conoscere meglio il proprio corpo e il proprio piacere[13]. Quasi sempre scompare con l'inizio della vita di coppia; infatti fra tutti gli istinti quello sessuale è l'unico che, per soddisfarsi in maniera adulta e matura, necessiti di un partner.

Quando però l'autoerotismo sostituisce i rapporti sessuali segnala certamente la presenza di un problema nella coppia o in un suo componente. Nel caso di Mario è la conseguenza di una conflittualità tra paura e desiderio sessuale, tra spinta erotica e angoscia di castrazione. È quindi un autoerotismo difensivo contro gli impulsi sessuali proibiti per una relazione affettiva carica di conflitti. Perché, malgrado egli viva in un'epoca di efficientismo e consumismo genitale, abbondano in lui ansie, timori, inquietudini, non certo per la fobia del contagio da Aids, ma per un semplice esercizio della sessualità.

Solitudine e fantasia sono le due componenti essenziali del masturbatore che, operando da solo e con l'immaginazione, piega la realtà al suo desiderio e quindi controlla la situazione. Commenta il paziente: «In un'epoca dove anche gli scout hanno il profilattico nello zaino, io sono costretto a entrare nel territorio dell'amore solitario, e in solitudine dilettarmi di sesso...».

Non ci si può dare, anche sessualmente, a un altro se non si è ancora padroni di se stessi. Il singolo «dentro» non riesce a condividere l'amore.

Il sesso telematico

L'ultimo rapporto Asper sul sesso alle soglie del Duemila ipotizza che il 70 per cento degli italiani adulti faccia uso di materiale pornografico di vario genere, dal pornozapping di mezzanotte e dintorni al cyber-sex, ovvero al sesso a distanza, computerizzato, spersonalizzato. È la fuga nel sesso telematico via computer, cioè nel videotel con annessi e connessi. Sono le nuove frontiere dell'eros, dove la pornografia non è soltanto una risposta alla sessuofobia da Aids, ma copre il malessere sessuale tipico della società moderna; una società in cui la «liberalizzazione» (non liberazione) del sesso lo ha in realtà ridotto a merce.

Per stimolare una vita sessuale ormai povera si ricorre al voyeurismo. Non sapendo autoeccitarsi, si guardano sul video di casa o sullo schermo gli altri eccitati. Per questo la sessualità esibita trova un mercato fecondo. Infatti l'*hard business* si aggira in Italia intorno ai 1500 miliardi, con al primo posto le videocassette seguite dalla stampa, dal pornoshop, dal cinema, ecc. E la stima di tale giro d'affari è approssimata per difetto.

Anche Mario viaggia nei paradisi dell'eros, senza nemmeno avere l'alibi di farlo per evitare il contatto genitale che trasmette infezioni. Commenta amaramente in seduta: «Non me la sento di andare in giro in cerca di filmini porno o di locali dove proiettano film a luci rosse, tantomeno di donne. Ormai l'immagine sul video ha sostituito la partner. Di amore parlo ancora, ma non lo cerco. Mi masturbo davanti al video o con il telefono in mano. Un giorno userò la tuta cibernetica...[14]

«La storia con Lisa è proprio finita; si è sgretolata miseramente sfumando nel nulla. Avevo lasciato che le illusioni e le speranze sgorgassero dal cuore. Mi è rimasta la ferita e, quando la crosta si è staccata, è apparsa la cicatrice. La storia con lei è stata come un fuoco d'artificio in un giorno feriale, quando tutti sono al lavoro e nessuno ha tempo per guardare il cielo...».

L'eros-squillo corrisponde a un disturbo dell'identità; soprattutto il «sesso via filo o video» evidenzia la difficoltà a entrare in rapporto con una persona in carne e ossa.

Noi siamo stati in un altro mondo: quello dell'infanzia, che non è più ma condiziona il nostro vivere. Perché l'aver avuto, fin dai primi anni di vita, genitori validi favorisce nel bambino una precoce organizzazione del Sé, facendolo crescere non dipendente, autonomo, non disturbato nei futuri rapporti affettivo-sessuali con l'altro sesso. Le cose però si complicano quando i figli entrano nella vita non iniziati dal padre, assente affettivamente o materialmente, ma dalla madre perché si corre il rischio di passare da «una società senza padri» a «una società senza uomini».

Il figliol prodigo

L'ambiente non sempre aiuta il bambino a diventare guida di se stesso; raramente lo abitua a gestirsi da solo, ad aver fiducia nelle sue attitudini e capacità, a rispettarsi. Tutto o quasi gli viene suggerito, offerto, fatto, subdolamente imposto, «fissandolo» in quella fase di sviluppo in cui egli è soltanto capace di ricevere. Ma il concedere troppo, senza abituarlo a conquistarsi qualcosa, è negativo per la sua crescita psicologica.

Crescere psicologicamente equivale a separarsi, una tensione che per molti bambini corrisponde a un vero e proprio trauma. Il 30 per cento degli alunni delle scuole elementari e medie di Torino ha difficoltà di apprendimento per disagio emozionale (soltanto il 3 per cento fatica a leggere e a scrivere per problemi di tipo genetico). Sono scolari che hanno tardato a parlare, con difficoltà a rinunciare al «ciuccio», che hanno dormito fino a quattro-sei anni nel lettone dei genitori, enuretici prolungati, con paura esagerata di frequentare la scuola materna perché non allenati a confrontarsi, con difficoltà ad apprendere poiché ogni novità è per loro sempre un turbamento.

I genitori inoltre non sempre insegnano ai figli il rispetto per se stessi e per gli altri. Nel migliore dei casi, quando ne parlano, si riferiscono alla paura di ciò che pensano gli altri («Che cosa dirà la gente?», è la frase di rito). E questo malinteso senso del rispetto, considerato soltanto come «opportunistico dovere sociale», finisce con il disturbare in chi cresce la realizzazione della sua individualità e identità.

La vita dei figli appartiene ai figli. E ogni bambino ha il diritto, e soprattutto il bisogno, di essere riconosciuto, accettato, amato e trattato per quello che è. Genitori, insegnanti e tutti quelli che hanno compiti educativi dovrebbero saperlo e ricordarlo. Purtroppo la famiglia, la scuola e la società raramente spronano a calarsi dentro se stessi, a cercare le proprie risposte alle proprie domande. Gli insegnanti informano sulle varie materie; qualcuno fa anche riferimento ai sentimenti e ai valori esistenziali, ma il più delle volte non insegna certo a scoprire la libertà d'amare se stessi e gli altri. Vi sono poi sacerdoti che spesso parlano con parole astratte, lontane, stereotipate o colpevolizzanti. Ma a volte, osservandoli nella loro vita di relazione, si può imparare «come prendere», non «come dare».

Quando non s'impara ad amare se stessi ci si dimentica poi di lottare per quello che si sente o pensa, magari nascondendosi dietro l'alibi del lavoro o del sopravvivere. Anche se i condizionamenti subìti nell'infanzia non hanno un potere causale assoluto, sovente restano scritti sul nastro della memoria conscia, subconscia e inconscia. I bambini amati «male» saranno adulti disturbati nell'amarsi e nell'amare.

I Peter Pan, chiamati negli Stati Uniti *cocooners* (ragazzi nel bozzolo), sono prigionieri di un cordone ombelicale troppo corto. Dalla mamma ottengono infatti notevoli «servizi», abbondantemente erogati: dalla stiratura delle camicie al vitto ben cucinato e pronto a tutte le ore. Tali immaturi sono poi amanti della loro camera con la scrivania, i loro libri, i loro dischi, e non ne fanno mistero, come lo stesso Mario: «La famiglia può essere un nido di vipere, ma è sempre un nido. Io poi vivo in una casa calda e rassicurante, che mi permette periodi di creatività professionale e di godere di certi spazi di libertà. È vero, mi ci sono rifugiato, imboscato, ma io non sono aperto al nuovo, allo sconosciuto. Io sono una persona che non cerca sfide… lontana da pensieri rivoluzionari…».

Proseguendo nell'analisi il paziente inizia a mettersi in discussione: «Deve essere proprio vero che sono un tipo noioso perché, se faccio o scelgo una cosa, lo è per sempre. Mi riesce difficile infatti staccarmi dalle mie abitudini o dagli oggetti che mi circondano e che mi sono conquistato. A volte mi dico che, se solo riuscissi a trovare una donna, a farci l'amore e ad essere felice per un giorno, lo sarei per tutta la vita…

«La realtà è che mi sento debole, sfiduciato… Nella mia famiglia c'è sempre stato il disprezzo per la debolezza, proprio perché i miei genitori ne erano inclini. Da piccolo volevano sempre da me qualcosa di più di quanto potessi dare. Soprattutto mia madre non era mai contenta di quello che facevo. Ricordo che mi chiedeva ogni giorno che voto avevano preso i miei compagni di classe e questo paragone continuo mi seccava e umiliava. I voti degli altri erano fatti loro, ma per i miei genitori dovevo essere il migliore.

«Poveri ingenui! Ne hanno avuti da me dei bei voti: compresi i trenta nel libretto universitario ma, e l'ho imparato durante la psicoterapia, se gli ottimi voti sono segno d'intelligenza, non sempre sono il risultato di maturità psicologica. È nel confronto con la realtà che si dimostra la propria maturità.

«Ancora ricordo quando, da bambino, mia madre mi pilotava come voleva. Non mi ha mai detto una volta: "Decidi tu". Ed anche ora che sono grande l'indecisione è la mia bandiera, perché non mi fido di me stesso… Non decido per conto mio, in realtà non decido mai. Aspetto continuamente di poter vedere le cose in modo più chiaro e preciso. Ma non è decisione quella di chi ha in mano tutti elementi favorevoli, bensì calcolo matematico da partita doppia. Soltanto quando esiste un certo margine d'incertezza, quando ci sono dati a favore e altri a sfavore, soltanto allora si decide veramente.»

Fin da piccolo Mario, oltre agli anticorpi del morbillo e

della rosolia, ha sviluppato anche quelli contro la fiducia in se stesso. E di questo, con l'analisi, sta prendendo umilmente coscienza senza più raccontarsi, seppur in buona fede, un sacco di frottole.

«Sarebbe meglio rischiare che rinunciare. Ma io ho paura di prendermi la responsabilità di mettere in piedi una storia. Mi manca una certa dose di sana irruenza con le donne. Per questo vivo le mie "cotte" al calduccio delle mie fantasie. Prima o poi finirò chiuso nel mio egoismo..

«Se mi prendono per mano, diventerò un "uomo grande"; se non mi prendono per mano, resterò un bambino piccolo. Da solo, se nessuno mi vuole bene, non sono niente perché non valgo niente...»

Come altri pazienti Mario dice di voler una mano che l'aiuti, ma per il momento si guarda bene dallo staccare la propria dal fianco. Vuole maturare, ma fa poco perché ciò avvenga. Viene in seduta con un'aspettativa infantile, pensando che lo psicoterapeuta disponga di una «bacchetta magica». Osservando il suo modo di vivere, si constata che è rimasto troppo nella bambagia. Purtroppo se il paziente non si impegna a cambiare, la terapia non reca alcun vantaggio.

Dalla madre al padre

I Peter Pan sono giovani che, pur essendo arrivati all'«età del decollo», non si staccano mai dalla pista-famiglia. Perché in tali nuclei «allungati» è presente un reciproco vantaggio dei figli e dei genitori.

Mario, come lui stesso ha affermato, è stato fin da piccolo «sequestrato» dalla madre mentre, per una buona crescita psicologica, sono necessari la presenza e l'affetto di un padre o di una figura paterna sostitutiva. Il bambino ha bisogno infatti di una relazione con una figura maschile, che non deve necessariamente essere il padre naturale poiché i «diritti del sangue», cioè l'origine biologica, contano fino a un certo punto. Ci può infatti essere una valida paternalità anche se non coincide con la paternità biologica. La mancanza di legami genetici non sminuisce la relazione tra bambino e chi gli fa da padre.

L'amore del figlio verso il padre non è istintivo, naturale, spontaneo, ma culturale. Contrasta infatti con il complesso di Edipo, che nessun figlio supera completamente. Non per nulla nella religione cattolica il quarto comandamento prescrive il rispetto verso i genitori. L'«Onora il padre e la madre» vale per tutta la vita, anche se gli affetti cambiano a seconda dell'età: dall'infantile amore egoistico verso i genitori si passa all'adulto amore oblativo quando questi diventano vecchi. Nessuna religione o regola sociale ordina invece a padre e madre di amare i figli, perché il loro amore è un sentimento legato anche alla salvaguardia della specie.

I genitori di Mario certamente hanno voluto bene al figlio, ma nel modo che faceva loro più comodo. Di tutto ciò il paziente inizia a rendersene conto, seppur con molta amarezza: «A un figlio serve un padre, per misurarsi con lui, per poter diventare uomo a sua volta. Ma il mio non "c'era" e forse mia madre è stata costretta a riempire un vuoto di potere assumendo un ruolo di compensazione...

«Io m'identifico troppo con l'"ente-famiglia". Anche se in pratica uso la mia casa come un albergo, dove mangio e dormo, la dipendenza da mia madre c'è e non è una questione di vicinanza o di lontananza fisica. Io me la porto dentro questa madre, nel mio ménage interno. Potrei essere nel Guatemala e sentirla nella stanza vicina... Per questo sono ancora alla ricerca di una chiara identità virile; sono come il negativo di una fotografia sempre in via di sviluppo...

«Io sono bravo a reagire, ma non ad agire. Io non agisco, reagisco soltanto. Ma per riuscire bisogna lottare, mostrare i denti e, perché no, anche mordere. Un uomo è valido non soltanto per quello che fa, ma per ciò che è. Io devo "crescere" per diventarlo, per essere una persona non un'ombra. Io mi misuro troppo negli occhi degli altri... Basta con la paura di essere escluso dal gruppo, di non essere ben accetto! Sono stufo di allinearmi ai modelli dei mass media. Non voglio più il conformismo del gruppo, dove "Io sono noi"...

«La convivenza con mia madre è la tomba dell'amore, lo ha dimostrato anche il mio rapporto con Lisa. Del resto più passano i mesi e più sento la casa dei miei genitori come un luogo che mi respinge. Non è più il mio ambiente... Ce la farò a vivere da solo? Forse sì, con l'aiuto di papà-mamma-analista forse ce la farò. Intanto continuo la psicoterapia... Bisogna conoscersi bene per sapersi utilizzare al meglio...».

Si dovrà ancora lavorare, e non poco, affinché l'Io debole di Mario diventi capace di elaborare le pulsioni interne e gli stimoli esterni, e soprattutto affinché la corazza che ha costruito intorno a sé per proteggere la sua fragilità si trasformi in una membrana permeabile, porosa, che permetta relazioni e scambi. Purtroppo non esiste lo psicofarmaco che procuri autostima e autofiducia. Soltanto una psicoterapia può rinforzare un Io debole; soltanto il crescere nell'inconscio permetterà al paziente di amare una donna con un rapporto fondato sull'affetto e sulla ragione, non costruito su motivazioni nevrotiche sotterranee. Finora il suo è stato un amore «proiettivo», che attribuisce al partner caratteristiche che non corrispondono alla realtà, premessa di malintesi affettivi e di inibizione sessuale, conseguenze di divieti inconsci da parte del Super-io[15].

L'erotismo è connesso al Sé, cioè al senso di identità, e non si può realizzare senza la relazione con se stessi. Mario ha la disponibilità, gli strumenti intellettivi e l'umiltà per migliorare la situazione. Forse ce la farà a conquistare un tempo nuovo.

CONVIVENZA O MATRIMONIO

Nella nostra epoca storica si sono verificati rapidi cambiamenti del costume e della vita in genere, particolarmente di quella di coppia. Negli ultimi decenni si sono infatti attuati mutamenti strutturali della famiglia sia nella funzione che nei ruoli. Ne sono esempio il passaggio da una famiglia patriarcale-molecolare-estesa a una coniugale-nucleare-ristretta, il calo della percentuale dei matrimoni, l'aumento delle separazioni e dei divorzi, l'aumento del numero di coppie conviventi.

La stessa Italia attraversa un periodo di calo demografico. In compenso aumentano i figli venuti al mondo fuori del matrimonio, i «figli della colpa» come in passato erano indicati dagli uomini della Chiesa o i «figli dell'amore» per chi era più romantico. Infatti un bambino ogni otto è un figlio «naturale» (illegittimo per la legge fino al 1975), cioè nato fuori del matrimonio, anche se riconosciuto da entrambi i genitori. Nasce da coppie non sposate, conviventi o no, o quando un genitore è separato e in attesa di divorzio.

Tutte le indagini continuano a dimostrare che la vita di coppia resta un'aspirazione anche per le nuove generazioni. Ma i giovani guardano sempre più al matrimonio e alla famiglia come istituzioni costrittive; non sono cioè visti come tempi e luoghi di realizzazione personale, ma vissuti a volte come frustrazione all'espansione narcisistica della persona. Ci si sposa sempre meno, nonostante il riflusso e il ritrovato piacere dell'abito bianco. Nel nostro paese si celebrano 5,5 matrimoni ogni mille abitanti rispetto al 6,2 della CEE, al 10,1 degli Stati Uniti e al 10,6 dell'ex Unione Sovietica. Ci riferiamo alla coppia tradizionalmente definita con il termine «coniugale», istituzionalizzata, caratterizzata da reciprocità affettiva tra i partner e dall'intenzione di durare nel tempo, di essere cioè relativamente stabile.

Maggio è il mese in cui si dicono più «sì» nelle chiese e nelle sale dei municipi. Il «sì» religioso o civile è però in diminuzione, specialmente il primo perde terreno per la maggior secolarizzazione. L'istituzione del matrimonio è in declino perché non è più centrale nella vita per tante ragioni, ad esempio la donna vi crede meno, per cui tale evento è sempre più rinviato e spesso evitato. E poi ci si sposa più tardi nel ceto medio urbano, dove i figli rimangono più a lungo in famiglia, mentre nella classe operaia persistono i matrimoni tra i giovani. Diminuiscono poi i figli: il 20 per cento delle coppie non ne ha e, tra quelle che ne hanno, il 38 per cento ne mette al mondo uno solo.

Alla famiglia tradizionale o «regolare», caratterizzata dall'unione legale dei coniugi, si sono affiancate forme alternative, nuovi tipi di legame, ad esempio le convivenze non regolarizzate da un vincolo ufficiale; la nuova espressione «famiglia di fatto», cioè *more uxorio*, ha infatti sostituito il termine dispregiativo «concubinato» e la parola «compagno» o «compagna» subentra sempre più spesso a quella di «marito» o «moglie».

Le coppie conviventi sono per lo più formate da separati in attesa di divorzio o divorziati che temono di sposarsi perché ancora feriti dal precedente matrimonio fallito e da qualche vedova che non vuole rinunciare alla pensione di reversibilità. Separati e divorziati raramente si risposano, preferendo diventare una di quelle numerose coppie che convivono. Non se ne conosce il numero preciso (in Italia si stimano oltre le duecentomila) perché la convivenza è una situazione che sfugge ai rilevamenti per l'assenza di riscontri burocratici in quanto la coppia si forma e si separa senza un certificato civile o religioso, affidandosi più al sentimento che all'istituzione. È opportuno però precisare che tale tipo di legame conviene più all'uomo che alla donna, la quale quasi sempre non lo sceglie ma lo subisce. Non è necessario poi che il partner dimostri di saper mantenere una famiglia poiché la convivenza è qualcosa di provvisorio. Infatti non si può negare che la relazione sia più libera, ma più fragile.

Anche per molte coppie di giovani la convivenza è l'alternativa al matrimonio istituzionalizzato. In certi casi può corrispondere a una sorta di prova, anche se non è possibile sostenere che riesce meglio il matrimonio preceduto da tale esperienza. Le incomprensioni vengono infatti a galla quando finisce l'amore e quindi la convivenza-prova dovrebbe durare anni.

Spesso però, dietro alle più sincere motivazioni consce, si nascondono angosce profonde, specie nei figli che hanno vissuto sulla propria pelle la separazione dei genitori. Sono i casi in cui la convivenza ha radici nevrotiche e il matrimonio ne costituisce la fine in quanto rompe l'equilibrio precario del rapporto. A volte il solo parlarne deteriora la relazione, causando la separazione. Del resto quando le coppie conviventi sfociano nel matrimonio sono più instabili delle altre. In Svezia le persone che si sono sposate dopo aver convissuto hanno l'80 per cento di probabilità di divorziare più delle altre.

Attualmente l'esperienza diretta della psichiatria e delle scienze psicologiche insegna che il matrimonio come istituzione resta un vincolo che, seppur basato su schemi superati nella società attuale, è per il momento insostituibile per il bene della famiglia. Questa infatti, quando non si riduce soltanto a una «sistemazione» affettiva, rappresenta un valore etico, culturale, pedagogico, sociale ed economico; famiglia non come fornitrice di servizi, ma come cellula base di una società equilibrata: l'educazione dei figli è infatti educazione della società.

Se la convivenza può andare bene per la coppia, il matrimonio è opportuno per la famiglia, quando cioè nascono i figli. Amarsi e non sposarsi può essere una scelta rispettabile per gli adulti, ma non sempre è benefica per la prole, almeno nella nostra società attuale. Non esiste infatti un sistema più adeguato del vincolo istituzionale, che garantisce la presenza di entrambi i genitori, per crescere ed educare i figli. Lo stesso termine «matrimonio», come indica l'etimo, venne primariamente concepito nell'interesse delle madri e quindi della prole. E purtroppo negli Stati Uniti da anni si stanno pagando i conti della distruzione della famiglia: baby violenza, tossicodipendenza, figli illegittimi, ecc.

Il matrimonio, sancito dal codice civile o benedetto dalla Chiesa, svolge una funzione aggregante anche per la coppia. Pur essendo sempre più raro che ci si sposi legati a un'immagine idealizzata di tale istituzione, il ricorrere al legame sociale o religioso rende meno precaria la stabilità del rapporto. Non è infatti vero che la coppia non sottostante a nessun obbligo sociale, cioè non istituzionalizzata, abbia maggiori opportunità di realizzare le sue risorse affettive in una buona relazione. Sono il convivere, la ripetizione dell'identico, la routine che trasformano, deprimendolo, il rapporto d'amore, appiattendolo nella banalità del quotidiano, che infierisce sia sugli sposati che sui conviventi.

Nell'istituzione-famiglia non esistono soltanto gli aspetti negativi. È vero che in essa si litiga, ma il più delle volte ci si vuole bene e non ci si sente soli perché è uno spazio che riduce la solitudine, è una nicchia, un angolo di protezione. Anche per tale ragione chi si sposa gode di migliore salute e di longevità rispetto ai single: celibi, nubili, divorziati o vedovi. La famiglia aiuta infatti la salute; essa è anche il perno centrale per una buona riuscita di una cura sia psicoterapeutica che farmacologica. Chi è confortato da calore e affetto reagisce di norma meglio sul terreno immunitario alle malattie in genere, persino al cancro; lo stesso canceroso coniugato presenta un indice più alto di sopravvivenza. Inoltre i serenamente sposati risultano meno coinvolti in incidenti automobilistici dei divorziati.

Il matrimonio non è il deserto dei sensi, il cimitero della sessualità. Esso non cambia la vita erotica né la deprime, a patto che la coppia sappia sempre rivitalizzare il desiderio con afrodisiaci psicologici, ad esempio alimentando l'immaginario sessuale (anche per tale ragione all'interno della coppia si stabilisce un linguaggio sessuale personale, con termini specifici e non comprensibili all'estraneo). L'esercizio della sessualità ha inoltre bisogno di tempi lunghi per condividere le esperienze emotive e per evitare di scadere in genitalità, cioè in una semplice funzione di scarico di una tensione istintuale. Si deve poi bonificare la coniugalità attraverso l'amore, poiché la perdita di tensione affettiva è spesso dovuta ai ritmi frenetici di vita, che distruggono qualsiasi relazione amorosa.

Anche la convivenza, quando non consuma l'amore, lo sbiadisce. E spesso si finisce per convivere soltanto per assicurarsi una compagnia più «per il male» che «per il bene», cioè per avere un partner accompagnatore se si viaggia oppure finanziatore nella sventura economica o infermiere se si diventa ammalati. In questi casi si vive dunque in coppia per soddisfare bisogni profondi di reciproca rassicurazione, scambiando la relazione affettiva con un'associazione di mutuo soccorso.

Soltanto poche coppie riescono a reinventare l'amore, ritrovando ogni giorno il gusto della scoperta dell'altro e quindi rinnovando il sentimento che li unisce. In tali casi non è tanto importante che il rapporto sia istituzionalizzato o meno, cioè che i partner siano sposati o conviventi, quanto il vivere insieme con reciproca maturità affettiva.

V

La trasgressiva

Lia è una di quelle donne che trascinano per tutta la vita il doppio ruolo di casa-fabbrica, casa-ufficio, casa-negozio, casa-insegnamento. Grazie a una suocera parcheggiata presso di lei subito dopo il matrimonio, ha potuto buttarsi nel lavoro; impiegata in un ufficio di import-export, scruta continuamente un terminale, sentendosi affondare nel grigiore.

Ventottenne, senza figli, non si è fermata a una cultura impiegatizia: legge molti libri e sogna; potrebbe essere definita la «Bella addormentata nel bosco», sempre in attesa del Principe Azzurro.

Il suo sonno non è però dei più tranquilli perché ha molta rabbia dentro. Infatti fin dalla prima seduta la paziente critica aspramente i suoi genitori: «Non si può voler bene a un "padre-padrone" severo, duro, a volte persino violento: egli non dà, concede. Il suo stile è sempre stato: voglio, posso, comando. L'ho sempre visto calpestare tutti sotto i suoi tacchi. Fin da quando ero piccola si dava arie, si sentiva un padreterno, denigrava gli altri per risultare il meglio di tutti... e poi agitava le sue parole contro di me come una clava, "cissandomi" nelle cose che importavano a lui e mandandomi a "fare un bagno" in quelle che importavano a me...

«Mia madre non è stupida come sembra, ma molto di più. Da lei ho solo imparato che la biancheria intima deve essere sempre pulita perché, come mi ripeteva fin da giovane, "per strada ti può capitare qualcosa e finire in ospedale"...

«A casa mia eravamo tutti paralizzati dalla paura di rompere un certo equilibrio e quindi litigare. C'era sempre aria di baruffa, ma specialmente di notte sentivo i genitori bisticciare. Il mio letto poggiava contro lo stesso muro dove c'era il loro, così che pochi centimetri dividevano le nostre teste. Poi, anche se raramente, sentivo che il loro letto si muoveva...

«Una volta sono andata a vedere che cosa succedeva. Per fortuna mi sono fermata sulla porta della loro stanza. Erano avvinghiati in un'unica massa che si muoveva. Io li guardavo e non vedevo più i loro contorni, avvertivo soltanto dei respiri affannosi... "Perché hai bisticciato con papà?", chiedevo alla mamma il mattino dopo. "Sono cose che non ti riguardano...", mi rispondeva. Poi, quand'ero più grande, le chiedevo: "Ma perché non ti separi da lui?". "Perché gli voglio bene", era la sua risposta.

«Certamente, se gliene voleva, gli voleva un bene fraterno, che la portava a frenare e ad ostacolare le "voglie" del marito, con conseguenti bisticci notturni a letto. Si spiega così la ricerca da parte di mio padre di altre donne... forse per reazione o per bisogno... Del resto a mia madre l'essere "cornuta" poteva anche far comodo; non riesco infatti a dimenticare una sua frase da arrabbiata: "Se va con un'altra, almeno mi lascia in pace...". E in questo modo mi ha trasmesso un'immagine del sesso violenta, volgare, persino schifosa. Una sessualità non certo legata al piacere, ma al dolore. E poi c'è un'altra cosa che non riesco a dire...

«Io devo essere nata per sbaglio o forse consigliata come soluzione ai loro conflitti, per salvare cioè il loro matrimonio. Credo poi che mio padre, fin da quando frequentavo l'asilo, avesse delle idee ben precise sull'uomo di cui avrei avuto bisogno... Purtroppo io avevo esigenze e desideri diversi dai suoi. Soprattutto avevo una gran voglia di andarmene da quella casa. Forse per questo ancor oggi, al mattino, non posso fare a meno di prendere il caffè al bar...».

Un figlio non si deve mettere al mondo per caso; va voluto davvero, né può essere usato per curare un matrimonio malato. E nemmeno esiste il matrimonio-medicina quale rimedio al bisogno di fuga dalla famiglia di origine. Perché Lia è andata in chiesa a sposarsi come si va in un'agenzia per firmare una polizza di assicurazione-vita.

Così ne parla la paziente: «Al mio paese uscire con un uomo era consentito soltanto se si seguiva il rigido schema fidanzamento-nozze. E in un ambiente con regole così repressive ci si comporta bene per forza, per paura della critica. Ma io volevo sposarmi e basta. I giorni precedenti il matrimonio ero infatti serena, anzi contenta. Finalmente me ne andavo di casa e, se anche c'erano i faticosi preparativi per le nozze, non ero mai stata così bene... E poi mi fidavo del mio fidanzato. Per la prima volta fidarmi di qualcuno mi era necessario...».

Nemmeno da vecchi ci si dovrebbe sposare per un progetto economico-sociale. Perché se non c'è il cuore, nessun ragionamento del cervello serve a rendere gratificante un matrimonio. All'origine delle nozze di Lia c'è però un'esperienza affettiva traumatica, vissuta nell'infanzia in un rapporto difficile con i genitori. Probabilmente i giudizi frustranti ricevuti allora hanno impresso nel suo cervello tante fotografie negative di se stessa, caricandola di rabbia e di bisogno di fuga.

Colpisce nell'eloquio della paziente la facile tendenza al pianto e al riso, indice di immaturità psicoaffettiva (altra cosa è invece la commozione, che è partecipazione in sintonia), perché la bambina che è stata l'accompagna per tutta la vita; perché certe sue ferite dell'infanzia le causano, in quanto rimaste sconosciute, incomprensibili ansie, angosce, aggressività. Ad esempio, poiché durante la crescita Lia ha dovuto subire un padre troppo severo, da adulta ha reagito lottando contro ogni forma di autorità lavorativa, sociale, politica, persino religiosa. Ma tale cattiva relazione è stata soprattutto alla base delle sue nozze «calcolate».

L'uomo del postludio

Ognuno di noi si porta nel cuore l'immagine ideale di un uomo o di una donna, di un partner da amare e da cui essere amati, di una persona che si vorrebbe avere vicino per condividere la vita. L'uomo tende per lo più a scegliere una compagna giovane e bella; la donna un compagno affidabile e sicuro nel tempo, anche se anziano e meno bello, per proteggere se stessa e la prole. Ambizione, status sociale, possibilità di carriera e disponibilità a dare protezione sono fattori positivi per una relazione duratura agli occhi della donna[1]. Questo perché la società le ha sempre imposto un ruolo di dipendenza economica[2], anche se attualmente le attese muliebri stanno cambiando. Diminuendo il divario tra le possibilità economiche dei due sessi per l'ingresso femminile nel mondo del lavoro extrafamiliare, la donna può aspirare a un partner meno valido economicamente ma più ricco di valori interiori. Per questo le è più difficile trovare uomini «interessanti».

Tuttavia, malgrado l'evoluzione sociale femminile, l'uomo ideale che la donna coltiva nell'immaginario erotico resta sempre un compagno affettivo e gratificante da amare. Per Lia non è stato così. Non poteva vivere la vecchia casa come un rifugio e nemmeno le importava molto della nuova. Non aveva deciso nulla dell'arredamento: né i colori delle pareti, né i mobili e nemmeno i cuscini. E così in entrambe le case si era sentita un'estranea.

La vita si incarica di rompere gli equilibri artificialmente costruiti e non c'è da stupirsi se, con il passare dei mesi, il matrimonio della paziente si è trasformato in un rapporto di coppia poco gratificante, contrassegnato da esigenze insoddisfatte con tutte le conflittualità conseguenti.

«Anch'io avevo vagheggiato per anni un uomo ideale, un amante affettuoso con il quale sarebbe stato bello parlare a lungo dopo aver fatto l'amore, con cui sarebbe stato bello stabilire un'intensa intimità di cuore dopo quella di sesso... Invece mi sono presa un marito che ha le labbra sottili come la bocca di un salvadanaio... Faccio soltanto parte delle sue abitudini e nulla più. Perché gli sto insieme allora? Perché ho paura di restare sola, perché ho provato che cosa significa stare male e non avere alcuno che ti porti un bicchiere d'acqua, per una sorta di "assicurazione sulla vecchiaia"...»

Il marito incarna pienamente la cultura del denaro e del successo. A parte i soldi che si è fatto, a detta della moglie è nei sentimenti un «signor nessuno». E Lia, fin da ragazza, aveva bisogni umani più impellenti delle urgenze mercantili; per lei la sicurezza economica non equivaleva a certezza d'affetti.

Prosegue la paziente: «Malgrado tutto sentivo dentro di me una speranza confusa, un desiderio di sogno, un piccolo e ostinato nucleo di speranza. Vivevo sempre nell'attesa del fatto culminante della mia vita e non sapevo quale fosse. Ma non potevo arrivare ai quarant'anni continuando a pensare: quando sarò grande... Sentivo la primavera con la voglia di fare qualche follia...».

La speranza è il desiderio di quello che non si ha. Lia pensava allora che sulla bilancia della vita avrebbe dovuto avere di più. Per un vuoto affettivo lontano si sentiva in credito verso tutti, ma soprattutto nei confronti dell'amore.

«Mio marito non era riuscito a togliermi la voglia di vivere, anche se me ne aveva privato della gioia. La mia esistenza era monotona; con il pensiero non ero sempre fedele, ma almeno non lo tradivo. Una scelta di matrimonio non sopporta evasioni...»

Il cervello di Lia doveva essere, a quei tempi, un ripostiglio di contraddizioni. Oltre al vissuto personale, influiva anche un retroterra etnico, dovuto alla regione d'origine. La sua era inoltre un'esistenza vuota di relazioni significative, priva persino di infatuazioni transitorie. Inconsapevolmente era alla ricerca di un compagno che non riusciva a trovare. La sua non era neanche una fedeltà da rassegnazione.

La monotonia di vedere sempre la stessa faccia del marito, il cui unico obiettivo era quello di arricchirsi, aveva condotto la paziente verso un'atmosfera romantica, verso la magia di un immaginario sensuale, verso un idealizzato uomo del postludio, appunto; l'aveva cioè portata a ricercare una relazione nuova e stimolante per realizzare vecchi ideali. C'era in Lia una spinta erotica che nel corso degli anni, poco alla volta, si era rafforzata e affiorava, anche perché si erano deteriorati i sentimenti di colpa, impoveriti i buoni propositi, attenuate le norme morali assorbite dall'ambiente.

Una relazione extraconiugale, ultimo trauma psichico, è stata la causa scatenante, la decisiva spinta a suonare il campanello del mio studio.

Un amore «senza rete»

Racconta la paziente: «Ha iniziato con qualche battuta quando andavo nel suo ufficio. Un giorno mi ha chiesto se potevo anticipare di mezz'ora l'appuntamento per prendere un caffè. Ci sono andata, ma non c'era. Il giorno dopo mi ha telefonato e si è scusato; io ho risposto che non importava, ma ero scocciata dentro...

«Mi ha poi dato appuntamento per un sabato mattina. Vi sono andata, mi ha fatto accomodare davanti alla scrivania e poi mi ha subito "arpionato", chiedendomi apertamente se ero disponibile a iniziare una relazione con lui. Ho risposto di no, che non era mia abitudine. Intanto cercava di baciarmi, mentre io mi ritraevo...

«Sono poi incominciate le telefonate... Voleva portarmi nel suo minialloggio da dongiovanni, ma il salire nella "tana" significava resa totale. Mi dicevo: "Un uomo interessante non passa accanto tutti i giorni, però bisogna stare con gli occhi aperti...".

«Poi ho deciso di lasciarmi andare al caso e ho accettato

di incontrarlo; salita nella sua auto, abbiamo girovagato un po', poi si è fermato. Gli ho chiesto a bruciapelo se era lì il suo pied-à-terre, aggiungendo che l'avrei seguito perché "se una donna non vuole fare l'amore non lo fa"...

«In quel lussuoso miniallоggio ho recitato la scena: lui era seduto, io restavo in piedi, camminando avanti e indietro, dicendogli che non era l'uomo che cercavo, che io volevo una persona dolce e buona ed egli era tutto meno che questo. Mi rispondeva d'aver capito che ero in credito di carezze, che era pronto a darmene tante, anche se io lo eccitavo molto...

«Ricordo d'aver acceso alcune candele per creare l'atmosfera, di avergli detto che non era un uomo, di averlo quasi stimolato a essere cattivo, finché a un certo punto mi ha chiesto se volevo che si togliesse la cinghia... Poi mi ha buttato sul letto, io cercavo di liberarmi e lui mi ha detto che ero forte per essere una donna...

«Mi ha chiesto: "Quali sono i limiti geografici?". "Dalla vita in su", gli ho risposto. Allora mi ha baciato i capezzoli. Io ho provato un po' di piacere. Poi me li ha morsicati e mi ha fatto piacere e dolore... Mi considerava materia di esplorazione sessuale; io soltanto un personaggio da conoscere meglio... Peccato che fin da piccola le fiabe più belle fossero quelle che mi spaventavano di più...

«La volta successiva siamo andati in un american bar dalle luci diffuse e dai sofà protetti da séparé. E, subito dopo, nel suo pied-à-terre, siamo passati al sodo, puntando diritto all'alcova. Abbiamo fatto sesso, a cottimo, in un arrembaggio di corpi.

«È stato l'inizio e per la prima volta mi sono sentita una donna. Meglio: lui mi aveva fatto sentire una donna...

«Io percepivo il potere del suo sguardo, uno sguardo intenso, che penetrava. Il suo tono di voce era una melodia di arpe e di violini. A lui non interessava vedere; voleva toccare[3]... con le sue mani da violinista del sesso, che sapevano stimolare tutto il mio corpo... Diceva di volermi crocefissa di desiderio e agonizzante di piacere nei momenti supremi dell'orgasmo... Allora pensavo che la realtà offrisse più della fantasia: bastava lasciar venire fuori quello che avevo dentro...».

La voglia di trasgredire si perde nei secoli. Iniziò da Adamo ed Eva. E sovente, a parte la stimolazione delle zone erogene, il piacere della trasgressione funziona da afrodisiaco.

Le gioie del sesso

Racconta la paziente: «Vivevamo una frenesia senza limiti né regole, che ci portava a far l'amore dappertutto e in tutti i modi possibili. Aveva un'eccedenza sessuale che reclamava continuamente soddisfazione. Mi desiderava sempre; aveva persino l'erezione quando mi telefonava... E se eravamo vicini, persino uno sguardo era la rampa di lancio per un amplesso.

«Il suo desiderio provocava il mio. I suoi baci mi facevano battere il cuore e, più mi batteva il cuore, meno mi girava il cervello. Era come se mi rovesciassero addosso cascate e brividi di piacere. Essere "in tutto e per tutto" l'uno dell'altro, con una serie di orgasmi apocalittici...».

Ci sono i baci a «basso voltaggio», tipici dei ménage routinizzati; di «medio voltaggio» dove la passione è di livello medio; di «alto voltaggio» da grande passionalità. Per Lia era tutto ad alta tensione perché attraversava un periodo della sua vita durante il quale i centri nervosi erano in continua ebollizione e i neurormoni circolavano più velocemente nel sangue. Sono i casi in cui un rapporto momentaneo e transitorio può essere molto più intenso e profondo di un legame continuativo.

«Successivamente l'ho rivisto e abbiamo fatto l'amore in quel suo alloggio oppure in campagna o in auto. Il mio corpo gli piaceva molto e la cosa mi inorgogliva, anche se gli chiedevo di fare in modo che i nostri incontri non fossero di tipo esclusivamente sessuale. Avevo sempre paura di essere di troppo, gli chiedevo spesso di dirmelo quando si sarebbe stufato; io non avrei né detto né fatto nulla, me la sarei cavata, non l'avrei infastidito. Mi rispondeva che aveva lasciato altre donne per noia, ma che non avrebbe mai lasciato me...

«Vivevo un'intensa nostalgia di amore, un bisogno di sentirmi amata e di amare... Attendevo le sue telefonate o il giorno in cui dovevo chiamare io, anche se mi dicevo continuamente che la storia doveva finire... Capivo che mi voleva perché mi considerava una diversa; mi chiamava infatti la sua *out-sider*.

«Non ero interessata al suo conto in banca o al suo cognome doc, ma al fatto che era un affascinante parlatore. Diceva: "Bisogna dare sfogo all'irrazionale... Basta con l'obbligo della coerenza, viva la contraddittorietà, l'illogicità. L'amore va oltre l'affetto, il pudore, il rispetto. L'amore è ardore, passione...". Io lo ascoltavo, sentendomi culturalmente inferiore... Intanto aveva introdotto tra noi anche il piacere di "toccarci" da soli; ci teneva molto alla potenza del suo organo sessuale che desiderava vedere esposto, ammirato, baciato...

«A lui piaceva molto fare l'amore, anche se obbligarmi a una maggior frequenza di rapporti comportava forzare troppo i miei ritmi. Amava il rapporto orale, provocandomi emozioni, purtroppo basse, ma grandi emozioni. Da parte mia spesso m'accorgevo che con il corpo non sapevo bene che cosa fare... Ma, mentre accarezzavo il suo, pensavo che la passione è un fattore importante nel tenere unita una coppia.

«Amava anche dire porcherie e farmi dire che io ero la sua "puttana". Il gioco mi piaceva. Oltre al piacere fisico, provavo un godimento mentale. Intanto ripeteva sempre che voleva possedermi, che ero sua... Ogni volta, per una specie di gioco, gli rispondevo che non volevo più vederlo, e lui la prendeva sul ridere. Infatti poi tornavo. Dopo un mio viaggio di lavoro, ha continuato a cercarmi in maniera ancor più pressante, dicendomi che io non potevo decidere anche per lui, che mi voleva sul serio...

«Durante i nostri amplessi amava farmi del male con graffi, strette, morsi, e a me piaceva. Aveva delle strane manie: avrebbe voluto fare l'amore in mezzo alla strada, farsi masturbare al cinema, "toccarmi" mentre io telefonavo a mio marito... Ma tutto questo io non gliel'ho mai permesso. In un'occasione sola ho molto pensato a lui "facendolo" in casa mia...

«Per lui riducevo il mio lavoro, stravolgevo le mie esigenze, i miei desideri. Era una specie di droga. Mi rendevo però conto d'aver a che fare con una persona che non lascia libertà; che quando ti parla ti viene così vicino da invadere il tuo spazio vitale. E poi mi stava lentamente rendendo succube: diventavo la sua vittima, a volte anche il suo carnefice...

«Sono poi partita per il mare, dove ho atteso con fatica dieci giorni prima di telefonargli, come mi aveva imposto; poi regolarmente l'ho chiamato tutte le volte che me lo chiedeva. Al rientro era molto contento di vedermi; io invece ero ansiosa e avevo quasi paura...

«È stata un'abbuffata genitale, condita di video hard e di strip-tease. Il giorno dopo ha assunto un modo di fare più violento. Ha usato manette e frusta, però non mi ha fatto male perché era soltanto una messa in scena che gli serviva per eccitarsi...

«A questo punto sono venuta da lei, dottor Dacquino, perché mi sento soffocare. Ho bisogno di respirare aria pulita, sana. Lui, quando ho tentato di dirglielo, ha commentato che avevo solo delle storie. "Bisogna continuare a dare sfogo alla nostra animalità, perché sessualmente siamo fatti l'uno per l'altra...", ha concluso».

Oltre ai delitti di natura fisica, vi sono quelli di natura psichica, come distruggere emotivamente una persona. E Lia sta andando verso il buio, come una persona che perde la vista poco alla volta. Quando la luce diventa troppo forte si chiudono gli occhi, così si chiudono le palpebre interne con la regressione.

La paziente si sta rendendo conto di essere usata dal

partner, la cui sessualità si esprime al meglio soltanto se eccitata dalla convinzione di essere il padrone assoluto, magari travestito da aguzzino. Ogni suo gesto non è un atto d'amore ma di odio, alterna un bacio a un morso provocando reazioni di piacere accompagnate da reazioni di dolore. È una di quelle persone che riesce a stare meglio facendo stare peggio chi ha vicino. Ma non c'è divertimento quando scompare il piacere.

All'inizio ha rappresentato per Lia una trappola nuova ed è stato facile entrarvi. A volte, pur di ricevere un po' di calore, ci si accontenta di qualcuno a metà, a brandelli. Ma con quel «signore» l'approccio tra i due corpi non è più il «gioco del dottore». Perché, e capita più sovente di quanto si creda, la gente non vuole amare, vuole soltanto sedurre; non vuole amare, ma soltanto possedere.

Continua la paziente: «Il suo non è un rapporto; ha voglia di "scopare" per il bisogno di scaricarsi, non perché lo eccito. Non sono io che gli scateno il desiderio; un'altra sarebbe lo stesso... Cerca un corpo, non una persona. Mi pare l'uomo delle caverne, vestito di pelle e con la clava sulla spalla, mentre si getta sulla sua compagna...

«Io devo coricarmi e aprire le gambe. Per godere deve insultarmi: "Porca, troia, puttana..." oppure mordermi, succhiarmi, graffiarmi; io lo subisco e sento la saliva amara della nausea... Se il nostro rapporto si potesse rappresentare in maniera figurata, disegnerei il mio cuore con un uomo seduto sopra...

«Prima quasi mi violenta, poi si scioglie in un deliquio di dolcezza. Scarica l'aggressività insieme con l'affetto; è un sadico che ama facendo del male. Comunque è un rapporto che mortifica la dignità...

«Prima mi facevo trascinare dalla sua passione e dalla sua fantasia, ora lo trovo un compagno cattivo e violento. Temo i momenti in cui devo stare sola con lui. Non gli chiedo di farmi provare quello che più mi piace e nemmeno domando a lui quello che gli farebbe piacere. E intanto pretende che io goda tutte le volte e soprattutto quando gode lui... E se non ce la faccio, mi picchia. Quando poi si è calmato, leggo nei suoi occhi la soddisfazione di aver fatto quello che voleva, magari di essersi fatto una donna in più. E mi irrita il suo sfottente sorriso, troppo cosciente di se stesso e dei suoi poteri su di me...».

Il rapporto di Lia con il partner continua in una progressione di esperienze sadiche che sta diventando sempre più pericolosa. L'uomo, oltre a essere impegnato in virtuosismi pelvici, la schiavizza con abbracci sempre più violenti, con baci che sono morsi e con certe cose che è meglio non descrivere perché, oltre ad essere malate, sono di pessimo gusto.

L'amante della paziente ha, per motivi suoi, il complesso dell'orgasmo femminile ad ogni coito e, per di più, vuole orgasmare simultaneamente. Ma obbligare tassativamente all'orgasmo significa clinicizzarlo. Che la donna debba provarne uno o più durante il rapporto sessuale o che entrambi i partner debbano raggiungere il massimo del piacere nello stesso momento non soltanto non è obbligatorio, ma nemmeno necessario. A volte anzi può persino disturbare la vita sessuale, ad esempio quando l'uomo esige l'orgasmo della partner come riconoscimento narcisistico della propria virilità.

L'orgasmo femminile non è garanzia di virilità. Quello che conta è invece la sintonia psicologica e corporea, che si realizza anche dopo il raggiungimento del piacere. Molte donne infatti, dopo aver fatto l'amore, vorrebbero rimanere abbracciate al compagno. Più della metà di loro considera le coccole più importanti dell'orgasmo. Ma il partner della paziente, come molti uomini, non è proprio l'idealizzato «uomo del postludio».

Quando si scambiano la volgarità e la brutalità per passione, quando si fa l'amore per rabbia, per ferirsi, per il piacere di frugare tra le lacrime, senza rispetto, senza pietà, il letto diventa un ring, un luogo di scontro e non d'incontro. Anche la violenza può sedurre, specie i masochisti.

Di questo si rende conto la paziente: «Non è più bello

come prima. Se allunga le mani, mi ritraggo infastidita e vorrei scappare; se mi sforzo di baciarlo, il mio è un tipo di bacio che si dà a un fratello. Poi cerco di distrarmi pensando ad altro...».

Dopo qualche settimana Lia, sempre più triste, commenta: «Da quando ha letto che il *Bolero* di Ravel eccita, mi obbliga a fare l'amore con quel sottofondo musicale. Per lui raggiungere l'orgasmo è come liberare la sua essenza... Bisognerebbe dargli la palma d'oro dell'eiaculatore dell'anno! Il maschio si diverte comunque. Una donna, quando va con un uomo, ha sempre una ragione in più...

«Spesso, con il viso segnato dalla cattiveria, mi dice: "Ti voglio marchiare". L'altro giorno mi ha chiesto, per farlo innamorare di più, di mettere alcune gocce del mio sangue mestruale nel caffè. E così oltre alle mie reazioni di dolore si sono aggiunte anche quelle di disgusto...

«Noi due, anziché un insieme di altruismo, siamo una somma di egoismo. E così l'altro è vissuto come una continua minaccia alle proprie opportunità, quindi come un nemico per il nostro vivere. Questa è una vita adatta soltanto a chi sa farsi massacrare...».

Il cannibalismo erotico

Quando fare l'amore non porta più via il cervello, quando non si è più avvolti da una nube erotica, il tono di voce dell'«affascinante affabulatore» non è più arricchito di arpe e di violini ma di trombe e di tamburi. Per il partner di Lia amare significa possedere. C'è in lui un istinto predatorio che si manifesta nello sguardo invasivo, nella tendenza «imbrigliante», nell'aggressività. La sua ostilità affiora persino durante il petting, quando morde il seno della donna, come volesse divorarla. Lo stesso gioco sadomasochista che conduce è soltanto il mezzo per soddisfare un bisogno profondo di dominio in lui e di sottomissione in lei.

Anche la paziente è responsabile, se non colpevole, di quanto accade nella coppia. Ha passato la vita nel tentativo di compiacere prima il padre, poi il marito, ora l'amante e questa sua passività risale all'infanzia, quando il padre ha impedito alla figlia bambina di esercitarsi nell'infantile seduzione edipica; non ha alimentato cioè in lei quell'organizzazione psichica che comprende autostima nel ruolo femminile, quindi la capacità di farsi rispettare dal partner, anziché un patologico bisogno di amore e di consenso.

Esiste un rifiuto positivo, strutturante: un «no» che aiuta a crescere e ad autonomizzarsi, necessario per liberarsi dalla dipendenza. La paziente non ne è stata mai capace e non lo è ancora nei riguardi dell'aggressività malata dell'amante.

Qualche grammo di misoginia è presente in tutti gli uomini e tale ostilità verso le donne si radica nell'amore-odio vissuto durante l'infanzia verso la propria madre, come afferma lo psicoanalista Jule Eisenbud[4] (altrettanto si verifica nell'inconscio femminile per l'ambivalenza infantile mai completamente superata nei riguardi della figura paterna). Quando però tale aggressività è sublimata alimenta la positiva dialettica dell'incontro-scontro tra uomo e donna, e una sua sfumatura nell'erotismo agisce come afrodisiaco. È normale dunque che una buona parte degli esseri umani manifesti, durante l'esercizio della sessualità, un lieve impulso aggressivo che si estrinseca ad esempio attraverso i «morsi amorosi». E lo stesso Sigmund Freud ne ha scritto nelle opere *Al di là del principio del piacere*[5] e *Il disagio della civiltà*[6], ricordando la presenza dell'istinto aggressivo sessuale e parlando di «impasto» di amore e di odio.

Ogni rapporto interpersonale, compreso quello tra uomo e donna, è quindi permeato d'ambivalenza, cioè d'amore e d'odio allo stesso tempo. L'equilibrio della persona si realizza dunque superando il conflitto che oppone tra loro due forze antagoniste, l'istinto di vita (Eros) e l'istinto di morte (Thanatos).

Quando invece la spinta aggressiva non è sublimata e resta a un livello primitivo scade nella violenza. Sono i casi patologici dove la sessualità non inibisce tale pulsione immatura, dove l'uno è portato a umiliare l'altro per il desiderio di «ferirlo» in senso fisico e psicologico. E certi giochi sessuali sono emotivamente pesanti, destabilizzano la coppia, a volte la distruggono.

Identità virile non significa sopraffazione. La stessa grinta, che è aggressività costruttiva, non ha niente a che fare con l'aggressività distruttiva, che si manifesta con la violenza e la crudeltà.

L'avarizia affettiva

La paziente ha confuso la passione genitale con quella emotiva, cercando la soluzione di un problema affettivo attraverso una via sessuale. In Lia c'era voglia di amore, non di sesso sfrenato; nel partner, incapace di sviluppare una relazione profonda e duratura, funziona invece soltanto un desiderio istintivo. La paziente preferisce l'amore, il compagno il coito e la violenza e, mentre lei vive un piacere corporeo diffuso, lui lo limita a una genitalità senza corporeità.

Lia chiede calore, tenerezza e intimità; l'amico manifesta un leaderismo ricattatorio, che vuole sedurre non sul piano affettivo ma su quello meramente penetrativo ed eiaculatorio. E in questo la paziente è in linea con l'aspettativa della donna che vuole dunque di più, forse per un retaggio storico di «sedotta e abbandonata», e quindi di legittima difesa.

Spesso il partner manifesta aggressività verso Lia, svalorizzandola a livello d'oggetto. Ostenta atteggiamenti da supersessuato instancabile: usa il suo pene per gonfiare la propria autostima. La sua autoimmagine di maschio è cioè in relazione alle prestazioni che sa dare, ed è un'idea assurda della virilità, una valutazione malata. Probabilmente si tratta di un immaturo che deve ripetere con la compagna quella strategia di castrazione che ha simbolicamente subìto egli stesso da piccolo. Tende infatti a separare l'atto sessuale dall'affettività, esercitando la genitalità come verifica alla sua pseudoidentità virile, più come mezzo per sfogare l'aggressività che come fonte di piacere; nella paziente invece il lato psicoaffettivo predomina sull'elemento istintuale: la donna infatti privilegia l'oggetto sulla pulsione, l'uomo la pulsione sull'oggetto.

Un amore tossico

Non si può credere sempre, al di sopra della delusione. Lia vorrebbe baci e carezze invece di gesti espliciti di possesso che chiedono tutto e subito. Perché ultimamente i loro incontri si risolvono in cinque minuti aggressivi, con una persona piena di sé, troppo sicura, convinta di non avere bisogni (e proprio in ciò sta la sua povertà).

«Gli uomini o ti usano o ti vogliono cambiare. Lui vuole entrambe le cose. Per questo il nostro amore è in saldo. Io sarò stata una pazza sentimentale, ma la sua è una risposta molto "povera". È un uomo che, pur chiedendo molto, non dà nulla. Io volevo meno sesso e più comunicazione. Non si può funzionare tra le lenzuola se non c'è intimità, se vi sono tensioni e rancori. Allora anche il letto diventa un campo di battaglia...

«Sono stufa del suo machismo gratuito, della sua divisa in "pelle nera sadomaso". Il suo è un bacio di morte, come quello che il mafioso dà per indicare la vittima designata. E poi devo continuamente lottare contro il suo istinto e la mia morale, perché sono anche una moglie... Purtroppo finisco sempre con il chiedere la strada non a chi la conosce ma a chi la cerca come me...»

Nella coppia di solito prevale chi ha meno da dare. E il partner di Lia investe troppo su se stesso per avere amore per gli altri; come ha scritto Sigmund Freud[7], quanto più amore è diretto a se stessi tanto meno se ne può dare a chi è diverso da sé.

Pochi hanno il coraggio di amare una persona senza cercare di cambiarla. La paziente ha poi scelto un partner fotocopia del padre violento. E proprio il discorso sul padre la sollecita a raccontare un lontano ricordo che, nelle prime sedute, non aveva avuto il coraggio di riferire.

«Credo di riuscire finalmente a dirle una cosa che mi era venuta in mente già all'inizio della psicoterapia, ma che non avevo avuto il coraggio di confessare nemmeno a me stessa. Quando da piccola sentivo il letto dei genitori che si muoveva, mi spaventavo. Pensavo che mio padre picchiasse mia madre... Poi, sola nel mio lettino, temevo che entrasse nella mia stanzetta e che le sue mani viscide mi toccassero il corpo, si insinuassero tra le mie cosce... Tremavo di paura, terrorizzata... Forse è anche accaduto...»

Lia si crede vittima del genitore perché, secondo lei, proviene da una famiglia «disfunzionale», dove il padre potrebbe anche averle usato violenza. Molto probabilmente è un «ricordo di copertura», frequente nelle pazienti che evocano in psicoterapia figure paterne decisamente seduttive durante l'infanzia e la fanciullezza. Perché non sempre si riesce a distinguere tra fantasia e realtà e queste violenze sessuali del passato, che molte donne credono di ricordare, non sono altro che l'effetto di un loro desiderio edipico incestuoso, mai sanamente superato[8]. Questo accade soprattutto durante psicoterapie condotte da persone senza una qualificata formazione, che possono indurre nelle pazienti la convinzione di essere state vittime, durante l'infanzia, di violenze sessuali da parte del padre, fino al punto, come succede con frequenza negli Stati Uniti, di arrivare a denunciare il genitore «stupratore»[9].

Il costo del piacere

È più facile «voler male» che «voler bene». E di questo si sta rendendo conto anche la paziente: «A un certo punto gli ho detto che a me non piaceva più fare sesso con lui, che tutto era molto povero, anzi squallido... Ha reagito con collera vendicativa, senza il minimo rimorso. M'ha rinfacciato che la colpa era solo mia perché lui aveva desiderato e proposto molto di più. Poi mi ha confessato che spesso desiderava morire, che era triste e che invidiava la mia gioia di vivere. Per questo voleva legarmi a lui per sempre... Allora ho provato non soltanto paura, ma panico...».

Certe parole suadenti all'inizio si trasformano poi in reti vischiose dalle quali diventa difficile uscire, perché un partner può aiutare a maturare o a regredire psicologicamente e quindi a vivere o a distruggere un equilibrio. Quello di Lia è un uomo che usa la sessualità in maniera estranea alla relazione affettiva, come mezzo di affermazione, di possesso e per nascondere carenze personali. Il suo «affetto» si dimostra violento: dà piacere con rabbia, mentre il piacere si deve perseguire senza danneggiare l'altro. Soprattutto rovescia sulla vittima la colpa della sua violenza. Ne deriva una situazione mutilata e mutilante, poiché provoca angoscia.

L'amare corrisponde a oltrepassare noi stessi per andare verso gli altri, anche se purtroppo a volte può trasformarsi in possesso degli altri. Ma molta gente crede che vivere sia imporsi e, anche nell'affettività, ama o vuole bene in modo tirannico, possessivo, in cui l'altro è soltanto usato per il proprio bisogno. E quasi sempre il meccanismo profondo è inconsapevole, quindi in gran parte involontario. Quando invece si ama in maniera matura, si accetta e rispetta l'altro. La paziente sta infatti imparandolo: traguardo per lei faticoso da raggiungere perché, quando da adulti ci si oppone a qualcuno, si finisce prima o dopo per avvertire rimorsi anche se si è razionalmente dalla parte della ragione. Tale colpevolizzazione è da collegarsi ai sensi di colpa inconsci provati da bambini, quando si tentava di opporsi ai genitori e ci si sentiva rifiutati, abbandonati da loro.

Lia è ormai una donna che, al di fuori della sfera affettiva, ha realizzato una personalità ben integrata e capace di esaminare correttamente la realtà. Per tale ragione è ora che esca dal fotoromanzo e si guardi intorno. Vi sono in giro dolore e sofferenza che non aspettano altro che il suo aiuto.

La paziente così racconta: «Ho atteso di essere per strada in mezzo alla gente e poi gli ho detto che era l'ultima volta che ci vedevamo e che, se mi avesse perseguitato, sarei andata alla polizia e all'ordine della sua professione. L'ho piantato in asso correndo verso un taxi.

«Mentre ritornavo a casa mia ero contenta di avergli offerto un viaggio di sola andata a "quel paese". Pensavo a quanto detto in seduta: "Chi ci ama, ci accetta", e me lo ripetevo. Lui invece, con la sua violenza, mi schiacciava come una frittella. Caro il mio presuntuoso, non ti montare la testa... Il mondo gira anche senza di te...».

A volte andando avanti in un rapporto sbagliato si compromette non soltanto la propria dignità, ma anche la propria identità. Si può ricevere del male psicologico, ridursi a una situazione tale che si arriva a odiare, perché nessun sentimento è così vicino all'amore quanto l'odio. Ma nessuno può permettersi il lusso di rischiare la propria identità per amore.

Una donna in proprio

Lia si sta risvegliando, ma il suo lungo sonno non è stato certamente innocente come quello della Bella addormentata nel bosco. Oltre che vittima, è stata complice. E se ne rende conto: «Ho giocato molto in questa storia; ho giocato come fa il gatto con il topo e ho perso. Anch'io ho le mie colpe, ma non ero del tutto padrona della mia volontà. Ero come mossa da una spinta a fare ciò che mi appariva come inevitabile; ero come stretta da una morsa, da un impulso irrefrenabile. Né con mio marito né con l'amante ho fatto una scelta, perché non ero libera. Quell'ex mi torna qualche volta in mente, ma non ho nostalgia né desiderio di lui».

Ognuno di noi ha un'immagine parziale della propria personalità, come se collezionasse più istantanee fotografiche di se stesso. Non sempre riesce a comporle in un ritratto armonico, «summa» delle varie parti psichiche. Il lavoro psicoterapeutico di Lia è ricercare una nuova e specifica identità personale, superando le violenze subìte. L'obiettivo è acquistare poco alla volta la capacità di sapersi ascoltare, di saper interpretare i messaggi che la mente e il corpo le inviano.

Non è sufficiente avere un cuore; si deve usarlo ascoltando le proprie sensazioni ed emozioni. Ognuno ha un'identità, una personalità dunque, che gli è specifica. La scienza ci ha infatti informato che ogni essere umano ha un DNA individuale[10], cioè un codice particolare della vita, che lo rende diverso da qualsiasi altra persona. E proprio perché ciascuno di noi è unico, uniche sono le nostre reazioni affettive e sessuali. L'esperienza altrui non può quindi coincidere con la nostra e, se vogliamo continuamente confrontarci con gli altri, finiremo con il nuocere alla nostra capacità d'amare.

Poco alla volta si sta rafforzando nella paziente la percezione di sé; sta quindi affiorando in lei il bisogno di indipendenza, di autonomia, di uscire da una vita chiusa, anonima, di routine. Perché esiste un narcisismo sano, che non ha niente a che fare con l'egoismo e la violenza. Lia sta diventando una trentenne autonoma, attiva, con un nuovo rapporto con se stessa.

«Da poco tempo ho smesso di pensare a lui. La sua immagine si è allontanata dalla mente e ho ripreso la padronanza di me. Liberarmene è stata una strada in salita, faticosa, difficile da percorrere, con tanti momenti dolorosi...

«Anche con i miei genitori i rapporti vanno meno peggio... Mamma e papà mi hanno voluto bene, ma singolarmente; infatti non sono mai riusciti a volermelo insieme. Del resto li ho sempre visti litigare...

«Non avrei mai pensato che la mia profonda insicurezza se ne andasse per lasciare il posto a questo sentimento di autostima abbastanza solido e sicuro. Credo che, considerando i miei precedenti e la mia paura di stare da sola, ben pochi avrebbero speso un soldo bucato per me...»

L'angoscia di stare da soli priva infatti della libertà: è la schiavitù del bisogno altrui. Conquistarsi corrisponde dunque a imparare a contare su se stessi, senza più aspettare che sia sempre l'altro a dare una mano, perché prima o poi chi ti insegna a giocare mette in campo le sue regole.

Molti si lamentano di non essere liberi, senza rendersi conto che questo comporta il saper cavarsela da soli. Ogni vantaggio ricavato dall'esterno implica dei limiti; avere bisogno dell'approvazione altrui per sentirsi un'identità e per dare un significato all'esistenza, significa dipendere. A volte si delega al coniuge o all'amante il compito di riempire la vita, ma il significato esistenziale lo si deve trovare dentro di sé, se non si vuole correre il rischio di venire sopraffatti.

Attualmente Lia vive con il marito. Il suo ruolo di moglie è ambivalente, contraddittorio, con molti problemi. Ma chi, come lei, è reduce da un «rapporto doloroso» spesso diventa più paziente e sa accettare periodi senza amore. L'esperienza precedente le ha insegnato che non è possibile un rapporto ottimale al cento per cento; ci si trova già bene con un partner quando la percentuale è positiva al settanta per cento. Ma soprattutto la paziente è diventata una persona che ha preso l'abitudine di badare a dove mettere i piedi.

Non si può sapere quindi quanto Lia resterà con il marito ma, se dovrà andarsene, c'è da augurarle che vada con qualcuno migliore, che non la faccia regredire, ma che l'ami e la rispetti.

IL BUGIARDO CRONICO E IL SINCERO CRONICO

I bambini dicono molte bugie per difendere o affermare se stessi. Per loro, il mentire è necessario per ricercare la propria identità e, soltanto dopo i quattro anni, imparano a distinguere il «vero» dal «falso», la realtà dalla fantasia, diventando così consapevoli delle loro menzogne.

Ogni persona adulta dice almeno due bugie al giorno,

senza per questo sentirsi in colpa; anzi, in certi casi, le bugie diventano uno strumento indispensabile per sopravvivere. L'adulto bugiardo «cronico» è però un immaturo psicoaffettivo, un insicuro che si è arrestato nella sua evoluzione psicologica, pur presentando un'intelligenza normale. Le cause di tale immaturità risalgono all'infanzia, quando si è sviluppato in lui un sentimento d'inferiorità, che ha tentato di compensare, cioè di tranquillizzare, con menzogne a ripetizione.

Spesso l'insincerità cronica dell'adulto è dovuta alla presenza di sensi di colpa inconsci con un inconsapevole bisogno di punizione, anche per il timore continuo dell'altrui riprovazione e castigo. Frequentemente la menzogna sistematica è però un desiderio inappagato d'amore, d'interesse e di considerazione da parte degli altri. Anche nella vita a due si finisce per nascondersi dietro l'insincerità per il timore di venire privati dell'affetto dell'altro.

Ci sono poi le bugie croniche che derivano da blocchi inconsci. Ricordo al riguardo un paziente che aveva puntato tutto sulla realizzazione personale e sul denaro, senza investire nella famiglia. Era un quarantenne che voleva arrivare in alto e viveva la sua «età forte» dedicando tutte le energie per farsi una posizione. Non aveva quindi tempo per vivere l'amore (per coltivare una buona relazione di coppia ci vogliono tempo e impegno) e anche sul versante sessuale era un amante distratto, quando non affetto da una vera e propria anoressia. Preferiva buttarsi nel lavoro, dove a detta sua provava i suoi veri orgasmi. Tuttavia, pur facendo raramente l'amore con la moglie, era sufficiente che si allontanasse per lavoro perché le telefonasse quotidianamente per dirle: «Mi sto masturbando e penso a te». Le raccontava inoltre, sempre e soltanto al telefono, parte del suo immaginario, ricco di posizioni, di parole e di gesti erotici che la moglie dall'altro capo del filo condivideva. Al ritorno a casa, però, tutto l'erotismo manifestato via filo veniva censurato e i rari rapporti sessuali avvenivano in forma pudìca, veloce, silenziosa e al buio.

Con il passare dei mesi tale iperlavoratore iniziò a frequentare le prostitute, giustificando tali evasioni mercenarie come un compromesso tra il desiderio e la fantasia, tra la necessità e il piacere di dire e di fare certe cose con una donna; ma soprattutto sostenendo di fronte a se stesso, secondo una certa logica maschile, che l'amore a pagamento era meno grave di una relazione extraconiugale duratura. Tuttavia, da vero piemontese con una buona dose di Calvino dentro, si considerava nei suoi «peccati» occasionali un «ladro di piacere». Ossessionato da tale dilemma, viveva una costante finzione con la moglie, perché incapace di realizzare i suoi sogni erotici con lei, disponibile a condividerli non soltanto al telefono. Poco alla volta si avvolse in una rete inestricabile di menzogne sempre più complicate. Seguì una grave depressione che condusse il protagonista di questa storia nel mio studio.

Anche l'adulto sincero «cronico», sistematicamente ed eccessivamente votato alla verità, è una persona psicologicamente immatura perché, con la sua sincerità esasperata e a volte persino esibita come un attestato di merito, spesso nuoce agli altri. Un esempio al riguardo è il caso di Maria, moglie e madre di tre figli che si era permessa, in vent'anni di matrimonio, qualche rara licenza coniugale, un «giusto sfogo», come diceva lei, per poter rientrare con la mente sgombra da pericolose fantasie nei binari del rapporto con un marito noioso.

Un giorno Maria venne a consultarmi, dichiarandomi tra le lacrime che voleva dire al marito d'aver sempre simulato l'orgasmo nei venticinque anni di matrimonio. In menopausa da qualche mese, non per sincerità ma per un'aggressività profonda accumulata contro il coniuge in tanti anni, sentiva il bisogno di gridargli in faccia la verità per punirlo di non essersene mai accorto. Soltanto quando la paziente prese coscienza che il suo era un gesto aggressivo e non di lealtà, riuscì a tacere sul suo passato di moglie anorgasmica; iniziò poi a essere sincera partendo dal presente, dando la colpa al climaterio.

Anche nell'adulto cosiddetto normale un eccesso di sincerità e di trasparenza è segno di insicurezza, di labilità emotiva. Quando un mio paziente si vanta con orgoglio di dire sempre la verità, di dire sempre «pane al pane e vino al vino», interpreto questo suo comportamento come psicologicamente immaturo, poiché nel rapporto con gli altri, specie se si è legati loro affettivamente, quello che conta è il loro bene e non il proprio. Si può infatti scaricare aggressività non soltanto attraverso la menzogna, ma anche mediante una verità sadica, che non fa del bene a chi la riceve, anzi fa soffrire.

La sincerità, come la verità, non deve mai diventare violenza. E poi non è necessaria una confidenza reciproca totale, a trecentosessanta gradi. Un certo riserbo, cioè il saper mantenere qualche segreto, caratterizza l'adulto psicologicamente maturo. Quando sento affermare che bisogna «sempre» dire la verità al malato (e questo lo dicono spesso i non medici!) avverto il pericolo di un sadismo più o meno consapevole verso chi soffre. Penso che in certi casi si possa dire la verità e in altri no, poiché si deve rivelare al paziente, per evitare di nuocergli, soltanto quanto egli è in grado di sopportare. È poi abbastanza raro che un malato, anche terminale, voglia sapere se ha una malattia mortale, anche se lo stesso soggetto, quando era sano, affermava in buona fede che, se gli fosse capitato, lo avrebbe voluto sapere. Il medesimo individuo rifiuta la verità (spesso anticipa al medico che non vuole conoscerla) e chiede una «pietosa menzogna» per ragioni psicologiche e somatiche, per salvaguardare il suo psichismo, per difendersi dall'angoscia di una morte prossima, questa volta proprio sua e non di un altro.

Oltre alle bugie «generose» per aiutare una persona, vi sono quelle che si potrebbero definire «consolatorie», come certe invenzioni adolescenziali o certe mitomanie senili, che sono un modo per valorizzarsi agli occhi di chi è vicino.

In conclusione le bugie «buone» servono a chi le riceve, quelle «cattive» a chi le dice.

VI

Gli onnipotenti

Mirko è un ventiduenne universitario iscritto a Lettere antiche, cresciuto con il solo padre e molte governanti. All'età di cinque anni è rimasto orfano di madre per un incidente automobilistico e da allora ha passato la vita prevalentemente in solitudine, obbligato fin da bambino a diventare adulto troppo in fretta e genitore di se stesso.

Arriva nel mio studio accompagnato dal padre, ma preferisce consultarmi da solo: «Sono venuto da lei per fare una *full immersion* su un argomento specifico: l'amore. Sono un ragazzo di buona famiglia e, appena potrò, sposerò una prostituta. Mio padre non vuole, per questo mi ha accompagnato da lei. Perché... in un'epoca che si crede emancipata dai peccati carnali, il mio amare è anche la mia colpa, almeno per lui...

«Il mio è un padre molto impegnato, ma che non mi ha mai messo tra i suoi impegni. Ha sempre parlato soltanto di "lavorare", "guadagnare", "investire"; mai di "informarsi", "leggere", "sapere"... Per lui la qualità della vita è la bella casa, i bei mobili, il club, il conto in banca...».

Decisamente Mirko è aggressivo con suo padre. Le responsabilità assunte troppo presto rendono spesso molto esigenti verso gli altri. Continua: «Sono un figlio che, fin da piccolo, è stato la vittima delle attese paterne. Ricordo che, alle elementari, era soltanto capace di dirmi: "Stai dritto con le spalle", sgridandomi per le posizioni viziate che, a detta sua, tenevo studiando o sul divano quando guardavo la televisione; anche quando ero adolescente ce l'aveva con le mie spalle. Ha sempre preferito informarsi su quanto avevo realizzato o raggiunto piuttosto che conoscere i miei stati d'animo. Ancora adesso mi chiede: "Che cosa hai fatto oggi?" e mai invece: "Come stai?". È un padre che non sa dialogare sulle emozioni, che non vuole "sentire" i sentimenti del figlio, ma soltanto compiacersi dei traguardi da lui raggiunti...

«Io non replico. Certe domande infelici si commentano da sole. Non mi capisce, non ha mai fatto nulla per capirmi. È solo un grande manager che pensa agli affari...».

Il paziente non è affatto cifotico, non presenta cioè una curvatura dorso-convessa della schiena particolarmente accentuata. Forse la «gobba» è presente nella psiche, poiché è un figlio difficile, il prodotto di una situazione familiare difficile.

Ogni padre si sente rinascere in un figlio maschio, ma quello di Mirko (e me lo ha dimostrato nel colloquio avuto quello stesso giorno con lui) non è certo un genitore che abbia saputo insegnargli a vivere. A parte il fatto che sembra fare a gara nel mostrarsi abbronzato e aitante, rivela subito di nutrire verso il figlio conflittualità e ambivalenza, che ne disturbano il rapporto. Certamente è una persona che nella guerra della vita è riuscita ad andare avanti da sola, malgrado il fuoco di sbarramento (e di questo è molto fiero), ma è decisamente più preoccupato dell'asse ereditario che dei sentimenti del figlio.

Così si esprime: «Se Mirko sposa "quella" voglio i patti pre-nozze con le firme autenticate da un notaio e, poiché in Italia questi contratti non hanno valore legale, andremo all'estero. Però anche nel nostro paese possono sempre avere un valore indiziario, servire come principio di prova, come punto di riferimento per un giudice... È difficile pensare ai soldi quando si sente il profumo dei fiori d'arancio... ma quando poi si litiga, i conti sono la prima cosa che si fanno...».

A volte l'aver preso da ragazzi il «biglietto del dolore» aiuta a crescere più ricchi e più forti dentro. Ma certi penosi interni di famiglia, dove il silenzio, l'indifferenza, la prevaricazione sono pane quotidiano, peggiorano i rapporti. La parola è conversazione, quindi rapporto, amicizia, affetto. Quando però il linguaggio si riduce a trasmettere soltanto informazioni di vita pratica, senza essere il veicolo di sentimenti e di emozioni, non può certo stabilirsi e mantenersi una buona relazione padre-figlio.

La morte della mamma è la perdita più grave nella vita di un figlio. In Mirko ha forse peggiorato il conflitto con il padre. «Mi accusa di essere molle, passivo, uno che non si dà da fare; il che si riduce poi a non aver fatto Economia all'università, come egli desiderava. Ma io detesto i numeri... Forse l'avrei frequentata se mio padre non me lo avesse ripetuto ogni giorno... Pensi che da ragazzo consideravo i matematici una razza superiore. In un periodo di megalomania avevo comperato un volume sulla teoria della relatività di Einstein e mi facevo vedere in giro mentre lo leggevo, anche se non ne capivo un "tubo".

«Al liceo ho scoperto che leggere poesie ha un effetto calmante, come scrivere versi può curare uno stato di ansia. E poi tutta la letteratura è una continua riflessione, un'indagine sul nostro mondo interiore. Chi ha vissuto questa esperienza può capire, per gli altri è impossibile spiegare. E poi in certe cose, ad esempio con la musica, quando devi descrivere quello che senti è tutto inutile... Io penso che quando Beethoven, ormai completamente sordo, compose la Nona Sinfonia non avesse più bisogno di ascoltare la musica perché la "sentiva"...»

Mirko ha della cultura una concezione orgogliosa ed elitaria. In certi momenti se ne considera il depositario e guarda tutti dall'alto in basso. Anche verso l'analista, pur presentando un atteggiamento apparentemente amichevole, è distante e in certi momenti ostile. Gli piace venire in seduta e parlare, ma dichiara che la psicoterapia gli serve soltanto per fare un piacere a suo padre. È poi fiero di non pensare mai all'analisi durante il giorno e il fine settimana.

Quale psichiatra ho il dovere di ricordare che spesso, dietro la maleducazione, c'è la nevrosi. Molta gente è scorretta perché insicura e l'arroganza nei confronti degli altri è la conseguenza della violenza che ha subìto durante l'infanzia e la fanciullezza. La prepotenza è infatti la «forza» degli insicuri. Mirko, in particolare, più che avere un comportamento intenzionalmente aggressivo, è maldestro. Appartiene infatti a quel genere di ragazzi presuntuosi, incapaci di accettare con modestia i suggerimenti degli altri. Anche perché, quando si è giovani, non si può avere la forza dell'umiltà.

«Io non appartengo alla tribù dei sani, belli, efficienti. Ho persino una precoce calvizie[1], da "intellettuale" dice mio padre, che ha la mente meccanizzata e la fantasia essiccata... Come le persone che hanno studiato poco o affatto tratta male i libri; quando li sfoglia è come se li volesse violentare, forse per un complesso d'inferiorità, forse perché non legge spesso. S'accorge che parlo da psicologo?

«Mio padre mi ha offerto soldi per curarmi la calvizie... Ma io quella volta li ho rifiutati. Non me ne importava. Vivo in ambienti riscaldati e quindi i capelli hanno perso il loro originario ruolo protettore. Forse rappresentano un simbolo di potenza sessuale per i maschi e un simbolo di seduzione per le femmine, ma io non considero la loro caduta come una perdita di potenza sessuale...

«Non so perché, ma almeno quella volta sono stato onesto. Forse perché ultimamente mi sono abituato ad avere pochi bisogni. Si è ricchi in proporzione alle cose di cui si sa fare a meno. La verità è che non voglio abusare dei buoni sentimenti, non voglio usare gli altri, specie quando non so intrecciare alcun altro tipo di rapporto...»

Esiste la paura di prendere, tipica degli insicuri. Persino i regali li spaventano. Esiste poi anche l'orgoglio sano di non farsi comperare con i doni, e questo è di pochi. Mirko alterna momenti in cui si sopravvaluta con altri in cui si sottovaluta: la sua autostima è molto altalenante, spesso influenzata dagli avvenimenti esterni.

«Porto spesso la cravatta, anche se a volte mi sembra un nodo scorsoio, un cappio al collo. Io combatto il conformismo del maglione e giubbotto. Lo so: piace di più chi ricalca i modelli altrui. Ma il conformismo distrugge l'individualità...»

È probabile che il paziente così vestendo cada in un conformismo di segno opposto. Forse il suo abbigliamento corrisponde a un'originalità immatura, anche se realizzare la propria identità non adeguandosi ai comportamenti della maggioranza è segno di una certa autonomia psicologica: l'affiliazione e l'asservimento contrastano con la tendenza all'autoaffermazione. Più si guardano gli altri e più si vive attraverso gli altri. Il rapporto con i coetanei di solito induce al conformismo più delle sollecitazioni degli adulti. L'influenza di coloro che hanno la stessa età tende infatti a determinare una personalità non incline alla riflessione ma tendente a farsi influenzare.

Sotto certi aspetti si può dire che il paziente è un eccentrico intellettivamente dotato, relativamente creativo, che si ribella al conservatorismo e alla tradizione. Non è un genio dalle idee originali come Einstein, ma nemmeno un asociale o uno schizofrenico. Anzi da certi punti di vista Mirko è gradevole. Anche se non è bello, non gli si può negare un certo potere seduttivo che potrebbe stimolare una donna a scoprirlo, procurandole quell'infatuazione intellettiva che può sfociare nell'innamoramento.

Il commercio dei sentimenti

Prosegue il paziente: «Al liceo il rapporto paritario tra ragazzi e ragazze mi spiazzava. Da un lato c'erano le donne della fantasia (materne, protettive, con grossi seni), dall'altro le compagne di classe aggressive, civette o problematiche. Mi dava fastidio il rovesciamento dei ruoli uomo-donna nella seduzione: i maschi avevano perso il rituale del corteggiamento, le femmine quelle strategie di chi sa attendere...

«Invidiavo i giovani del passato: a loro bastava sedurre una donna mentre a me, figlio del presente, il "sì" di una ragazza dava il via a una specie di esame: avrò l'erezione? Eiaculerò troppo in fretta? Riuscirò a farla godere?

«In quello stesso periodo iniziai, toccandomi, ad eiaculare. Dopo qualche volta però, visto che mi sporcavo gli slip e quindi poteva capirlo qualche governante, presi l'abitudine di comprimermi con le dita le vene sotto lo scroto in modo da non lasciare uscire lo sperma. Lo scoprii per caso, da autodidatta, e continuai così per molti anni...

«Verso la fine del liceo andavo con i compagni a fare dei "tour di prostitute", ma non mi intrattenevo con loro. Gli adolescenti e gli adulti rimasti adolescenti non affrontano spesso in gruppo le loro prime avventure di vita? Una volta, sotto la spinta di esplicite tensioni fisiologiche, mi sono fatto coraggio e sono andato da solo... Come una prostituta non ricorda il primo cliente, così non ricordo nemmeno il viso di chi mi ha iniziato... so soltanto che da quel giorno ho vissuto di "quelle"...».

L'adolescente deve essere protetto, non dalla sessualità ma dalla sessualizzazione. Ogni stimolo ambientale che lo spinga a bruciare le tappe, a enfatizzare la genitalità, a vivere le emozioni dei sensi in maniera emotivamente disimpegnata, è per lui nocivo. La precocità sessuale è traumatizzante poiché fonte di ansia, sensi di colpa e angosce. Perché l'adolescente possiede la maturità procreativa, ma non sempre quella psicoaffettiva.

Prosegue Mirko: «Battevo certe vie della città in cerca di amore a pagamento. Per andare all'università facevo impaziente la coda nel traffico; nelle gimcane serali ripetevo paziente un'altra coda in attesa del mio turno. La ricerca della donna giusta era il momento più eccitante; avevo ben chiaro in testa una specie di identikit: alta, volto pulito, vestita normalmente. Sempre mettendo in atto misure precauzionali, usavo cioè il profilattico[2], ero diventato un habitué delle tossicodipendenti che, pur volendo accumulare in fretta i soldi per una dose, erano meno volgari e sguaiate[3].

«Vivevo il sesso secondo l'ideologia di un sesso igienico, di una funzione fisiologica; lo consideravo soltanto come una cosa necessaria per scaricare la tensione... Le donne erano oggetti, le parole non esistevano: pura fisiologia. Come la maggior parte dei giovani "clienti" l'automobile con i sedili ribaltabili rappresentava l'unico posto disponibile, sfidando il codice penale[4] e correndo il rischio di finire in carcere... Anche per questo alla fine restava un senso di squallore, di sporco, di tristezza. Forse per questo non ritornavo mai con la stessa.

«Grande era la mia solitudine, resa più amara dalla morte di mia madre, dall'insensibilità di mio padre, a volte dal disprezzo o dalla derisione dei compagni. Perché solitudine non vuol dire soltanto vivere da soli, ma non essere compresi, sentire di contare poco per gli altri. Solitudine vuol dire sentirsi non accettati, negletti, respinti... con il bisogno degli altri, così lontani, così necessari...

«Mi sentivo morsicato dalla vita. All'esterno mi davo delle arie da "cinico blu", come se non avessi sentimenti; mi comportavo da cartesiano puro, razionalizzando tutto. Dentro però mi sentivo un cane randagio che va a morire sulla neve... Nel linguaggio comune non si dice: "Restar soli come un cane?...". Non so poi perché i cani...

«La primavera era una stagione terribile. Avevo voglia di fare sesso non come bisogno, ma come desiderio e piacere. Avevo voglia di qualcuno che mi procurasse un'accelerazione dei battiti cardiaci, avevo voglia di batticuori. Mi occorrevano nuovi stimoli, più forti... Non volevo più interessarmi soltanto agli attributi fisici di una donna, ma a lei come persona... Sentivo l'angoscia di non avere una ragazza...

«Mi rendevo però conto che il mio desiderio più grande, quello di fare l'amore con una donna che amavo, non si sarebbe mai potuto realizzare. E allora mi veniva voglia di gridare: "Ma lasciatemi stare in mezzo alle puttane!".

Ero stufo di dover mettere la maschera del buon figlio, del buon studente, del buon borghese... Mi sarebbe piaciuto urlare con voce spiegata: "Sì, sono un puttaniere; mi piacciono le troie", buttando via così ogni maschera... Poi pensavo a come togliermi di mezzo, senza conseguenze per mio padre: un suicidio mascherato... investire in piena velocità la colonna di un viadotto autostradale oppure lasciar scivolare un phon nella vasca da bagno...».

A vent'anni si dovrebbe entrare nel mondo con curiosità, entusiasmo, grinta. Ma in Mirko si era verificata una specie di distacco affettivo dalla vita. Egli usava infatti la genitalità come difesa contro le emozioni: privilegiava cioè le sensazioni per evitare di vivere i sentimenti. Per avere la certezza della propria virilità si negava i più forti bisogni emotivi, pagandone il prezzo con la solitudine.

Quando la temperatura delle emozioni continua ad abbassarsi, quando la passione scema, la disperazione è in agguato. Il fare poi l'amore in automobile, un'utilitaria non una Rolls Royce, può provocare impotenza ed eiaculazione precoce nell'uomo e disturbi del piacere fino all'anorgasmia nella donna. Del resto è ovvio che la scomodità e lo squallore del luogo, con l'incubo di venire spiati, interrotti, disturbati o puniti dalla legge, rappresentano un sommarsi di situazioni ambientali e psicologiche frustranti che, a lungo andare, deteriorano la sessualità.

Per quanto concerne il desiderio di suicidarsi del paziente, è necessario ricordare che a tutti prende qualche volta la voglia di «staccarsi» dalla vita. Il mese di maggio poi non è soltanto il mese delle rose, ma anche il periodo primaverile dove è più presente la «voglia di morte», specie nei giovani. La primavera determina infatti modificazioni biologiche, ad esempio anomalie ormonali relative al ritmo del cortisolo[5] che comportano a volte uno stato depressivo, anche se dietro a ogni suicidio c'è sempre una componente psicopatologica ben più grave del cambio di stagione.

Ritornando a Mirko, sarebbe stato meglio se avesse potuto affrontare le prime esperienze sessuali con il supporto psicologico di un genitore. Sia nella modalità dell'autoerotismo sia nell'andare a prostitute il giovane ha manifestato molta insicurezza perché, dietro ogni rapporto mercenario, c'è il bisogno di dominare la donna con il potere del denaro. Infatti il cliente va con la prostituta non soltanto per soddisfare un bisogno genitale, bensì per una specie di rivalsa, per un desiderio di rivincita nei confronti della linea femminile. Inoltre a tale donna ci si può mostrare come veramente si è, specie nelle proprie insicurezze. Spesso quel tipo di partner fa sentire l'uomo il più abile, il più dotato, il più gradito...

Per queste e altre ragioni la prostituzione[6] è un fenomeno antico come il mondo (anche quella maschile per pedofili: vedi i ragazzini adolescenti o i soldati di leva che si vendono nei cinema agli omosessuali adulti) e nella sua domanda si aggrovigliano numerosi problemi. Il più delle volte il bisogno di una promiscuità sessuale riflette un senso di colpa nell'instaurare una relazione continuativa, profonda con un solo partner, che rappresenta per l'inconscio il proibito appagamento edipico. La stessa intimità sessuale, proprio perché vietata nel profondo, viene evitata e trasformata in promiscuità genitale.

Sono i casi, e Mirko ne è un esempio, dove la genitalità corrisponde a una forma molto primitiva per scaricare la tensione relazionale. Anche il fare sesso può mascherare un bisogno di relazione con l'altro, quando il desiderio sessuale si indirizza verso interessi non erotici. Infatti nella prostituzione, come avviene in molte coppie cosiddette normali, la sessualità non è al servizio dell'erotismo. E poi tra i clienti vi sono certi single «di passaggio», gli insicuri, gli inibiti, i perversi, tutti per forza «alla ricerca».

Non serve dunque stabilire il «coprifuoco antiprostituzione», sequestrare le auto dei clienti, pubblicarne i nomi sul giornale, mandar loro a casa una raccomandata oppure multarli per rallentamento del traffico o per intralcio alla circolazione... Perché nella prostituzione non si può pretendere di sradicare la domanda. Si può dare soltanto una risposta educativa e sanitaria, poiché è anche un problema di salute pubblica.

Pur essendo finiti i charter dell'erotismo di massa a Bangkok, Rio o Ibiza, continuano i percorsi individuali, più attenti, più discreti, ma sempre in una sfrenata commercializzazione del sesso[7]. Le contrattazioni avvengono al bar, tra un cappuccino e una brioche oppure lungo le strade del sesso mercenario. Una città piena di gay, bisex, gigolo, travestiti, ragazze tossicodipendenti, donne del sud o dell'est e siliconati viados, preoccupati di mostrare i loro attributi e convinti di essere più bravi a far godere un uomo perché ne conoscono meglio i punti erogeni[8].

Il mercato del sesso offre sempre di più: più nudo, più silicone, più volgarità, più Aids. È la cultura della dissolutezza e della disperazione: tortuosi raggiri, torbide violenze, corruzione, plagio, sfruttamento... Esseri umani che sembrano delle cose messe in vendita in un supermercato... Carne da sesso... Occhi senza pupille come i ragazzi dello spot contro la droga. Soggetti che emanano un'aria di nevrosi e di rovina. E non se ne deve far loro nemmeno una colpa perché non possono capire...

La sindrome di «Pretty woman»

«Negli anni seguenti» racconta Mirko in seduta «ho frequentato, forse per il richiamo dell'esotico, la colonia africana, usando sempre il preservativo perché sapevo che il 70-80 per cento di tali prostitute è sieropositivo. E, se una di loro lo rifiutava, le offrivo più denaro per convincerla. Poi negli ultimi mesi mi sono dedicato alle slave, dai nomi tipici dell'est: Jelena, Tatiana, Svetlana... convinto, forse a torto, che fossero più sicure sotto il profilo dell'Aids. Con loro non sapevo mai se mi corrispondessero per il denaro o per un passaporto italiano...

«Una sera ho incontrato X e, per la prima volta, mi sono

reso conto d'aver a che fare con una persona. All'inizio non ha tentato d'indagare le mie reazioni per verificare il suo potere seduttivo... e per fare in fretta. Aveva voglia di parlare e nel suo italiano abbastanza buono (mi ha detto che al suo paese aveva studiato fino all'università per poi seguire a Milano uno studente italiano di cui si era innamorata) abbiamo parlato di letteratura, musica, arte...

«È stata una serata molto strana, durante la quale ho avuto più di quanto ho dato. Ho sentito nel mio cuore la sua disgrazia, ho preso su di me i colpi della sua sfortuna. Alla fine quando ci siamo lasciati, e non l'avevo nemmeno sfiorata, non ha voluto denaro e mi ha baciato. Non è stato un bacio convenzionale, ma affettuoso, che mi ha sciolto il cuore... E pensare che le prostitute non vogliono farsi baciare, forse per mantenere una certa verginità...

«La sera pensavo: "La solita pirateria femminile che si è presa qualcosa di mio che non avrei voluto darle... Avrei fatto meglio a scoparla come le altre...". Ero scocciato con me stesso... mi sarei preso le gambe a calci, a parte la difficoltà della cosa...

«Il giorno dopo sono ritornato da lei. Sono tornato, forse per ritrovare quell'emozione, quella sintonia... Il cuore mi batteva all'impazzata, rimbombando fin nelle orecchie. Temevo mi scoppiasse in faccia. Quando l'ho rivista, senza che lo volessi mi sono sentito dire: "Mi sei entrata nel cuore e ho voglia di volerti bene"».

La paura di perdere l'amore ci angoscia; la paura di non essere più noi stessi ci assedia. Quando tale ambivalenza non è maturata, si può assistere a due modalità infantili di approccio da parte dell'uomo: quello seduttivo che valorizza la donna ma che rischia di far sentire il maschio debole e dipendente, oppure l'approccio aggressivo che svalorizza la donna a livello d'oggetto ma che colpevolizza l'uomo come distruttore o incapace di amare. Mirko nel passato aveva praticato la seconda modalità, mentre incontrando X ha messo in atto la prima, che è immatura quanto la seconda poiché entrambe hanno conseguenze negative sulla relazione affettivo-sessuale.

L'incontro con X gli ha però permesso di «liberare» l'amore. Ma certi straripamenti amorosi hanno spesso una motivazione di ripiego: infatti la sua avidità affettiva da adulto è la conseguenza di una carenza infantile. E se prima il coire con delle estranee gli era abbastanza facile, i problemi sono nati quando la relazione è diventata coinvolgente, sintonica, impegnata. Perché è vero che spesso un sereno rapporto sessuale è più sedativo di qualsiasi psicofarmaco, ma a volte il sesso non rilassa perché comporta una tensione in più.

Non sempre l'esperienza di certe emozioni arriva quando è il momento. Mirko con quell'atteggiamento maschile immaturo che considera le donne o puttane oppure sante, ama sul filo dell'ansia, in un rapporto più idealizzato che reale. Inoltre non riesce a trovare il proprio equilibrio in un legame che non lascia più grandi spazi all'autonomia affettiva e alla libertà personale.

«Quando il mio cuore si sveglia, in uno slancio di calore impaziente, ho paura di un piacere colpevole... Ma la vita non è nulla se non posso avere l'amore. Per questo spero di ricuperare la serenità del desiderio per intraprendere un lungo viaggio con lei... L'amore è vita. Ma non è sufficiente premere un bottone per saperlo vivere. Per questo sono venuto da lei a imparare...»

Mirko non rifiuta più la comprensione dell'analista. Accetta di provare la nostalgia di un padre buono, anche se a forza di ottenere da quello vero tutto ciò che voleva si è caricato di onnipotenza.

«Un affetto, come quello che mi ha voluto mio padre, non mi ha certo fatto del bene. Con le sue codificazioni mentali mai riciclate, mi ha impedito di crescere, evitando di accompagnarmi nel cammino verso il mondo adulto, salvo poi pretendere, a un certo momento della mia vita, che mi ci scaraventassi di colpo...

«Povero padre... con il suo fare da boy-scout attempato.

I modelli femminili del suo immaginario sono Gina Lollobrigida e Sophia Loren... Non può certo accettare che il figlio sposi una donna che troppo facilmente vende tutta se stessa...

«Mio padre continua a fare la guerra ai sentimenti. Non crede nell'amore... forse non l'ha mai incontrato, anche se è stato marito e padre; oppure conosce soltanto quello contrattuale, dai patti pre-nozze, tipo partita doppia... Ma la cosa più grave è che si vanta di questa sua povertà.»

Non si può pretendere di applicare le proprie emozioni e i propri sentimenti a chi vive una situazione del tutto diversa. Ognuno può fare per sé le scelte che vuole o che può; l'essenziale è che non imponga agli altri quello che conta per sé. Ci sono però situazioni obiettive nelle quali si deve essere molto cauti prima di fare un matrimonio, soprattutto con una partner quasi sconosciuta. A volte si può amare l'amore oppure si ama l'altro senza vederne bene l'immagine. Mirko ne è un esempio, specie quando ne evoca quasi poeticamente l'intensità romantica.

«Nel suo amore mi sento accolto, capito, protetto; acquisto fiducia in me stesso. La sua presenza mi dà sicurezza, perché un uomo si sente più forte se sa che la donna amata ha bisogno di lui. Senza di lei ho sprecato il tempo... i miei occhi inutili guardavano lontano dall'amore...

«L'altra sera camminavamo lungo un viale, umido di luna, con il vento che sfrangiava ritmicamente le foglie, una folata dopo l'altra. Guardavo i suoi occhi profondi come gli abissi che cela nel suo cuore...

«A sera, a letto, pensavo che se non è sorretta dall'amore la realtà ci deprime e ci soffoca. E poi l'amore è un brivido di vita contro la morte. Addormentandomi, non volevo sognare; volevo scivolare dolcemente in quel dormiveglia incantato che s'impadronisce di te quando qualcuno ti prende per mano...»

Mirko e X vivono in una fusione quasi simbiotica, da cui traggono soddisfazione emotiva e sessuale. Dapprima la ragazza è stata per lui una specie di infermiera del sesso, successivamente un'assistente sociale dell'amore. Anche le prostitute sognano il matrimonio, infatti hanno quasi sempre un fidanzato tra i clienti al quale si danno gratis, baciandolo e raggiungendo l'orgasmo. E chi ha soltanto un protettore, sogna di realizzare un giorno o l'altro il grande amore. Da parte sua, come i cervi che nel periodo della riproduzione perdono peso riducendo il cibo per il doversi scontrare con i rivali, così anche il paziente è dimagrito. L'amore intenso «consuma».

La rivincita dei sentimenti

Gli orfani precoci, divenuti adulti, pretendono spesso dalla vita tutto quello che è loro mancato da bambini dopo la morte del genitore. E Mirko, proprio perché non ha «conosciuto» la mamma, non ha potuto amarla bene. Conoscendo X, si trova intrappolato in una situazione affettiva che gli lenisce antiche ferite. Con fatica accetta di frenare il desiderio troppo tempestivo di sposarsi: prima la laurea, il servizio militare e un valido lavoro. Il farsi mantenere dalla propria donna, come ella gli ha proposto, significa vendersi come in passato ha già fatto con il padre.

In analisi ai tempi delle barricate sono subentrati quelli del ripensamento; il paziente ha perso quel fare tipico dei giovani che non dubitano di nulla, soprattutto di se stessi. Si accetta come una personalità insicura, che a volte cade in balìa di emozioni che un adulto dovrebbe essere in grado di dominare. Prende poi coscienza che è importante come si è, oltre a quanto si sa.

Con la psicoterapia il paziente continuerà a guardare in faccia la sua timidezza, a prendere maggior coscienza dei sensi di colpa inconsci che ne sono alla base. Poco alla volta si libererà delle proprie inibizioni nevrotiche, imparerà a chiedere aiuto quando ne avrà bisogno, a dire di no quando sarà opportuno farlo, a far valere i suoi diritti quando qualcuno tenterà di non riconoscerglieli; soprattutto imparerà a non rinunciare ad essere se stesso, a mai abdicare al proprio Sé.

Il padre non abbonda più in elargizioni economiche, compensatorie alla sua carenza genitoriale; il figlio ha imparato ad autogestirsi con una cifra ragionevole e soprattutto a rifiutare categoricamente i «prestiti» o i regali di X.

Prendendo fiducia in se stesso, Mirko sta diventando più spontaneo, persino simpatico. E devo dire che la sua timidezza residua si sta trasformando, sotto certi aspetti, persino in un elemento seduttivo. Perché la sua riservatezza viene scambiata per mistero e il suo ritrarsi stuzzica e suscita curiosità.

* * *

Il XIX secolo è stato caratterizzato dalla «cultura del risparmio», dal bisogno cioè di accumulare capitale. Ha rappresentato quindi un periodo «anale», come giustamente l'ha definito Erich Fromm[9]. Nel XX secolo, il nostro, prevale la «cultura del consumo» su quella del risparmio; predomina cioè il carattere «orale», basato sul bisogno di avere, inghiottire, consumare. E se anche negli anni Ottanta il paradigma alimentare è stato molto fugacemente la «pillola dell'astronauta», attualmente si pubblicizzano merendine, cibi freschi e non trattati con concimi chimici.

Non si può negare però che si è perso il gusto del mangiare, il suo piacere polisensoriale. Il cibo è ingurgitato per ottenere una pienezza gastrica, a volte è persino considerato un fastidio, quindi odiato. Infatti il numero delle persone affette da disturbi dell'alimentazione sta crescendo notevolmente negli ultimi anni.

A volte i media sono responsabili di diffondere la «cultura dell'anoressia». Suggerendo certe tipologie femminili esercitano un'influenza sull'immaginario delle donne, specie adolescenti, tanto da spingerle a diete drastiche, comunque a un'enorme tensione circa l'alimentazione. Anche alcune famose modelle dall'ascetismo alimentare, dal look-grissino, dalla taglia 40 come ideale supremo di bellezza, diffondono l'imperativo culturale della magrezza.

Certamente la moda non causa anoressia, ma fatalmente certi messaggi che invitano alla magrezza influenzano uno psichismo immaturo, qual è appunto quello di Rita, vent'anni, né studentessa né lavoratrice, che si presenta con una felpa striata nei colori e dagli accostamenti più «audaci», un paio di jeans studiatamente sciatti e lacerati e scarpe da tennis grosse, gonfie, puzzolenti, che annunciano la sua presenza a qualche metro di distanza. Un tipo che appartiene al camaleontico pianeta dei teen-ager con in testa il basco floscio, lo Swatch al polso e su una spalla l'immancabile zainetto Invicta «numerato» contenente, oltre a un bambolotto portafortuna, l'immancabile Cd portatile che ha sostituito le obsolete musicassette.

Con il tono arrogante della persona scocciata, così mi aggredisce: «So perfettamente di essere un'anoressica e ne sono contenta. Mi piace la donna-grissino; non è vero che, dimagrendo, imbruttisco il mio corpo. E poi a me piace il footing, lo sport dei poveracci...».

La ragazza presenta infatti una linea anoressica; è talmente magra che, toccandola, ci si punge. Il fatto poi che corra molto rientra nella tendenza ipercinetica di tali pazienti. Con quella cafoneria prepotente di cui sono portatori alcuni figli della nostra società, incalza: «Io non ho bisogno di lei e non m'importa della dozzina di libri che ha scritto. Lei sembra proprio mio padre, che in casa è sempre stato "quello da non disturbare"... un uomo nascosto dietro un autorevole sapere, che però non ha saputo mescolare alla realtà quotidiana; un erudito che ha imparato soltanto dai libri, non dalla vita...

«Lei deve essere ancora peggio di mio padre e poi gli psichiatri sono persone che non voglio definire perché le parole si farebbero terribilmente pesanti...».

Pur intuendo che il suo involucro rigido deve proteggere un nucleo molto fragile, accetto la sua sfida e con il tono più pacato possibile le faccio notare che la sua sciatteria rappresenta il conformismo dell'anticonformismo, che la sua eccessiva aggressività è inutile perché io non sono né suo padre né sua madre, che non pretendo di curarla per forza...

Assisto allora a un rapido viraggio della mimica del suo viso: da un'espressione impudente, per non dire sfacciata, a un aspetto triste, depresso, quasi disperato. «Quando non mangio, mi sento pulita. Mi basta mettere in bocca un cioccolatino per venir presa da angoscianti rimorsi... e finisco come mia madre, che si piange sempre addosso. Perché io ho una madre che è una "lagna" continua. Potrebbe scrivere un libro sul lamento, o meglio sull'ottenere lamentandosi. Perché tutti finiscono con il fare quello che vuole lei, per esasperazione. E poi scarica su tutti l'angoscia della sua menopausa...»

Rita ha un padre che probabilmente si difende dalla depressione con il lavoro e una madre climaterica e colpevolizzante... Perché il piagnisteo allontana dalle responsabilità, evita la colpa che è sempre degli altri: genitori, coniuge, società, Stato, religione...[10] Inoltre il recriminare colpevolizza chi è vicino, a volte lo punisce persino, in quanto la lamentela maschera sempre un messaggio di pressione sull'altro e cioè: «È colpa tua»[11].

Padre dunque intellettuale e deificato, madre manipolativa; padre faro e madre lampadina della casa. Ma una figlia ha bisogno di genitori maturi, non estrosi o depressi e in disaccordo.

«La mia famiglia mi ha sempre dato l'impressione d'avere le radici marce sotto i piedi... L'accordo tra i miei genitori era un'apparenza di unità, un infelice compromesso coniugale. Io, come tutti i bambini, difficilmente mi lasciavo ingannare dalle apparenze. Non soltanto ero testimone delle loro liti, ma alternativamente mi prendevano come giudice per mettermi l'uno contro l'altro...

«L'angoscia di sentirmi parte in causa era indescrivibile. Diventavo così mezzo e vittima dei loro screzi. Vivevo nell'affanno che la mia casa si sfasciasse da un momento all'altro, come un tronco d'albero divorato dalle termiti... Sono allergica alle coppie dall'unione soltanto di facciata, che convivono per ipocrisia...»

A questo punto la paziente non finirebbe più di parlare e si stupisce che sia già finito il tempo riservatole. Ritornerà «soltanto per qualche volta», si premura di precisare, per «sfogarsi», soltanto per quello.

Alla seduta successiva Rita si presenta con un tailleur firmato dalla minigonna cortissima e con scarpe di cuoio. Le sue lunghe gambe magre, così sfacciatamente ostentate, fanno tristezza. Non porta orecchini, collane e anelli e la sua sottile figura fa tenerezza. Subito esplode contro la madre: «Ci sono le intossicazioni da droga, da politica e da televisione. Mia mamma vive nella dipendenza dalle più fatue telenovela, è una Beautiful-dipendente. E quando non è davanti al video si lamenta, invece di fare. Il suo è un modo per evitare l'impegno. Non conosce infatti obblighi e doveri. Per questo il suo piagnisteo le è "utile". Ma io sono stufa dei suoi isterici lamenti. Fanno venire una gran voglia di scappare... Per fortuna che ho incontrato Peter...

«Peter è un tossico... ed ha due pregi rispetto a me: è meridionale ed è povero. Nessun uomo al mondo, e lo dico anche se ho poca esperienza, sa fare la corte a una donna come un meridionale. E poi è povero e i poveri sono più liberi... infatti è spontaneo, estroverso, con il cuore in mano.

«I tossicodipendenti non mi piacciono anche fisicamente. Peter però è diverso. Non ha l'orgoglio dell'eroina... per lui è stato l'unico modo per reagire ai genitori che lo schiacciavano fino a distruggerlo. E poi dice che dalla droga può uscire quando vuole...

«La sera che l'ho incontrato a un concerto rock mi sono subito sentita come se avessi le farfalle nello stomaco. Mi pareva di essere tornata ai tempi dei quindici anni quando, se avevo un ragazzo vicino, mi sentivo fuori posto, non riuscivo a parlare, a pensare e a muovermi: ero proprio "imbranata".

«Peter mi ha aiutato a uscire dall'imbarazzo specie quando, dopo il concerto, siamo andati a mangiare qualcosa. La pizza era gommosa, l'acqua minerale calda, il locale sovraffollato, ma io stavo bene rincantucciata in quell'angolo ad ascoltarlo parlare...

«È stato il risveglio delle emozioni, la liberazione della fantasia. In casa mia non siamo mai stati abituati a dirci che ci vogliamo bene; mi hanno insegnato che non si devono dichiarare i propri sentimenti. Era pericoloso dire: "Ho voglia di conoscerti di più", "Vorrei rivederti", "Mi piaci", "Sto bene con te", "Mi piacerebbe stare con te", "Ti voglio bene"... Per carità, sarebbe stato esporsi, compromettersi...

«Quella sera con Peter mi sono stufata di dire continuamente di no alle mie emozioni. Volevo finalmente permettermi di essere spontanea. Purtroppo c'era sempre qualcosa che in parte mi bloccava... Soltanto per questo le chiedo aiuto. Vorrei che Peter ed io fossimo come i cigni che si amano incrociando, come in un abbraccio, i loro colli flessuosi».

È naturale che un figlio si ribelli ai genitori, specialmente durante l'adolescenza. Quando però l'aggressività permane così intensa e profonda diventa difficile neutralizzarla con l'amore. «Mia madre voleva dei figli, mio padre dei superuomini. Mio padre, dall'alto del suo paternalismo pseudoilluminato, è saccente, quando attacca va avanti delle ore... Io ho sempre cercato di piacergli, di assomigliargli... Avevo il culto del dio-padre, ammiravo la sua potenza mentale, adoravo la sua energia intellettuale, disprezzando e rifiutando mia madre che era la negazione dell'intelligenza e del sapere...»

Un padre che non è in grado di scendere dalla torre della cultura in cui si è rinchiuso; una madre che, temendo la crescita della figlia, l'ha continuamente soffocata per esorcizzare la paura inconscia di una potenziale rivale; una figlia incapace di rinunciare ad atteggiamenti pregiudizialmente ostili. Tutti non hanno ancora capito che l'avvicinarsi per dialogare e collaborare non significa annullare le differenze e rinnegare la propria peculiarità, bensì riconoscere all'altro il ruolo che gli compete.

L'infantilismo erotico

Oltre che con i genitori, Rita ha molti problemi con se stessa, specie nella corporeità. «Non m'importa di essere una longilinea piallatissima che non piace agli uomini perché, quando le tolgono la camicia, non trovano nulla sotto. Voglio essere pietra, levigata fino alla trasparenza.» E in un momento di grave sconforto: «Non ho bisogno di me, liberatemi da me stessa. Voglio ritornare al principio, al silenzio prima della parola...».

La paziente confessa di provar ribrezzo per le sue poche curve corporee, che le fa schifo ogni suo grammo di grasso e tutto quanto è segno di un'identità sessuale biologica. Non le dispiace infatti essere amenorroica da un paio d'anni e avere una peluria molto evidente al viso e agli arti. L'infantilismo somatico, cioè la riduzione dello spazio del proprio corpo, ha un preciso significato: quello di apparire fragile, diafana, eterna adolescente, da proteggere. Ma il culto dell'immaturità fisica serve soprattutto a mimetizzarsi come donna e quindi a evitare un ruolo sessuale temuto.

Rita stessa lo conferma: «Abbiamo avuto i nostri primi baci nell'intimità di un sacco a pelo. "Non mi hai di più se mi prendi" gli ho detto, non tanto perché sono ancora vergine, ma perché avevo paura che il "consumare" il desiderio avrebbe potuto equivalere a far finire tutto. E Peter, che fa meditazione e viaggia nelle onde alfa, mi ha spiegato che nelle culture orientali i preliminari sessuali sono più importanti delle conclusioni. Gli sono stata grata di avermi capita...».

Di solito chi ha problemi con il cibo li ha anche con il

sesso. Infatti le donne anoressiche o bulimiche sono spesso disturbate nel piacere o anorgasmiche[12]. Per provare godimento dovrebbero allentare il controllo di sé, lasciarsi andare alle sensazioni. E questo non se lo possono permettere. Anche Rita non soltanto non fa l'amore, ma neppure pratica un castigato petting. Solamente con i baci le riesce di comunicare in modo sereno.

Nelle successive sedute la paziente scarica molta «rabbia» contro i genitori. «Certamente mia madre pensa che io abbia rapporti sessuali (e non sa quanto sia distante dal vero!) e lo collega al fatto che io non vado più in chiesa. Mia madre sente che c'è una situazione negativa e, siccome non ha altri elementi per giustificarla, pensa che qualche uomo "approfitti della sua bambina". Tutto deriva dal mio esitare, dal non aver chiarito la situazione, presentando Peter ai miei. Ma io continuo a non fare nulla per portare i fatti alla luce del giorno...

«Temo anche la disapprovazione di mio padre. Il suo giudizio è ancora troppo importante per me! Ho infatti paura di informarlo che mi piace un ragazzo... Sento l'imbarazzo di essere e di dichiararmi innamorata, come qualcosa di ridicolo... Se gli parlassi di un mio compagno per la vita, avrei timore di un suo sermone prolungato... Io non riesco proprio a fidarmi di qualcuno...»

Rita è vergine, non soltanto per i simboli dello zodiaco in quanto nata nella prima metà di settembre, ma anche nell'imene. Il suo conscio è più di manica larga dell'inconscio, che frena o blocca il desiderio. Per questo, oltre ad avere l'imene integro, è vergine anche psicologicamente a differenza di alcune sue coetanee preoccupate di vivere la sessualità senza compromettere l'illibatezza. Non si deve infatti confondere purezza e verginità[13]: vi sono donne vergini che hanno praticato ogni tipo di petting, compreso il coito anale.

La paziente non ha mai vissuto l'imperativo di dover essere innamorata, ha avvertito molto poco la necessità di amoreggiare per sfuggire alla solitudine affettiva e nemmeno ha dovuto iniziarsi a una sessualità per potersi vantare di «averlo fatto». In lei la frigidità del cuore è sempre stata forte quanto quella del corpo.

Proseguendo nelle sedute di psicoterapia, a volte ci ride anche sopra: «Dovrei farmi amica una prostituta affinché mi spieghi tante cose: come rendermi conto di avere una sessualità, come provare piacere e avere un orgasmo. Poi trovarmi un amante "terapeutico", che mi curi della verginità...».

Le signorine troppo caste, nevroticamente caste, diventano da adulte donne frigide e vecchie acide. A volte, nelle persone che da giovani sono state troppo represse, possono verificarsi in età più tarda delle esplosioni genitali, come se dovessero prendersi gli arretrati. Ma quasi sempre si tratta di reazioni non gratificanti né per chi le vive, né per il partner.

Esistono però giovani che non sono soltanto vergini, ma anche casti. E tale posizione è scelta, non subìta, come dimostrano alcune associazioni di giovani, ad esempio i *Virgin club*, che da anni si sono costituite negli Stati Uniti. Nell'estate '94 a Washington, gli adolescenti americani di *True Love Waits* («Il vero amore sa aspettare») hanno giurato in duecentomila di mantenersi casti fino al giorno del matrimonio. Sono adolescenti che, per reagire al lassismo sessuale e alla sessuomania degli ultimi decenni, scelgono la castità prematrimoniale, contrapponendo alla rivoluzione del «Fate l'amore» la controrivoluzione della purezza, alla genitalità efficientistica e consumistica la controcultura della verginità[14]. Se poi è soltanto una moda, non è certo un valore.

La rinuncia al piacere sessuale può rappresentare una fuga difensiva, ma la verginità e la castità di alcuni giovani non sono sempre nevrotiche. Sono rinunce che pesano, quindi meritorie. Per Rita invece la verginità anatomica e psichica non sono costate fatica, anzi sono servite per evitare qualcosa di mai desiderato, persino temuto. Ha incontrato poi un ragazzo che probabilmente ha gli stessi suoi problemi.

«Peter non appartiene agli uomini che "toccano" con violenza per paura di apparire poco virili. È tenero come un frutto senza buccia. Purtroppo ha passato la maggior parte della sua vita nei posti sbagliati... un mondo pericoloso, intriso di violenza e di paura. E, malgrado abbia un disperato bisogno degli altri, ha perso tutti, genitori compresi, che lo hanno messo fuori di casa...

«Gli altri, che ci stanno così fitti intorno, in realtà non ci aiutano, spesso danno anche fastidio. Il 99 per cento del nostro prossimo se ne frega perché, se è già difficile incontrare qualcuno intelligente, diventa ancor più difficile trovarlo generoso...

«Io sono una piccola fiammella nel buio del suo mondo. Io voglio dargli una mano; non posso lasciarlo morire in una stazione della metropolitana o nella toilette di un treno... Io voglio salvarlo dalla droga! Voglio che anche Peter venga accolto nel grande abbraccio della vita!»

Quando Rita fa queste affermazioni è in buona fede, anche se non è sufficiente amare per possedere capacità terapeutiche. Le sue sono affermazioni infantili, velleitarie, nel tentativo di convincere più se stessa che gli altri. Con l'amore si «educe», si porta avanti, ma soltanto chi è disponibile a «crescere», non certo il giovane che mette a repentaglio la propria vita con una malata corsa verso l'autodistruzione. Infatti il ricorso al «buco» è un tentativo di difesa dalla depressione, un bisogno di buttarsi in uno stato di coscienza lontano da quello reale, alla ricerca di un'illusoria libertà al di fuori della vera libertà. Lo «sballo» ha proprio tale finalità.

Molte persone hanno l'«angoscia della differenza», per cui frequentano soltanto i loro simili come cultura, stato sociale, attività lavorativa o sportiva. Tra queste ve ne sono alcune attirate solo da coloro con cui trovano una sintonia nevrotica. E certe dedizioni all'altro mascherano immaturi aspetti magici, una sorta di illusione d'onnipotenza che pretende di salvarlo. Accade quello che, seppur in dose minore, avviene con l'oroscopo dove si cerca ciò che già si sa, perché è sempre gratificante trovare conferme ai propri pensieri e credere che i nostri desideri siano scritti nelle stelle.

Rita crede di conoscere il mondo senza guardarlo. Pensa di salvare Peter con il suo affetto... malgrado che per lui l'amore abbia funzionato soltanto come stimolo per una maggior igiene orale: pare infatti, a detta della paziente, che abbia ripreso a lavarsi i denti...[15]

Peter porta il codino sia per compensare una precoce calvizie sia per un patetico reliquato post-sessantottino[16]. Inoltre sta seguendo l'ultima novità in fatto di look, il *piercing* (dal verbo «perforare»), infilandosi anellini nei padiglioni auricolari. Dal semplice orecchino è passato a ridurre le orecchie a una fetta di gruviera e pensa di «adornarsi» anche le narici e le sopracciglia.

Una volta c'erano i «figli dei fiori», ora i «figli del metallo», che vivono nella frenesia di forare il loro corpo infilando anellini persino negli organi genitali. Del resto anche il *piercing*, come il tatuaggio, è l'effetto di un immaturo esibizionismo, di un infantile desiderio di individualità poiché in realtà se ne è privi; soprattutto è un simbolo di infruttuosa ribellione.

Peter adduce le due solite giustificazioni del tossicodipendente: «Lo fanno tutti, non è poi così grave...» e «Posso uscirne quando voglio». Considera cioè il suo drogarsi come un hobby dal quale s'illude di uscire quando vuole. Ma non è così poiché finirà con il precipitarvi dentro sempre più. Da parte sua Rita dice di essere disposta a fare qualsiasi cosa per aiutarlo, ma poi non si mette da parte per farlo veramente. Infatti se lo lasciasse, oltre a se stessa farebbe del bene a lui, perché eviterebbe di illuderlo che il suo problema è risolvibile con l'affetto. È amore anche togliere un'illusione.

La «forza dell'amore» non è sufficiente. Per fare il bene del tossicodipendente, che spesso «abusa» di chi gli è affezionato, diventa necessario contrastarlo, e quindi rischiare di perderlo. Non si deve dimenticare che il drogato approfitta della famiglia debole per incallire nella sua abitudine tossicomanica. La «rete protettiva» che certi genitori gli offrono per evitare debiti, protesti bancari, licenziamenti, lo aiuta a proseguire.

È invece necessario smettere di credergli e di proteggerlo, avere con lui determinazione affinché si curi. Amarlo significa anche saper essere duri, non temendo e non evitando il confronto con la droga, invece di accontentarsi di briciole di affetto e di subire le sue violenze. O si cura o vada a drogarsi altrove...

A queste condizioni è probabile che il tossicodipendente accetti di curarsi, anche se non subito. La durezza della realtà senza protezioni induce a scelte nuove. E quando chiederà umilmente aiuto, si dovrà darlo con le modalità opportune, non certo scelte o contrattate da lui.

Il tossicodipendente, anche se non per colpa sua, spesso non ha nemmeno capito che cos'è l'amore. È quindi necessario che lo «impari» attraverso il calore di una comunità (sostituto della famiglia), che significa affetto, solidarietà, accettazione. Dopo, soltanto dopo, quando avrà conquistato il rispetto degli altri e soprattutto di sé, potrà essere ulteriormente aiutato dall'amore di un partner. Prima di questa fase, chi s'illude di guarire il drogato con l'amore resta nell'ambito della pura retorica velleitaria.

Ritornando a Rita, è cosa buona che conservi verso Peter la sua pietà, ma non deve lasciarsi intrappolare dalla compassione. Si deve mettere un freno alla commiserazione quando risulta evidente che non si è all'altezza di aiutare. Si salvano gli altri soltanto se si hanno braccia forti. Persino la paziente se ne sta rendendo conto. «Anch'io non giro bene, a tavola e a letto. Sono in ritardo sulla normale tabella della vita. A Peter rispondo con il cuore, non con il buon senso. Insieme uniamo due disperazioni... È fragile come me, soltanto che butta fuori tutto, mentre io trattengo di più e quindi mi intossico...

«Gli resto vicino soltanto per la paura di affrontare la solitudine... come se con lui fossi in compagnia! Sono paralizzata dal panico di proseguire da sola verso un destino ignoto. Però anche i momenti dolorosi hanno un senso: aiutano a diventare più umani, più buoni, più grandi... Dovrei scriverle certe cose: sarebbe come progettare una strada perché, tracciandola, forse sarà più facile percorrerla...»

Ogni amore, sia esso effimero o duraturo, superficiale o profondo, gratificante o frustrante, merita rispetto perché rappresenta sempre un'esperienza umana. Ma anche un amore sbagliato può arricchire. E Rita sta imparando a distinguere tra bene e male, tra serenità e angoscia, tra dovere e piacere. Soprattutto la paziente inizia ad accettare che non si possono evitare le sofferenze della vita; ognuno però ha una diversa capacità di risposta: c'è chi si arrende e si stordisce in un coma tossico, ma c'è anche chi rifiuta di obnubilarsi e reagisce lottando senza rinunciare ai propri principi per un sentimento d'amore.

Crescere psicologicamente corrisponde a migliorare la propria maturità psicoaffettiva, accettando che nel rapporto con gli altri si è sempre un po' alla ricerca di sé. In Rita la motivazione principale all'amore per Peter è stata infatti una «pulsione narcisistica», dove il partner ha rappresentato una parte di se stessa. Proprio un meccanismo di identificazione e di proiezione ha fatto scattare la sua infatuazione, perché l'altro ha rappresentato la sua parte infantile. Soltanto un nevrotico può innamorarsi di un altro nevrotico.

Con la psicoterapia la paziente comincia a guarire anche dalla sua anoressia, avendo trovato una «nuova» madre: la sostituzione della figura materna con quella dello psicoterapeuta è infatti l'inizio di un nuovo equilibrio. Poco alla volta perde la sua onnipotenza che la faceva ritenere immortale; onnipotenza derivante dalla malattia che le conferiva un fortissimo potere all'interno della famiglia. Il suo rifiuto del cibo trasformava l'ora dei pasti in una tragedia, provocando una grande attenzione da parte della madre, la cui vita finiva per ruotare intorno ai piatti mai svuotati e alla bilancia. Vivendo quindi lo psicoterapeuta come un «cibo buono», la paziente spontaneamente non respinge più il cibo vero e proprio. Per tutte queste ragioni si deve lavorare con Rita affinché superi lo sbarramento di antiche angosce e abbia le stesse possibilità delle altre donne di amare, di essere amata, di fare l'amore, di educare i figli.

Questo programma di psicoterapia non è stato portato a termine perché i genitori della paziente, dopo che aveva lasciato Peter, hanno considerato il pagare lo psicoterapeuta come un «buttar via» il denaro. Come molti genitori hanno vissuto come una sconfitta la delega terapeutica a una terza persona.

Immediatamente mi sono offerto di continuare gratuitamente la cura, ma la paziente non ha accettato. Dopo qualche giorno mi è arrivata la seguente lettera:

> Per la Bella addormentata è arrivato il Principe Azzurro che, baciandola, l'ha svegliata dal suo sonno mortale nella bara di cristallo. Per me invece non c'è più nessuno e ritorno rigida nel cuore e nel corpo.
>
> Comunque grazie. *Rita*

C'è da augurare a Rita che possa riprendere la terapia. Proprio perché ha sempre rimandato di vivere la sua vita per la paura di diventare adulta, ha bisogno di trovare qualcuno che l'aiuti a crescere, senza intossicarla.

IL PENSIERO ONNIPOTENTE

Il pensiero magico-onnipotente persiste in tutti noi, ad onta della nostra mentalità razionale e della nostra cultura scientifica. È un residuo del pensiero infantile quando, proprio nei primi anni di vita, costituiva il primo sistema di controllo dell'ambiente. Infatti l'atteggiamento del bambino è fondato sull'illusione di onnipotenza propria e dei genitori.

Il bambino piccolo vive in un mondo magico, dove i desideri sono prontamente esauditi. Per il suo inconscio infatti il desiderare una cosa equivale a farla accadere realmente, poiché confonde pensare con fare e desiderare con agire. Tutto ciò gli conferisce un senso di onnipotenza; soltanto con il passar degli anni impara a controllare razionalmente la realtà, abbandonando l'illusione di possedere capacità magiche. «Crescere» equivale infatti a superare il doloroso contrasto tra il bisogno di onnipotenza e le reali intrinseche possibilità.

L'immaturo continua invece a vivere nell'illusione infantile; anzi, fa di tutto per non abbandonarla perché «divenire adulti» vuol dire fare i conti con la realtà, quindi responsabilizzarsi. Ne consegue che, ogni volta che si trova davanti a un dolore o a una difficoltà, attivi quei meccanismi difensivi propri dell'infanzia, ricalcando così gli schemi onnipotenti di quando era bambino.

Quando il pensiero magico infantile permane nell'adulto, questi sarà poco allenato a confrontarsi con la realtà e a perdere. Un caso clinico frequente è quello dell'anoressica che, per il timore patologico di ingrassare, attua un feroce controllo della propria alimentazione. Malgrado il forte dimagramento (spesso il 25-30 per cento di peso corporeo rispetto a quello ideale), la perdita dei capelli e delle mestruazioni, la caratteristica colorazione gialla della cute che si ricopre di una peluria lanuginosa diffusa, tale malata non si rende conto della gravità della malattia e del pericolo che corre. Può anche morire: l'evoluzione infausta si aggira infatti sul 5-10 per cento dei casi. Un patologico pensiero onnipotente la disturba nella percezione dell'immagine corporea e la spinge a comportarsi come se il corpo non fosse suo, al punto che, convinta di essere in perfetta salute e ancora troppo grassa, attua frequentemente un'iperattività fisica per «bruciare» di più e quindi evitare la temuta obesità.

Anche sul versante maschile non mancano esempi di pensiero onnipotente, come coloro che hanno l'avventura facile o frequentano le prostitute, ignorando o meglio rimuovendo la possibilità di contrarre l'Aids. È il caso di Matteo, architetto quarantenne sposato con una collega che ha tutti i requisiti e la disponibilità per essere una buona partner sessuale; a lui però la moglie interessa soltanto come compagna ufficiale negli incontri mondani. Il suo «hobby» sessuale sono le prostitute, che contatta nelle varie città dove si reca per lavoro.

Tra loro Matteo ricerca particolarmente le partner di colore, che sono a più alto rischio per l'Aids, non attuando alcuna precauzione. Evita il preservativo non perché, come molti uomini, lo ritiene responsabile di una riduzione del piacere sessuale, ma per un'onnipotenza patologica. Da quando ha infatti letto su una rivista non meglio qualificata che non sempre il sieropositivo contagia il partner, vive nell'illusione di non correre alcun pericolo. Per lui l'eventualità di infettarsi è stata cancellata, sempre per il pensiero magico: «A me non può capitare». Per tali ragioni le prostitute riferiscono che alcuni clienti rifiutano il profilattico, manifestando un comportamento immaturo poiché l'Aids, allo stato attuale, è una malattia inguaribile.

La moglie di Matteo, per l'assenza di rapporti sessuali, l'ha obbligato a consultare uno specialista; il marito però, poiché viveva serenamente la sua situazione, si è dileguato subito dopo la prima visita. In psicoterapia è entrata la moglie che, in poche sedute, ha trovato il coraggio di prendere le distanze, anche legali, dall'onnipotente marito.

Altrettanto sono malati di onnipotenza coloro che, come Mirko e Rita, soffrono della sindrome dell'«Io ti salverò», per un bisogno compulsivo di prendersi cura degli altri. Vi sono infatti soggetti che hanno la necessità di assumere, nel rapporto di coppia, un ruolo salvifico da cui traggono soddisfazione. Ne fanno parte certe donne che cadono nella trappola di pensare: «Lo cambierò» o nella versione parallela più sprovveduta: «Lo salverò». Un uomo, se non si sottopone a una psicoterapia adeguata, non si può infatti cambiare: uno smidollato non si trasforma in un superman e nemmeno uno sfaticato in un lavoratore, tantomeno un tossicodipendente in un giovane normale.

Anche agli uomini capita di innamorarsi di donne con situazioni difficili, alle quali per prime non vogliono porre rimedio. Si direbbe che questi onnipotenti ne vadano alla ricerca per sentirsi eroi, non rendendosi conto che dall'incontro di due immaturità non può nascere un valido rapporto affettivo. La mistica dell'amore a lieto fine semina ideali irrealizzabili. Infatti quando si pensa di cambiare il partner amandolo, non si accettano i propri limiti. Chi lotta per un altro, come un testardo soldato dell'esercito della salvezza, farebbe meglio a imparare a non sentirsi invincibile e a salvare se stesso. Quando si vuole fare il buon samaritano, quando si vuole «salvare» una persona, ad esempio un drogato o una prostituta, in realtà si tende a salvare una parte di sé, cioè la propria parte immatura, che si nega. Spesso poi, invece di aiutare l'altro, si finisce per venirne catturati.

Sono inoltre esempi di onnipotenza infantile certe «pratiche» che attribuiscono al pensiero la capacità magica di agire sulla realtà, facendo accadere quanto si desidera. Vi sono adulti convinti che il loro pensiero possa produrre realtà: usano ad esempio le allocuzioni «brutto male», «qualcosa di grave» al posto dei termini specifici quali tumore maligno o cancro, per la paura che, pronunciando quella certa malattia, essa possa magicamente verificarsi. Altre persone, sempre per un residuo di infantilismo, quando pensano a un'eventuale disgrazia entrano in angoscia perché sono convinte che debba loro accadere.

Un ulteriore esempio di pensiero onnipotente è quello di alcuni politici o amministratori, affetti dalla «sindrome di Robin Hood» per cui rubare è persino giusto. Proprio perché si considerano al di sopra della legge (come se le norme comuni non li riguardassero), a loro non dispiace aver commesso un reato, ma essere stati scoperti. Altrettanto si può dire di alcuni personaggi di potere perseguiti per reati economici, i quali non resistono alla frustrazione di essere privati del potere, inquisiti e carcerati per cui si lasciano morire o si suicidano.

Anche la «sindrome di Matusalemme», cioè il voler generare un figlio dopo la menopausa, rientra nelle psicodinamiche onnipotenti. Corrisponde a un tentativo narcisistico di immortalità[17], a un'illusione di eternità per esorcizzare la morte (anche il ginecologo può avere pensieri di onnipotenza quando approfitta del caso clinico per salire sul palcoscenico della notorietà).

La vita ha i suoi tempi e la nascita pure. Una donna che fa un figlio con l'ovulo di un'altra non acquista una maggior libertà; in realtà colei che insegue la sopravvivenza attraverso una tardiva procreazione, spesso è priva di libertà interiore perché non conosce se stessa. Peggio ancora per quella madre che ricorre alla fecondazione artificiale facendosi mettere incinta da uno spermatozoo sconosciuto, di passaggio, senza nemmeno coire con un uomo intero.

Il criterio primo per valutare un atto procreativo non è il desiderio dei genitori, ma il bene del figlio, nella garanzia dei suoi diritti. E sebbene i sentimenti di affetto esistano al di fuori della provenienza dell'ovulo o dello spermatozoo, le motivazioni immature che portano una donna a volere un figlio si ripercuotono su quest'ultimo perché il bambino «sente» se è stato messo al mondo per un bisogno nevrotico o per un desiderio sano, se è stato strumentalizzato per gli interessi egoistici della madre o voluto come gesto d'amore. Anche se la longevità è in aumento, il bambino rischia di crescere con genitori-nonni oppure di ritrovarsi orfano prima che abbia strutturato una personalità autonoma.

Molte persone vogliono fare le cose da adulti, ma non lo sono. Sono cresciuti nel corpo, ma la loro psiche è assolutamente immatura. Sono tali coloro che decidono spinti dal sentimento e dall'emozione, senza la consapevolezza dei propri limiti. Credono di conoscerli, invece sono loro sconosciuti.

È vero che nel momento della decisione si è sempre soli, perché ognuno deve prendersi la responsabilità delle proprie scelte, ma nel momento dell'analisi si può utilizzare l'esperienza degli altri. Tale maturo comportamento non è preso in considerazione dall'onnipotente, che è convinto che quanto desidera deve realizzarsi: persino il semaforo dovrebbe funzionare secondo i suoi desideri ed essere sempre verde. Il pensiero magico fa credere possibile l'impossibile.

L'adulto onnipotente manca di autocritica, di rispetto per se stesso e gli altri, a differenza del cosiddetto normale che, conscio delle sue capacità e spogliato delle tentazioni di onnipotenza, continua a progettare e a costruire ponti con la realtà.

Guarire una nevrosi significa anche superare quella fase infantile di pensiero magico presente in dosi patologiche. La psicoterapia è essenzialmente un richiamo alla realtà, specie nei casi in cui se ne è perso il contatto. La guarigione avviene attraverso la presa di coscienza di certe psicodinamiche infantili, la liberazione dagli inconsci sensi di colpa, il rinvigorimento dell'Io, che deve essere irrobustito mediante una sua rieducazione.

VII
La vittima di Satana

La paziente che mi sta davanti è una cinquantenne lievemente obesa. Sposata con figli mantiene, malgrado i chilogrammi in eccesso, l'aspetto di una ex bella donna, certamente non quello di una figura androide, senza gli attributi della femminilità. Soltanto la sua voce ha un tono basso, maschile.

«Mi sento dentro quel serpente che, all'inizio della storia dell'umanità, fu il persuasore maligno di Adamo ed Eva. Il Signore delle tenebre mi ha prescelto. Più volte al giorno sento la sua voce che mi spinge a pensare oscenità e a dire parolacce. A volte bestemmio perché odio le chiese, i preti, Dio, la Madonna e tutti i Santi. E quando scarico la mia rabbia ho una voce che non è la mia, diventa roca, cattiva, rabbiosa...

«Quando il Principe del male mi possiede con il suo corteo di demoni e streghe, suoi fidi alleati, il mio corpo e le cose intorno perdono poco alla volta il loro contorno. Soltanto il mio clitoride ha un ruolo preciso nel darmi piacere, in un parossismo di carezze…

«La vita però è un inferno. Non posso parlare di quello che sento e faccio. Per gli altri sono soltanto molto depressa e un po' nervosa, mentre io mi sento impazzire e temo di uccidere mio marito di notte, quando dorme quel maledetto sonno di persona sana, mentre io fantastico scene di sesso, di distruzione, di morte…»

Lina, questo è il suo nome, è ai limiti della disperazione, anche perché non va d'accordo con il marito, stereotipo del maschio italiano: torna a casa, si siede sul divano e guarda la tv. Non s'interessa della casa, della cucina e dintorni; non si è mai interessato nemmeno dei figli. Vuole soltanto «quello», a letto... Non è credente e il fatto di fare peccato, a detta della moglie, lo lascia indifferente...

«Sopravvivo con il rimpianto d'aver sprecato gli anni migliori della mia vita. Sono una donna arrivata al punto di non credere più che si possa costruire qualcosa con un uomo, anche se mio marito ed io non abbiamo il coraggio di guardare in faccia il nostro fallimento e ce lo trasciniamo dentro in un difensivo gioco a nascondino...»

La paziente è affetta da una nevrosi ossessiva a contenuti religiosi e presenta un quadro clinico di psicoastenia con perdita dell'energia fisica e mentale, incapacità di provare piacere, assenza d'interessi e d'iniziativa, ripiegamento su se stessa con difficoltà alla vita relazionale e affettiva: è rallentata, apatica, come lei stessa afferma: «Sono incapace di provare emozioni, "sto alla larga" da tutti. Non ho più né amici né nemici: soltanto estranei... Sono triste, avvilita, incapace di concentrarmi... Penso sempre a Lui che mi ha conquistato e mi comanda... Sento la sua voce...».

Dopo aver visitato la paziente, controllando pupille, motilità, riflessi, sensibilità, cuore, pressione arteriosa e fegato, decido di curare immediatamente l'ossessione diabolica con psicofarmaci[1] anche se, per una guarigione vera e propria, dovrà entrare in psicoterapia. Di questo informo la paziente che, terminata la visita, con toni sempre più gutturali così mi saluta: «Che Satana guidi, caro dottore, i suoi pensieri e le sue parole perché molto dipende da lei. Forse "molto" è troppo, ma decisamente abbastanza dipende da lei».

Le eresie del desiderio

Alla seduta successiva la paziente si presenta meno ansiosa e depressa. Le ossessioni diaboliche persistono, ma sono diventate più rare ed emotivamente meno coinvolgenti. Gli psicofarmaci che assume le permettono di lavorare in psicoterapia.

Vengo così a sapere che Lina è figlia di una cultura rurale povera e superstiziosa, pullulante di spiriti e di streghe, e di una subcultura cittadina mediata dalla televisione. Sua madre è una donna eternamente depressa che, comunicando poco sia con il linguaggio verbale sia con quello mimico, non ha potuto trasmettere alla figlia quelle rassicurazioni che avvengono tramite le parole, le espressioni, i gesti. La paziente per di più è stata allevata in un'atmosfera fanaticamente religiosa, dove la sessualità era considerata cosa sporca. È quindi cresciuta nella convinzione che è immorale vivere il piacere: il piacere come tentazione del diavolo... il piacere che fa trascurare il dovere... il piacere come peccato... perché nella sua famiglia si parlava più del diavolo che di Dio, più del peccato che della Grazia, più dell'inferno che del paradiso.

«Mia madre vedeva se stessa tra gli angeli del paradiso e suo marito, mio padre, tra i demoni dell'inferno; lei saliva per le scale divine, lui scendeva tra la pece bollente e le fiamme ustionanti... Per lei esistevano soltanto santità e peccato, paradiso e inferno; il purgatorio, il luogo della speranza, non c'era... Fin da piccola così pregavo: "Caro Gesù, io mi sforzo di essere buona, ma Tu stai con me, vicino a me, dentro di me, perché altrimenti non ce la faccio e vado all'inferno...".»

La religione elevata a rango di istanza morale... l'ascesi quale rimedio alle pulsioni istintive... una crescente rimozione dei desideri sessuali fino al giorno in cui l'Eros ha dovuto soddisfarsi, seppur indirettamente. Così la paziente racconta: «Avevo dodici anni... quel lontano parente mi capiva e mi consolava. Poi cominciò a chiedermi di sedere sulle sue ginocchia. Iniziò ad accarezzarmi il seno, raccontandomi che da piccolo la mamma non lo aveva allattato e quindi ne sentiva la nostalgia. Io, ingenua, gli credevo e mi sentivo quasi la sua medicina...

«Successivamente mi mise le mani sotto la gonna mentre i suoi occhi diventavano sempre più lucidi. Continuava a parlare, mentre quella mano sprigionava una forza enorme, quasi mostruosa, pronta a esplodere. A me la cosa non dispiaceva, anzi mi eccitava. Era un uomo lavato e profumato: il suo corpo non mi era indifferente. E poi avevo trovato qualcuno che mi capiva nella lotta contro la vita... E così andò avanti qualche mese, fino a quando un bel giorno mi stufai delle sue nostalgie infantili e gli gridai: "Tu pensa a tua madre e io penso alla mia!".

«Negli anni successivi lo odiai perché aveva approfittato della mia giovane età. Poi capii che almeno a una parte di me le carezze di quel parente facevano piacere e che per questo lo avevo lasciato fare. Qualche anno dopo seppi che si era separato dalla moglie. Mi dissero poi che era morto in Africa: cirrosi epatica... beveva.

«A ventidue anni mi innamorai di Giovanni, studente universitario, ma lui nemmeno se ne accorse. Lo seguivo in garage a smontare e rimontare la motocicletta: mi usava da garzone di fiducia. Rinunciavo a tutto pur di restare con lui, che era contento di avermi vicino fino al punto di portarmi a fare qualche giro in moto... E poi non mi metteva le mani addosso; era troppo interessato a quei mostri a due ruote...».

La paziente in quegli anni faceva della sessualità lo spartiacque per distinguere i «buoni» dai «cattivi». Per questo accettò di diventare la moglie di Giovanni. Sposatasi a ventiquattro anni, ingenuamente si era illusa di essere all'altezza di una sessualità coniugale soltanto perché aveva ricevuto da un prete il permesso di venire penetrata da un uomo. Purtroppo, fin dalla prima notte di nozze, fu traumatizzata dalla convinzione che ci fosse una sproporzione tra pene e vagina; tale trauma la portò poi a soffrire di vaginismo nei primi anni di matrimonio.

Da allora Lina ha sempre considerato i suoi istinti come l'aspetto diabolico di sé. E, proprio perché aveva identificato il piacere con il peccato, ha continuato a giudicare negativamente il proprio corpo. Anche se la sua è sempre stata una sessualità contenuta entro l'ecclesiastico impegno matrimoniale, quelle poche volte che ha fatto l'amore ha dovuto attuare rituali di purificazione quali lavaggi reiterati o promesse di voti faticosi da rispettare. Il tutto sempre per l'angoscia di finire dannata tra le fiamme dell'inferno.

Finché la paziente si limitava a prolungati soggiorni in bagno o ad operazioni votive una tantum, la malattia era sopportabile. La situazione è peggiorata quando è comparsa la convinzione di essere posseduta dal demonio.

«Non uscivo più di casa, restavo sempre a letto, al buio. Evitavo ogni rapporto, persino di fare l'amore con mio marito, che mi perseguitava con la sua voglia di aiutarmi. Mi davano fastidio tutte le persone e tutti i rumori, soprattutto il suono delle campane della chiesa vicina...

«Le forze del male lentamente s'impossessavano di me. Un giorno mi accorsi di non sopportare più un quadro della Madonna perché mi dava la nausea e lo misi nello sgabuzzino. Successivamente ogni riferimento a Dio mi faceva venire conati di vomito... Volevo pregare, volevo andare in chiesa, ma la mia volontà era paralizzata. Sopravvivevo "spenta" come un fiammifero, senza entusiasmi, azzerata a qualsiasi interesse. Appena sposata mi ero recata qualche volta a Lourdes ma, da quando questa città si è trasformata nella "Disneyland della fede", ho smesso di andarvi. E poi non ne avevo più la forza! Partecipavo soltanto a qualche funerale...»

Vengo così a sapere che nel passato la paziente è stata una presenzialista funeraria. Si precipitava cioè a pregare per ogni defunto, intervenendo a tutti i funerali, firmando registri e seguendo la salma tra i parenti. Un giorno però, mentre era al cimitero, ha visualizzato su una tomba il volto di Cristo coronato di spine. Spaventata ne ha parlato con un'amica, che l'ha consigliata di pregare di più. Si è allora buttata sul mistico, entrando in una setta guidata da una signora che diceva d'avere «locuzioni interiori», cioè di ricevere messaggi da Cristo.

Persisteva però nella paziente un'indifferenza a tutto, anche se saltuariamente compariva un certo dispiacere per non poter soddisfare in modo adeguato le richieste della famiglia e del marito. Era anche affetta da «emicrania postcoitale»: quelle rare volte che aveva un rapporto sessuale, doveva poi restare ore a letto per il mal di testa[2].

La malattia dell'anima

Più che dei rapporti familiari Lina è preoccupata del diavolo. Così racconta: «La "cosa" incominciò a letto. Sentivo qualcuno che s'avvicinava. Non era un fantasma o uno "spirito", ma una presenza corporea, qualcosa che respirava e che odorava di carne putrefatta... Accesi tutte le luci, ma non c'era nessuno, però la sentivo vicina e ansante... E tutte le notti puntualmente ritornava...

«Poco alla volta mi resi conto che non ero affetta da un esaurimento nervoso, come qualcuno diceva, ma da una malattia dell'anima perché il Principe Satana era entrato in me... Da quel momento mi sentii meglio. Qualcosa di potente si era impossessato di me, scegliendomi tra gli esseri umani perché dovevo aver qualcosa che altri non avevano. Ero più forte perché alleata a un'entità che tutto poteva... Mi erano tornate le mestruazioni e il mio stesso ciclo, coincidente con quello lunare, mi faceva sentire un'entità cosmica, inserita nell'universo...».

Ho riportato le parole riferite dalla paziente perché esprimono momenti maniacali. Da quando infatti si è convinta che il diavolo sia entrato nel suo corpo, diventandone padrone, non mangia carne e non beve vino, cibi amati dal Maligno il quale, per vendicarsi, le scatena una fame insaziabile: «Perché io non ho fame, ma voracità. Purtroppo chi non ha questi problemi, non può capire i miei... Anche se ora va meno peggio...

«Adesso il diavolo non mi possiede sempre, ma a momenti. Però, quando mi pervade, dalla mia bocca escono parole triviali. Come non bastasse, devo darmi piacere a tutti i costi... devo ricorrere persino al rasoio elettrico di mio marito, come vibratore... Divento poi tutta agitata, grido, urlo, batto i pugni contro il muro, mi rotolo per terra... Poi mi nascondo nel letto, ma Lui mi trova sempre perché il suo attributo principale, a detta anche dei teologi, è l'astuzia...».

In certi momenti di dominio dell'inconscio sul conscio, il soggetto perde la paura delle conseguenze del proprio agire su di sé e sugli altri; a volte, per un bisogno profondo di autopunizione, arriva a perdere il senso dell'autoconservazione. Per le ferite che si procura, la paziente è infatti rivestita in più parti del corpo di cerotti, a parte quelli ormonali per curare il climaterio. Per quanto poi riguarda la sua iperfagia, cioè il mangiare troppo, certamente Lina scarica sul cibo il suo lontano bisogno d'affetto. Come molte donne climateriche tende poi a ingrassare, ma non ha mai desiderato mettersi a dieta per motivi di salute, per piacere a se stessa o per piacere agli altri.

Riesce invece a commiserarsi: «La mia è una vita perduta negli anni, cancellata dalla miseria di tanti giorni inutili. All'inizio ho accettato il ruolo di casalinga, facendo da supporto a un marito professionista. Con il passare degli anni però mi sono sentita sola a portare avanti la vita sua e dei figli, non la mia.

«Mio marito non dice mai di amarmi o di volermi bene. Per lui è inutile ripetermelo. "Non lo capisci da sola?", mi aggredisce quando elemosino un po' di calore. Riesce soltanto a entrare in contatto con il mio corpo, non con il cuore o con lo spirito... Per lui conta solo il lavoro, che non basta mai perché ha sempre paura che gli manchi... Però di valori affettivi, di spiritualità, di semplice umanità nemmeno l'ombra! C'è soltanto mente, non cuore. C'è soltanto una grande aridità...

«Mio marito non si rende conto di quanto io sia segnata da questa esperienza di possessione. L'altro giorno si è arrabbiato per telefono e mi ha detto: "Vai al diavolo", senza ricordarsi del mio problema. Gli ho risposto: "Ci sono già, e non è piacevole..."».

In amore si deve distinguere tra sincerità e verità. Un sentimento può essere sincero in chi ama, ma può non essere vero per chi lo riceve, in quanto non risponde alle attese e alle esigenze della persona amata.

Il miracolo «usa e getta»

Perso il sostegno della fede in Dio, la paziente ha imboccato le strade più varie per liberarsi dal diavolo. Così racconta: «Un giorno, che ero più disperata del solito, andai a consultare un mago. Fu molto comprensivo; mi spiegò che in me era difettoso il collegamento tra cervello e anima, mi disse parole di conforto e alla fine mi diede una medaglia-talismano con poteri magici, da portare sempre con me. Mentre uscivo mi rassicurò ancora, concludendo: "Per il colloquio non si paga, solo un'offerta...".

«Tornai da lui dopo qualche giorno per informarlo che il talismano non aveva funzionato; ascoltò le mie lamentele un po' meno disponibile, dichiarando che lui come mago non poteva far altro per ristabilire la mia "mancanza di collegamento", che provassi a consultare un suo amico medium che poteva aiutarmi. Soltanto lui avrebbe potuto neutralizzare quello spirito negativo che si era impossessato di me, togliendomi desiderio, piacere e voglia di vivere.

«Fissai così un appuntamento all'indirizzo datomi, dove trovai un signore molto sicuro di sé, piuttosto sbrigativo ma rassicurante, specialmente quando mi disse che, "per togliere la ruggine ed eliminare certi miei residui emotivi", era necessario che io facessi un determinato rituale. Una volta a casa avrei dovuto mettermi nuda al centro di una stanza, accendere cinque candeline, bruciare dell'incenso e leggere lentamente una specie di preghiera, che chiamò "postura"...

«Il medium stesso mi diede tutto l'occorrente, insistendo che una volta usato questo materiale, avrei dovuto buttarlo nel fiume Po. Pagai le candeline e l'incenso, feci la solita offerta in linea con il "non si paga, solo offerta" e me ne tornai a casa. Non vedevo l'ora di fare il rito magico ed ero così contenta d'aver trovato una strada per uscire dai miei problemi che ne parlai a mio marito, che come al solito mi diede dell'"oca giuliva".

«Il giorno seguente, finalmente sola in casa, dopo aver tirato giù le tapparelle del salotto e spento le luci, eseguii tutto alla lettera, accendendo le candeline e bruciando l'incenso. Ebbi soltanto difficoltà a leggere la "postura" perché le candele per terra facevano poca luce ed io ero in piedi vicino a esse con il foglio della preghiera tra le mani. Malgrado abbia ripetuto la "postura" più volte, la luce era sempre troppo poca per recitarla nel modo giusto. Poi andai a gettare tutto nel Po...

«Dopo poche ore ero in preda all'angoscia più profonda. Sapevo di non aver eseguito correttamente il rituale e quindi di non essermi liberata dalle forze demoniache. E nemmeno potevo ripeterlo perché avevo buttato gli attrezzi nel fiume. Inoltre non riuscivo a liberarmi dall'idea che il medium potesse farmi del male con il suo potere magico. Avevo persino paura a telefonargli. Non sapevo che cosa fare...

«Decisi allora di andare in chiesa, dove incontrai un sacerdote che, sentendo la mia storia e vedendomi così disperata, mi invitò in sacrestia, mi diede una benedizione e poi mi confessò, invitandomi a fare la comunione. E tutto questo gratuitamente, senza il solito: "Non si paga, solo offerta".

«Finalmente trovai un po' di pace, sia la sera stessa che il mattino seguente quando, dopo essermi comunicata, mi sentii alleata con una forza, quella di Dio, certamente più forte di quella del medium...».

L'erranza spirituale

All'inizio l'intervento del sacerdote funzionò da sedativo, seppur blando. Poi le ossessioni ripresero, diventando quasi continue, fino al punto di dover ascoltare due messe e pregare almeno tre ore al giorno; il tutto con l'obbligo, per punirsi, di evitare di orinare il più a lungo possibile tanto da procurarsi intensi dolori viscerali. Così lo spiega Lina: «Mi sentivo un grumo di tensione che si spostava, originando disagio intorno a sé. Ero diventata un'indemoniata iettatrice perché, non soltanto il diavolo si era impossessato del mio corpo, ma mi spingeva a far del male ad altre persone...

«Quando mi sforzavo di pregare, mi sembrava di lanciare un richiamo nel vuoto, che non arrivava da alcuna parte. Nemmeno la Madonna mi porgeva ascolto... Lei che in tutti i tempi è sempre stata la più accanita antagonista di Satana... Poi mi chiedevo che cosa ne facessero Dio e la Madonna della mia preghiera ripetitiva e senza cuore...

«Ero agitata e confusa; non riuscivo a trovare un po' di pace. Di preciso sentivo solo che non ce la facevo più ad andare avanti. Allora chiesi di essere esorcizzata... speravo in una "ripulitura" dell'anima...

«Fu un disastro. Imprecavo al sentire le gocce d'acqua benedetta... Bestemmiavo quando il prete appoggiava la stola sulla mia spalla... Sbavavo, mi contorcevo, avevo voglia di uccidere... Sentivo la voce del demonio, mi vedevo un mostro peloso, unghiato, maleodorante... Il mio cervello andò completamente in tilt, non riuscivo a sapere chi ero, dov'ero... Ero confusa, con idee suicide... Per fortuna mio marito venne a prendermi e mi portò a casa».

La paziente da allora è caduta in una grave crisi di panico. L'ossessione del diavolo non le dà tregua. Vive la disperata angoscia di non saper più chi sia e dove vada. Non riesce ad azzittire le voci interne, fatte di violenza, volgarità, trivialità.

Esauriti inutilmente i rituali del mago e le aspersioni dell'esorcista, Lina si è decisa a farsi curare da uno psichiatra, non senza aver prima consultato una serie di sacerdoti circa i danni che la psicoterapia può arrecare a una cattolica come lei si considera... E così è arrivata al mio studio.

Dopo alcuni mesi di cure, la paziente non è più percorsa dal fantasma della malattia; il diavolo è completamente scomparso, anche se Lina continua a scaricare aggressività sullo psicoterapeuta, ripetendo che «detesta chi vuole rimestare nella sua vita». A dispetto però di questa sua reazione difensiva, in seduta ha descritto il suo sgradevole inquilino del passato in linea con la peggior iconografia del Medioevo, raffigurandolo con l'immagine di un caprone o con il volto mefistofelico. Un diavolo brutto, disgustoso, che vomita robaccia verde e orina sulla moquette... I riferimenti al film *L'esorcista*, che la paziente vide più di vent'anni fa, sono molto evidenti.

Si vedono nemici dappertutto quando noi stessi siamo i nostri peggiori nemici. Quando un delirante modifica il suo atteggiamento verso il mondo, si accorge che quest'ultimo cambia in modo corrispondente nei suoi confronti. Invece di prestare attenzione al diavolo, a Lina è più utile ascoltare il proprio cicaleccio interiore formato non soltanto da dubbi e da malanimo, ma da «abitatori interni» che in buona parte si identificano con coloro che ha odiato dalla nascita in poi. La paziente non è mai stata posseduta dal diavolo, ma da una madre invasiva e confusiva che, nell'allevarla, l'ha svuotata e spossessata di sé. La costruzione delirante della sua ossessione diabolica ha tale nucleo centrale.

Lina sta passando dall'ideale della perfezione alla realtà dei propri limiti e lo dichiara: «Penso a tutti gli inganni della mia fragile mente. Spesso con i miei sogni e le mie illusioni prendo lucciole per lanterne. Devo smettere di credere che gli opposti siano inconciliabili, devo lavorare per unificare parti di me contrastanti tra loro».

A volte un'incapacità di adattamento alla realtà spinge ad allearsi a una forza potente nel tentativo, spesso inconsapevole, di poter ovviare alle proprie insicurezze profonde. Perché non è sempre facile ammettere di fronte a se stessi che qualcosa non va, mentre si deve essere coscienti della propria debolezza, della propria parzialità. Soltanto le persone povere di maturità si valutano complete; quelle normali sanno quanto siano parziali, proprio perché consapevoli dei loro limiti. Perché arriva sempre l'età in cui si vive l'angoscia del dubbio, l'età in cui si è capito che per certe domande ci si deve rassegnare all'idea che non vi siano risposte. Per questo è necessario accettare di convivere con le proprie incertezze.

Proseguendo nel lavoro di analisi la paziente sta attuando una maturazione del Super-io, passando da una patologica moralità infantile a valori etici adulti. In seduta si affronta anche il problema del senso di colpa, che è quasi sempre una costante nei pazienti cattolici. Poiché certi ascetismi difensivi che celano la paura degli uomini, certe rigide convinzioni sessuofobiche non sono che una razionalizzazione delle pressioni esercitate da un Super-io ipertrofico. Frantumando poco alla volta tale censore inconscio, si attenuano i modelli del passato, ferrei, granitici, colmi di divieti.

Non si può ridurre la sessualità al «si può» o al «non si può». E poi i desideri sono il motore della vita e, quando non vengono appagati dalla realtà, si trasformano nel mortale veleno della nevrosi. Infatti il loro mancato soddisfacimento porta a uno stato di tensione che provoca molte conflittualità.

Anche se il marito resta sempre alla periferia dei sentimenti e sa essere affettuoso o sessuale, mai sensuale, Lina accetta di fare l'amore con lui, pur con una certa paura di abbandonarsi; ma esiste anche un piacere di dare piacere. Inoltre la paziente si rende conto che, come alcune persone sole, ha compensato la frustrazione affettivo-genitale con un gastroerotismo che l'ha fatta ingrassare. Finalmente non detesta più la propria geografia corporea, scopre che l'amore può vivere anche dentro la morale, cerca una «buona distanza» da se stessa, dagli altri, dalle cose, cibo compreso.

Una persona matura non sempre al mattino è felice di svegliarsi. A volte, quando apre gli occhi, ha voglia di richiuderli. Per svegliarsi volentieri occorre avere un progetto, nato dal raziocinio, dal cuore e dalla fantasia. La paziente si sta avviando verso tale serenità. A poco a poco sta ritrovando il suo ordine mentale, non cedendo più alle idee ossessive; sta imparando a godere del sole, dell'aria, del cielo e, soprattutto, sta rompendo il silenzio dell'indifferenza, riacquistando fiducia anche negli altri. Lina stessa lo constata: «Il mio telefono non è più intasato di solitudine. E poi ogni donna deve stare con le altre per parlare dei propri problemi, dei propri sentimenti, per confrontarsi. Credo, ma devo ancora pensarci, che alla lunga tutto il bene che si fa agli altri torni a nostro vantaggio...».

Se non c'è calma interiore non si può godere delle cose esteriori.

Il Dio inatteso

Quella della paziente è certamente un'identità cattolica debole, perché in lei la speranza nell'occulto ha sostituito la fede. A sua volta affidandosi alla magia ha indebolito maggiormente la pratica cultuale. Si deve però constatare che, proseguendo nella terapia, ha iniziato a scoprire il vero volto della religione cattolica, passando da una religiosità di adesione a una di conquista, con il bisogno di ricuperare i valori spirituali anche nella vita di tutti i giorni[3].

«Penso a com'era la mia religione: pesante, tutta concentrata sulla colpa e sul peccato. Una fede cupa, triste, sempre in attesa del castigo. Dio era soltanto un nome per me, non riuscivo più a capirne il significato. Allora pensavo che la colpa si potesse pesare sul bilancino del farmacista e che, togliendone o aggiungendone qualche grammo,

Dio mi volesse più o meno bene. Per questo mi limitavo a fare, anziché un chilo di peccato, soltanto novecentonovanta grammi...

«Ora mi sento più solida di un tempo e con maggiore stabilità emotiva. Tuttavia anche se a volte avverto una vibrazione spirituale, un'aspirazione a trascendere, il dire "Credo" mi è spesso faticoso. Ho ripreso però a pregare. Riesco di nuovo a borbottare qualche orazione. Purtroppo a volte non sono nella preghiera perché la mente se ne va da tutte le parti e il cuore non so dove sia...

«Cerco di aver fede. Ho fede. Ma poi mi dico che i progetti di Dio non sono i miei e la perdo. Se non si può credere, si dovrebbe almeno avere una speranza fiduciosa. E poi Dio sa quello di cui ho bisogno. Non ha forse detto Gesù: "Non siete voi che avete scelto me, ma io ho scelto voi"[4], "Qualunque cosa domanderete al Padre in nome mio, egli ve la concederà"[5].

«Dio mi ha dato fin troppo. Ha persino concesso cose inutili proprio a me che le ritenevo indispensabili. Io non voglio chiedere di più. Sarà Dio a leggere nel mio cuore ciò di cui ho bisogno.»

Lentamente, ma con una continua progressione, la paziente recupera il ruolo di madre e soprattutto quello di moglie. I figli, ormai adulti, sono prossimi a lasciare la famiglia di origine e Lina resterà sola con il marito. Diventa quindi importante metterla in condizione di vivere un buon affetto e una sana sessualità all'interno della coppia.

IL VUOTO NEL CUORE

Ogni anno circa dodici milioni di italiani ricorrono alla magia, anche se per una sola volta. L'industria nazionale dell'occulto conta circa centoventimila operatori (ben diecimila nella sola Milano), di cui soltanto un sesto ha la partita Iva. Basti pensare che annualmente la vetreria Alt di Murano produce ottomila sfere di cristallo.

Un italiano su cinque ricorre dunque a maghi, sensitivi,

veggenti, occultisti, muovendo un giro d'affari di circa 1500 miliardi. Le tariffe sono relativamente basse al primo colloquio (cinquanta-centomila lire), per elevarsi a qualche milione in quelli successivi se, come quasi sempre accade, viene «diagnosticato» un malocchio o una fattura che richiede una controfattura oppure un amuleto o un talismano speciale. Una fattura «a morte», che dovrebbe far morire una persona, costa circa trenta-quaranta milioni: metà della somma come anticipo, l'altra metà a decesso avvenuto.

Il business viene amplificato dalla tv, dove molti maghi fanno profezie via etere. Specie nelle emittenti locali dopo la mezzanotte compare sempre, tra un nudo e l'altro, una maga o un mago che con tarocchi, pendolini e sfere di cristallo, offre mirabolanti certezze. Perché ormai alcuni di questi personaggi si sono trasformati in professionisti: hanno sostituito la sfera di cristallo con il cellulare e la carta di credito, viaggiano in aereo, lavorano attraverso la televisione, consultati non soltanto per problemi d'amore ma anche per le future vicende di Borsa; persino i dipendenti di certe aziende vengono assunti in base a criteri astrologici, così che allo psicologo si sostituisce l'astrologo.

Se parapsicologi, astrologi, guaritori e santoni, cartomanti, fattucchiere prosperano, significa che vi sono molte persone, magari laureate (la maturità psicoaffettiva non ha a che fare con l'istruzione), che affidano la propria vita e il proprio denaro a questi presunti «salvatori». Infatti anche individui intelligenti e acculturati hanno sovente una smisurata propensione a risolvere con la magia i loro problemi specie nei casi dove la fantasia trionfa sullo spirito critico e la dipendenza sull'autonomia: perché vi sono soggetti psicoaffettivamente immaturi anche tra le persone che passano per normali.

La gente ricorre al mago non per curiosità, ma per un bisogno di aiuto. Le cause sono la preoccupazione per la salute fisica, il bisogno di lavoro, la carenza d'amore, l'insicurezza di fronte al futuro. Si vuole sapere se si avrà l'amore, il lavoro, il successo, il denaro: sicurezze contingenti, vantaggi terreni; oppure si ricorre al mago per farsi togliere il malocchio, per farsi fare una controfattura o uno scongiuro.

Il malocchio è ritenuto un'influenza maligna che un individuo, ricorrendo a un suo diabolico potere, esercita su un altro individuo. Chi se ne sente vittima attua un inconsapevole processo psichico per proiettare il male fuori di sé. Perché è più comodo affermare dopo un insuccesso: «Mi hanno iettato! Sono vittima di una fattura![6]» al posto di: «Ho sbagliato... Non ne sono stato capace... Non ne ero all'altezza...».

Invece di riconoscersi responsabili o colpevoli della propria sconfitta, si preferisce attribuire la causa a qualcosa fuori di sé, a una forza negativa che proviene dall'esterno, ottenendo così da chi si ha vicino compassione, solidarietà e protezione, anziché sgridate, derisione o disprezzo. È lo stesso meccanismo di decolpevolizzazione che viene messo in atto quando un collega sul lavoro fa carriera, dicendo «lecca le scarpe» del direttore se è un uomo, «è andata a letto» con qualcuno se è una donna.

Chi va dal mago ha qualcosa che si agita nel profondo, qualcosa che ha sovente origine nelle vicende evolutive della sua psiche. Esiste cioè in tale cliente una carica emozionale, quasi sempre inconscia, che aspetta dall'altro, cui attribuisce un potere magico, un miracolo, per un inconsapevole bisogno di proiettare sul mago quell'immagine di genitore onnipotente esperita da bambino.

Le donne sentono maggiormente il «fascino dell'occulto», interessandosi di più a veggenza, cartomanzia, sortilegi, lettura della mano, divinazione, ecc. Proprio perché meno difese, esse hanno più bisogno di protezione e di rassicurazione: dal medico al confessore, dall'avvocato all'astrologo, dal chiromante al mago. Infatti alcuni maghi forniscono consultazioni «soltanto a signore».

Sono quindi degli insicuri coloro che credono negli artefici occulti; sperano che, alleandosi con forze sovrumane, possano annullare le ferree leggi della vita (la stessa superstizione rispecchia un'affettività immatura dell'adulto). Le denunce verso tali «operatori» sono poche perché la gente ha paura dei «poteri magici»; inoltre, quando s'accorge di essere stata derubata, se ne vergogna. Perché i maghi e i guaritori sono spesso truffatori, millantatori e disonesti che approfittano della grande credulità umana. E quasi sempre perdono i loro «poteri» se controllati dagli scienziati o esaminati da consulenti illusionisti o prestigiatori, da coloro cioè che chiaramente affermano di ricorrere a trucchi. Ciò fa pensare che la quasi totalità dei fenomeni paranormali sia falsa.

Soltanto qualcuno possiede capacità parapsicologiche[7], non facili da spiegare scientificamente ma non per questo da negare. Non si può affermare che il paranormale sia tutto un inganno; esistono persone, definite «sensitive» o «medium», capaci di determinare fenomeni paranormali. Anche se il mago non è un mediatore del soprannaturale, quando non è un ciarlatano può essere un soggetto dotato di capacità metapsichiche.

Anni fa curai un adolescente che presentava fenomeni di telecinesi, era cioè dotato di una certa forza psichica che determinava particolari effetti: rumori strani, quadri che cadevano, luci che si spegnevano, oggetti che si spostavano[8]...

Incautamente i suoi genitori fecero il mio nome e alcuni giornalisti vennero a intervistarmi per saperne di più. Di conseguenza, dopo la pubblicazione di articoli al riguardo, alcune decine di persone, di varia cultura ed estrazione sociale, iniziarono a consultarmi. Mi confidarono con paura, e quasi sempre con vergogna, le cose «strane» che accadevano loro, dalla chiaroveggenza (cioè il sentire le cose a distanza) alla divinazione (cioè la capacità di accertare avvenimenti ignoti del passato e del presente) e alla premonizione (cioè la facoltà di preannunciare il futuro di una persona o di un avvenimento).

Questi pazienti mi confessarono le loro capacità paranormali con molta preoccupazione e qualche volta panico, chiedendo una cura per liberarsi delle loro «scomode» doti, che non permettevano di vivere sereni. Mi resi così conto che tali fenomeni paranormali esistono e che spesso coloro che ne sono portatori tendono a spaventarsene per primi.

I fatti esistono e le spiegazioni non sono facili da trovare. Pur essendo ancora lontana dallo scoprire il perché di molti fenomeni, la stessa scienza poco per volta si sta avvicinando a delle risposte. E se anche molti fatti non sono ancora spiegabili nell'ambito delle leggi naturali, e quindi non vi è nulla di scientificamente provato, non è il caso di ricorrere al soprannaturale, tantomeno al demonio.

Le stesse fatture sono un'invenzione di chi se ne crede vittima, poiché legate a un Super-io ipertrofico che provoca sensi di colpa. Questi ultimi possono manifestarsi a livello conscio con la tendenza all'autopunizione, con la fobia delle malattie e delle disgrazie o con l'angoscia di essere vittima di una fattura. E le scienze psicologiche ci ricordano che, quando un soggetto «ha bisogno» di stare male, riesce veramente, attraverso meccanismi psicosomatici, a procurarsi certi malesseri, dimostrabili anche obiettivamente.

L'offerta cresce perché cresce la domanda. Dopo gli «anni di piombo» e quelli «del riflusso», sono arrivati gli «anni della svolta» nei quali, finita la sbornia di ottimismo politico e messa in crisi la fede nell'onnipotenza della scienza, si è accentuato il senso di paura e di angoscia esistenziale. Gli uomini tendono così a distogliere gli occhi dal terreno per dirigerli verso l'alto, e non soltanto per guardare le stelle.

In questa fine millennio gonfia di crisi, anche economica, vi è in giro un'ansia di rassicurazione che si rivolge di più a oggetti negativi che a quelli positivi. Perché l'essere umano non sopporta l'incertezza e, quando la società non è in grado di fornirgli sicurezze, ricorre alla magia. Per di più i maghi offrono sintonia, solidarietà, affetto. Più che leggere la mano, la «scaldano», soddisfacendo quel bisogno di sostegno che la medicina «fisica» e la religione tradizionale non appagano più.

Sembra un paradosso ma, malgrado cresca la cultura scientifica, continuano a prosperare certi irrazionali timori primordiali dovuti a credenze altrettanto immature. Perché la medicina attuale burocratica, frettolosa e poco umana raramente soddisfa il bisogno di aiuto psicologico del paziente. Vi è infatti una spersonalizzazione del rapporto medico-malato, come è presente una carenza emozionale nel rapporto paziente-medico. In questo vuoto di empatia s'inseriscono i guaritori che spesso rispondono a un'esigenza umana non razionale, e chi conosce le scienze psicologiche e la psicosomatica sa che una sintonia intensa tra paziente e terapeuta ha un'efficacia sui meccanismi che presiedono il processo di guarigione.

Non si può negare che alcuni guaritori siano in grado di diagnosticare una malattia e di curarla mediante un passaggio di energie non precisabili, come è probabile che tale influenza psicoenergetica solleciti le difese di un malato provocandone anche la guarigione. I guaritori quindi, a parte i ciarlatani e gli imbroglioni, possono gratificare certe esigenze profonde e noi psichiatri, per primi, dovremmo seriamente occuparci di tali dinamiche psicoemozionali.

Se il favore del pubblico si sposta sempre più verso maghi, medium, sensitivi e fattucchiere, le cause non sono soltanto da ricercarsi nell'appiattimento umano dei medici, ma anche nella perdita dei valori religiosi. La secolarizzazione ha infatti comportato una crisi dei modelli tradizionali, ideali e normativi e, in tempi di grande confusione come i nostri, si è alla ricerca di nuove proposte e di nuovi punti di sicurezza; si porta cioè dentro un maggior bisogno di un'autorità superiore che indichi ciò che è bene e ciò che è male e soprattutto che protegga.

Un diluvio celeste investe l'umanità, con il rischio di portare Dio al supermarket. Una fioritura angelologica di testi[9] è recentemente comparsa nelle librerie, con il rischio di scambiare la funzione dell'angelo custode con il pronto intervento della polizia, del medico di guardia o del bagnino... C'è gente che pensa persino di sostenere la propria fede religiosa vivendo avventure mistiche con incontri di preghiera attraverso una rete telematica.

Sta di fatto però che, dopo tanta laicizzazione, si esige di nuovo il soprannaturale con fame di visioni, apparizioni, lacrimazioni mariane, talora telecomandate. Per reazione a tanto consumismo, ritorna il bisogno di alimentare lo spirito.

Aumenta dunque la domanda metafisica, ma nell'era tecnologica non c'è posto per l'emotivo, quindi neppure per la religione. Prevale un vuoto di sentimenti per l'umano e per il sovrumano, rendendo sempre più diffusi lo smarrimento, il disorientamento e la sfiducia. La religiosità sta abbandonando le religioni istituzionali[10] per rivolgersi ai maghi, ai santoni, alle sette; l'angoscia per il presente e per il futuro porta dagli astrologi, dai guaritori...

Ognuno di noi sente il fascino delle forze occulte, extranaturali. Inoltre fa piacere credersi dotati di poteri sovrumani, magari pseudodivini, per un residuo infantile di pensiero onnipotente che alberga nella psiche anche adulta. Conoscere poi il futuro interessa tutti, se non altro per placare l'angoscia esistenziale che ognuno si porta dentro. Conoscere il futuro, specie se infausto, può però essere una trappola poiché destabilizza la psiche. L'esperienza clinica insegna che il dedicarsi alle pratiche occulte oppure frequentare maghi, astrologi, radioestesisti e guaritori può portare a gravi disturbi psichici e fisici.

IL VUOTO NELL'ANIMA

La storia ci insegna che i furori demoniaci s'intensificano proprio nei periodi di maggior razionalità. Ad esempio, ci fu una fioritura di demoni durante le maggiori conquiste del positivismo dell'ultimo Ottocento. Anche ai giorni nostri, a dispetto del progresso tecnologico, abbondano gli indemoniati; soltanto in Italia gli «ossessi» in cura presso vari esorcisti sono quasi diecimila e aumentano, come se si trattasse di una epidemia, coloro che, dopo un film[11] o una serie di articoli sui giornali per un episodio di cronaca demoniaca, si persuadono di essere posseduti da Satana.

Esistono infatti anche gli esorcisti laici[12], che praticano lo scongiuro, un'operazione magica basata sulla parola, su un rituale o su un oggetto per neutralizzare il malocchio, cioè la potenza del diavolo. Spesso lo scongiuro si materializza in un talismano (che assicura il successo e la felicità) o in un amuleto (che difende dal male), anche se nella pratica i due termini si equivalgono. Un mio paziente impotente sessuale aveva sempre in auto, per tenere lontano il malocchio, un corno d'avorio della lunghezza di circa venti centimetri. Quando gli ho fatto notare che, più che un talismano antidemoniaco, era il simbolo di un pene in erezione come egli avrebbe desiderato avere, ha «dimenticato» a casa tale oggetto.

I rituali antidiavolo di tali esorcisti laici non soltanto creano spesso in soggetti con Io debole uno stato di dipendenza patologica, ma possono avere pericolose conseguenze. Infatti il rito dell'esorcismo, se praticato su persone psichicamente instabili e facilmente vulnerabili, può creare o alimentare psicosi deliranti oppure può provocare omicidi o suicidi, come ad esempio l'uxoricidio compiuto da Michael Taylor, da pochi giorni esorcizzato, nell'ottobre 1984 nella contea inglese dello Yorkshire.

Anche ai giorni nostri non sono rare le vittime della criminalità satanica, contro le quali familiari o amici si accaniscono nell'illusione di cacciare il diavolo. È il caso dell'uccisione del figlio compiuta nell'aprile del '90 da un metronotte di Suzzara (Mantova), che nel bambino di cinque anni vedeva le sembianze del demonio; oppure dell'omicidio della neonata di Polistena (Reggio Calabria), uccisa nel settembre del '94 durante un rito di esorcismo da un mago santone (convinto di essere la reincarnazione di Padre Pio) in accordo con i genitori e i parenti della piccola creduta indemoniata: un pianto prolungato di una bambina di due mesi si è trasformato in un «segno del diavolo».

Per i cristiani la possessione corrisponde alla convinzione che il diavolo[13] sia entrato nel corpo, impadronendosene. In tali casi l'unica medicina per il «posseduto» è l'esorcismo, un lungo rito celebrato nel nome di Gesù, secondo le formule dei testi liturgici: comincia con la recita delle litanie dei Santi, culmina negli scongiuri e si conclude con altre preghiere. Può durare alcune ore, alcuni giorni o mesi.

Il vero esorcismo spetta al sacerdote autorizzato dal proprio vescovo. A tal fine vengono scelti preti preparati, istruiti e, soprattutto, dotati di maturità psicologica. Il fatto poi che la Chiesa cattolica nomini tanti esorcisti può essere erroneamente interpretato come conseguenza della presenza di tanti demoni da scacciare. Ciò avviene invece per dare ascolto e consiglio al numero sempre maggiore di persone che temono il maleficio o la possessione. In questi ultimi anni, e precisamente a partire dal 1990, maghi, fattucchiere, esorcisti autodidatti, leader di gruppi pseudoreligiosi si sono mobilitati proponendosi quali antidoti alla paura del satanismo.

A volte il diavolo viene usato da alcuni uomini della Chiesa come strumento di potere o di governo[14], però nella maggioranza dei casi gli esorcisti consigliano a coloro che si credono posseduti dal demonio di consultare uno psichiatra. A dire il vero gli uomini della Chiesa, quando vengono loro sottoposti casi presunti di «possessione diabolica» o di «infestazione locale o personale», fanno per lo più di tutto per scoraggiare certe pratiche. Già prima che il vescovo conceda il nullaosta per l'esorcismo, si documentano con consulenze psichiatriche *ad personam* o con accertamenti *in loco*. A tal fine sarebbe opportuno che tali esorcisti conoscessero almeno i rudimenti della psicopatologia, per distinguere uno psicopatico da un indemoniato autentico.

Per gli psicoanalisti ortodossi il demonio non esiste e quindi la possessione è un'espressione di quelle forze aggressive non sublimate che si oppongono alla realizzazione di una maturità psicologica. Per gli psicoanalisti eterodossi e credenti, oltre alla malattia fisica e psichica, può esistere anche una malattia metafisica, effetto del demonio. La Chiesa, che accetta il potere di Dio, accetta anche la realtà diabolica di cui parla la Bibbia. Da tale testo sappiamo infatti che Lucifero, l'angelo più vicino a Dio, per la sua ribellione fu cacciato dalla luce e sprofondato nelle tenebre, in quello che è poi stato denominato inferno. Per la Chiesa cattolica poi il paranormale è normale: basti pensare ai miracoli, ai fenomeni mistici, ai prodigi di Padre Pio.

Nei casi però in cui l'individuo è travolto da pulsioni aggressive contro se stesso, gli altri o la divinità, manifestando a volte anche comportamenti paranormali, è possibile che si tratti di psicopatie che rientrano nell'ambito della psichiatria profana come deliri psicotici o crisi psicoepilettiche, al di fuori di ogni interpretazione demonologica. Certi segni del demonio sono dunque sintomi di malattie psichiche; altre volte certe «stigmate sataniche» corrispondono soltanto a capacità paranormali. Il cattolico infatti, pur non escludendo la possibilità di una possessione diabolica, valuta con estrema cautela l'eventualità di un intervento del diavolo.

Spesso si «manipola» il diavolo più o meno consapevolmente a seconda delle convenienze consce o inconsce. Ad esempio, gli si attribuiscono manifestazioni che possono essere spiegate anche senza di lui, perché Satana è sovente figlio del rimorso, della paura, della superstizione. Spesso aiuta a proiettare fuori del Sé gli aspetti immaturi e a separarsi da loro: si proiettano cioè sul diavolo i propri impulsi riprovevoli, per liberarsene. È un comodo alibi dare la colpa al maligno anche di quanto è negativo nel nostro pensare o fare. Perché con tale meccanismo difensivo il male parte da Satana e non dall'individuo che sente il desiderio di farlo o l'ha già fatto. E così la vittima, la vera vittima, non è l'indemoniato ma lo stesso demone che subisce un'«ingiustizia».

Non si deve poi dimenticare che certe forme di possessione diabolica possono essere soltanto alibi, seppur inconsapevoli, che il protagonista e soprattutto i familiari trovano, in quanto è più comodo attribuire a Satana certi fenomeni che provengono dall'inconscio dell'essere umano. Ciò rientra in una visione infantile della religione, desiderata magica con miracoli, angeli e demoni, che consoli dagli insuccessi e soprattutto liberi dalle responsabilità.

La fede che parla di indemoniati iettatori o di malocchio è infantile, perché porta a pensare che esistano forze misteriose e potenti che agiscono contro le persone. Gli indemoniati iettatori, secondo i quali il diavolo non si accontenta di impossessarsi dei loro corpi ma li spinge a far del male ad altre persone, non esistono. Sono soltanto i prodotti di un ritorno alla mentalità infantile di onnipotenza illusoria, un ritorno al pensiero magico della prima infanzia.

Sono per lo più vittime del «complesso del demonio» persone superstiziose e suggestionabili. Certi rituali sono poi la conseguenza, da parte di chi vi è sottoposto, di una grande ignoranza dei valori che stanno alla base di una fede matura. Un'autentica credenza cristiana sa che l'uomo è stato redento e che nessuna forza diabolica potrà mai strapparlo alla Grazia di Dio.

Si può quindi affermare che il diavolo personifica le paure dell'uomo ed è la proiezione fuori di sé del male. Quest'ultimo deve invece essere esorcizzato con l'educazione dei sentimenti, insegnata e imparata attraverso il voler bene e l'amore. Lo stesso Gesù Cristo è venuto sulla terra non per fare la guerra a Satana, ma per portare l'amore di Dio più vicino agli uomini. E se un cristiano crede nel diavolo, non vive nell'ossessione del demonio e dei suoi influssi, anzi si preoccupa più dei peccati deliberatamente compiuti che di Satana.

Non si sa chi sia più pericoloso: il diavolo, chi ne parla troppo o chi pratica l'antisatanismo. Certe affermazioni reiterate, certi esorcisti da strapazzo con i loro riti più assurdi sono più pericolosi del diavolo stesso. Si scrive sui giornali o si afferma in video, ad esempio, che in Italia vi siano oltre mille sette sataniche; si dice ripetutamente che la città di Torino faccia parte di un triangolo popolato di sette diaboliche che professano la magia nera sia per favorire chi la pratica (arricchimento, facoltà eccezionali, successo, ecc.) sia per danneggiare qualcun altro (morte, malattia, insuccesso, ecc.), ricorrendo a strumenti o azioni (parti di cadaveri, secrezioni fisiologiche, oggetti sacri, atti immorali, violenze sessuali, ecc.) condannati dalla morale comune. Infatti il satanismo è caratterizzato dal rifiuto di ogni norma e valore riferiti al bene e dall'esaltazione di ogni forma di violenza in linea con il culto della liceità istintuale[15].

Dopo oltre trent'anni che esercito la professione di psichiatra e di psicoterapeuta in tale città, non mi è mai capitato di curare uno di quei presunti quarantamila adepti delle «chiese» sataniche piemontesi. È vero che Torino è vicina alla Francia, nazione in cui già durante il regno di Luigi XIV, nel XVII secolo, nacquero le sette sataniche e le messe nere, ma ho la certezza che un certo giornalismo malato di sensazionalismo si compiaccia di descrivere orge e ipotetici rituali di vergini deflorate dal prete nero tra fumi di zolfo e belati di caproni.

VIII

L'educazione dei sentimenti

In Francia e in Inghilterra sono sorti dei Baby-Club per adulti dove si ritorna bambini. Per qualche ora gli uomini lasciano giacca e cravatta per indossare pannoloni e bavaglini, si deliziano con il ciuccio e si nutrono di omogeneizzati. Hanno una «tata» a trecentomila lire l'ora che li segue e rilascia sculaccioni (tremila lire cadauno). Chi se la fa nei calzoncini paga mezzo milione, ennesima riprova dell'intimo legame tra denaro e «cacca» a cui Freud dedicò le sue fatiche[1]. Dicono che passare un week-end in questi Baby-Club sia il massimo del relax, anche se lascia molto perplessi l'ipotesi che tale regressione alla culla sia una terapia valida, in quanto aiuta soltanto a regredire ma non a crescere.

Dello stesso parere, dopo averla sperimentata[2], è Sandro, un quarantenne ex marito ed ex padre (i due figli sono stati affidati alla moglie) e a tempo pieno dirigente giramondo di una grande azienda. Il paziente mi consulta poiché si sente invaso dalla fatica e dai malesseri. La sua tensione è scritta nelle rughe del viso; del resto qualcuno ha definito la pelle come il «cervello esterno», proprio perché epidermide e sistema nervoso hanno la stessa derivazione embrionaria. L'ansia porta poi questo paziente a mantenere contratti i muscoli della nuca, con conseguenti dolori cervicali che simboleggiano un peso psichico troppo gravoso da portare, come egli stesso spiega.

«La ditta ha aumentato i miei impegni e l'attrezzatura tecnologica mi ha tolto la possibilità di sosta o di fuga dal lavoro. Rispetto al passato devo fare di più e più in fretta. Pressato dai minuti che passano, corro sempre... Mi viene voglia di prendere l'orologio a martellate!

«Io non ho mai imparato a ripararmi dagli stress... Curvo sul mio lavoro, per anni non ho mai alzato il capo per guardarmi attorno, fino a quando sono crollato perché l'overdose di fatica mi ha logorato il cervello, minato la sessualità al punto che la "voglia" e la potenza sono ormai quasi un ricordo...

«È vero, sono al vertice di un settore, ma sono solo a decidere. Prima lavoravo in équipe, dove potevo scaricare le mie ansie e confrontarmi... Invidio mio nonno che coltivava i campi! Faticava muscolarmente di più, ma non conosceva la tensione nervosa; i suoi ritmi erano più lenti, ma soprattutto vedeva il risultato finale del suo lavoro: seminava e poi raccoglieva e il ciclo si completava. Io non so mai se quello che faccio andrà a buon fine...

«Di notte conto tremila pecore e poi smetto perché sono stufo di vederle saltare la staccionata; di giorno mi scopro a girare per l'azienda come fossi bionico. Avverto un'irrequietezza interna, mi manca l'aria in gola, sudo, tremo, mi sento svenire... Sono sempre impaziente, mi sento in colpa quando mi riposo, parlo storpiando le parole e a tavola divoro il cibo con una fame da "terzo mondo". Spesso cerco di comperarmi qualcosa, magari per consolarmi, ma non riesco a godere degli acquisti e, una volta uscito dal negozio, mi sento più triste e svuotato del mio portafoglio...»

La «sindrome da esaurimento» (*burn out syndrome*, secondo la terminologia anglosassone) è una moderna patologia da eccessivo stress psichico. È quindi psicogena e ha le sue radici nel senso di frustrazione che deriva dal rapporto con gli altri e da un lavoro routinario, poco coinvolgente (la non partecipazione produce demotivazione e depersonalizzazione) o troppo responsabilizzante. Chi ne soffre presenta sintomi psichici (insonnia, astenia, difficoltà di concentrazione, visione pessimistica del mondo, senso di inadeguatezza, ansia, attacchi di panico, bulimia, impotenza, frigidità, tic nervosi, ipocondria, ecc.) e, poiché esiste uno stretto legame tra psiche e corpo, tende a somatizzare anche con sintomi fisici (emicranie, ipertensione arteriosa, tachicardia, vertigini, colon irritabile, amenorrea, ecc.).

Nel caso di Sandro l'orologio esterno, quello della produzione, ha premuto eccessivamente su quello interno, quello biologico, e il suo è uno stress psichico, non fisico come quello eventuale del nonno contadino. E, quando i superiori lo hanno alleggerito di alcuni incarichi, è stato peggio: ormai aveva perso la carica, come certi giocattoli a molla. Esiste infatti, oltre allo stress da iperattività, anche quello da ipoattività, conseguenza di una sottostimolazione nell'ambiente di lavoro che è deleteria quanto l'iperstimolazione. Capita spesso di curare soggetti che, rimossi per le cause più varie da un ruolo lavorativo iperattivo, vengono confinati dietro una scrivania inutile e isolata. Con il passar dei giorni affiora in loro, dopo una fase di rabbia, una certa apatia che può sconfinare in una vera e propria nevrosi depressiva.

Frequenti sono negli studi psichiatrici i casi clinici di sindrome da esaurimento. Quello di Sandro è più grave poiché, oltre al quadro distimico[3], è presente un'aridità affettiva che gli provoca un triste silenzio emotivo. Identificato in un *target* sociale, il paziente ha perso unicità, emotività, senso morale. Non gli importa dei figli, dei colleghi di lavoro, di essere onesto; la sua morale si è ridotta, nei momenti più felici, a un formale galateo. Non sa vedere né fuori né dentro di sé; è soltanto preoccupato di danneggiarsi la carriera e la potenza genitale.

La corsa ossessiva verso uno status sociale ha inquinato in Sandro la libertà d'amare perché gli ha fatto perdere il contatto tra l'interno e l'esterno, soprattutto tra la parte emotiva e quella razionale della psiche. Anche dai superiori il paziente si è lasciato spingere a essere quello che si aspettavano che diventasse, così che le sue motivazioni gli sono venute più dall'esterno che dall'interno, portandolo a trascurare le istanze che aveva dentro di sé.

Ognuno vive conflitti insiti nella propria personalità, quali tensioni per la difficoltà a espandere il proprio Io, ad affermarsi, a essere riconosciuto e accettato. Sandro però ha finito per «appendere» l'affettività all'ambizione propria e alla volontà altrui, persino a prezzo della propria dignità. Ha cercato successo, denaro, cose, per seppellire l'angoscia da insicurezza; ha acquistato beni di consumo nel tentativo di dare sollievo a un senso di vuoto e di noia, che ha ben altre radici esistenziali; ha inseguito la vita attraverso il conto in banca, i titoli azionari e obbligazionari, i «beni-rifugio», gli immobili.

Anche se questi sono importanti (non si vive solo di aria e, se si deve piangere, è meglio poterlo fare su una Rolls-Royce che su un tram), è però necessaria una scala di valori per evitare di perdere il contatto con se stessi. Perché seguendo certi obiettivi secondari, se non effimeri, Sandro si è trascurato, dimenticato, smarrito nella personalità, perdendo identità. Il suo livello di autostima è infatti così basso che sconfina nell'autodenigrazione. Non gli resta più niente di emotivo, di specifico, di unico. Non interessa più nemmeno a chi ha vicino.

Purtroppo per il paziente non esiste un corso *full immersion* per rimediare alla sua bancarotta esistenziale e sarà necessaria una lunga psicoterapia, iniziando dall'abc delle emozioni e dei sentimenti.

La crisi dei valori

Oltre alla crisi economica, nel mondo occidentale è presente una crisi di valori. Si distorce ogni sentimento; tutto ciò che dà piacere o profitto è accettabile, persino giustificabile. Per questo si vive in un mondo sempre più povero di bellezza: dai palazzi senza stile ai disordinati cimiteri d'automobili, dal cattivo gusto nel vestire all'esibizionismo sgrammaticato di tante persone che parlano attraverso la televisione. Trionfa il modesto e, purtroppo, ci si sta abituando al brutto. La bellezza, per molti, non è armonia, verità, emozione interiore, ma calcolo commerciale, un profitto economico costruito a tavolino dai maghi del business.

Si rincorre il bello omologato[4], non creativo. Spesso lo si scambia per quello che «piace», perché si è troppo arroccati in se stessi e carenti nell'educazione. Anche se il nostro paese è ricco d'arte (l'Italia ne detiene il 70 per cento del totale mondiale), si lascia ai turisti il piacere di fare il pieno di emozioni estetiche, sempre che non si debbano chiudere i musei per mancanza di personale e questo è proprio il massimo dell'incultura, anche in senso turistico.

Spesso non si sa gustare la bellezza perché il rumore, le luci al neon, i telefoni portatili, i dépliant pubblicitari o lo stress medesimo disturbano, non permettono di fermarsi, di «vedere». Probabilmente si perde il senso della bellezza perché sta sempre più scarseggiando l'amore, come sintonia, rispetto, libertà, valore morale. Oggi infatti c'è una carenza di morale e di etica (i due termini si equivalgono, anche se nel mondo cattolico si usa la prima mentre in quello laico la seconda); mancano validi principi nei rapporti interpersonali e nei comportamenti affettivi, amorosi e sessuali. Sono cambiati i pudori, le voglie e, soprattutto, i rimorsi. Non si avverte più la colpa o, in termini cristiani, il peccato.

Nel passato, anche recente, ogni cosa era chiaramente divisa per cui era più facile distinguere il bene dal male, il giusto dall'ingiusto, il buono dal cattivo, gli amici dai nemici. Attualmente invece la cultura dominante non ha più le categorie per valutare certe cose come positive o negative, perché molte certezze si disperdono nel pluralismo o nel relativismo morale. Cattivi maestri hanno abbattuto i confini tra il Bene e il Male, facilitando comportamenti lasciati al giudizio della coscienza individuale. Abbondano infatti coloro che, in balìa di una concezione soggettiva della libertà, esagerano nel rivendicare un'autonomia morale; soggetti che, senza fare più riferimento a ideali e valori, personalizzano anche le norme, in un'etica del «fai-da-te». E così, se nel passato il più delle volte chi faceva il male sapeva di farlo, oggi chi lo commette si sente innocente.

La coscienza individuale, nel nome di un valore assoluto dato alla libertà, non sempre è buon giudice degli atti umani. Perché la libertà dell'uno, non soltanto finisce dove comincia quella dell'altro, ma è condizionata dalla morale altrui. Anche la libertà deve avere una sua misura perché, se non è contenuta entro i limiti del benessere comune, si trasforma in violenza. Infatti si subisce quotidianamente la maleducazione di chi è vicino, al punto che ci si stupisce se qualcuno è onesto e generoso. Per tutto ciò si avverte la necessità di ripristinare una morale nella politica, nelle amministrazioni, nel mondo del lavoro, nella scuola e persino nei riguardi del rapporto uomo-natura; soprattutto si avverte il bisogno di ricuperare certi valori nelle relazioni di coppia e familiari.

C'è l'esigenza di un ritorno alla gentilezza, alla correttezza, all'intimità, all'onestà, alla generosità, all'oblatività. E tra le motivazioni mature che fanno desiderare un ricupero dell'amore vi è anche la paura dell'inquinamento cosmico, della guerra, della droga, della solitudine, dell'indifferenza per il bene comune, della manipolazione genetica, della fecondazione artificiale, dell'inseminazione da provetta selvaggia: tutte situazioni tragiche per l'umanità, che si devono evitare o controllare.

Se però si analizzano con più attenzione le cause che portano a invocare questo amore migliore, che fanno desiderare il ritorno di questo valore, si constata purtroppo che la vocazione al suo ricupero non sempre parte da una maturità psicologica, cioè da una conquista evolutiva, ma spesso si radica in motivazioni immature e cioè nell'ansia da solitudine, nell'angoscia del rifiuto, nell'opportunismo, a volte persino nella gelosia in quanto, non potendo avere quel determinato potere, si teme che l'altro più fortunato possa avere di più.

È impossibile saper amare se non si cambia dentro. Non si può voler bene in modo maturo se non si è diventati persone psicologicamente adulte, condizione unica che può determinare autentici effetti positivi. Amare con maturità significa infatti essersi impegnati nel costruire se stessi, creando in sé qualità, valori, virtù. E questo lavorìo, giorno per giorno, con impegno e fatica, non è un compito facile, specie in questa nostra «società della pigrizia», dove i sostantivi sacrificio, lavoro, costanza sono retaggio dei meno furbi; dove la perseveranza è degli stupidi perché, magari con l'intrallazzo o la corruzione, si può avere tutto e subito e, se poi non lo si ottiene, la colpa è sempre degli altri o della sfortuna e vi sono gli psicofarmaci, l'alcool, la droga e magari il suicidio per evitare l'amaro della sconfitta.

La povertà affettiva

È facile farsi «intruppare» in una società proiettata verso il soddisfacimento dei propri desideri e del proprio tornaconto, cinicamente indifferente ai bisogni altrui. Scarseggia la solidarietà, tutto va contrattato. Si finisce così condizionati dagli altri, dagli avvenimenti, dalle cose, riparandosi dietro l'alibi infantile del «tutti lo fanno». La quantità in senso statistico non corrisponde però al giusto e al valido.

La maggioranza spesso coincide con la massa, dalla quale l'individuo psicologicamente maturo deve prendere le distanze. Se «tutti lo fanno» è perché il mondo è pieno di immaturi e quei pochi che non lo sono non sempre hanno il coraggio di distinguersi dalle «mandrie». Per questo sono rare le persone che ispirano un riposante senso di fiducia nella vuota e deludente vanità del mondo che ci circonda. Oggi è infatti difficile incontrare figure di forte tensione emotiva, che provochino un'immediata e positiva reazione transferale.

Tutti abbiamo fattezze umane, tutti abbiamo nella pelle un involucro di uomo o di donna, ma non tutti abbiamo costruito dentro di noi qualcosa di umanamente maturo. E questo lo verifichiamo spesso nei rapporti interpersonali, quando incontriamo esseri «vuoti», che non soltanto non hanno potere seduttivo (cioè non hanno fascino, e non solamente in senso amoroso), ma neppure spessore umano. Sono individui che magari hanno fatto i soldi e conseguito una laurea, ma non hanno costruito se stessi nei valori dell'*humanitas* e che quindi non sanno «leggere» la propria vita o quella degli altri per sintonizzarsi con se stessi e con il prossimo. Ci riferiamo a quella *pietas* dei latini, che corrisponde all'empatia, all'autentica partecipazione a quanto vive l'altro e che purtroppo ai giorni nostri è vista come una debolezza, come il cedimento di un Io debole. Perché viviamo in una «cultura» dove essere generosi è uno spreco di risorse, dove «buono» è sinonimo di «debole»; una società dove lealtà, coerenza e integrità morale sono parole desuete, dove la gente ha paura della bontà e considera stupidi coloro che la vivono.

Oggi più che una crisi di valori si riscontra la mancanza di un «sistema» di valori, cioè di una gerarchia di norme. Le regole ci sono, ma non sono rispettate perché poche sono le persone mature. Per questo in una società confusa come la nostra si avverte la scarsità di senso etico, la necessità di trovare parametri precisi in base ai quali promuovere la crescita dell'uomo. C'è bisogno di un catechismo laico, di ricuperare il senso della responsabilità personale, anche perché la minor rigidità delle norme sociali esige una maggior maturità psicoaffettiva.

Purtroppo nella nostra società narcisistica non c'è tempo per il «conosci te stesso», per andare in profondità. Si vive in un mondo troppo velocizzato per cui non si ha il tempo di imparare e di ricordare, quindi si dimentica. È una società che, accelerando ogni ritmo di vita, è capace di far perdere all'Io i suoi confini. E allora sovente, per tamponare, si punta all'eteropossesso, cioè al dominio delle cose esterne, non all'autopossesso. Ci si allontana da se stessi per inseguire i miti del successo e del potere e, quando ci si chiede che cosa si è per se stessi, si corre il rischio di non sapersi rispondere.

Capita però che, prima o poi, arrivi il momento in cui si smetta di sognare e di credere nei sogni. Succede che improvvisamente ci si svegli da questo torpore e si scopra di non essere quello che si credeva o di essersi molto allontanati dalla strada che si voleva percorrere. Ci si vede allora con la povertà affettiva, peggiore di quella materiale, perché corrisponde all'incapacità di dare attenzione, tempo, affetto, calore, solidarietà. Si comprende che non si ama l'amore, che è faticoso essere buoni specie verso chi non può fare nulla per noi, mentre si è disponibili e cordiali con le persone di cui si ha bisogno. Soprattutto ci si accorge che non si sa più parlare con le persone povere.

Poco alla volta si sta iniziando a prendere coscienza che nei cromosomi non c'è la legge morale, che non si nasce con una coscienza, che l'egoismo e l'opportunismo non pagano, perché non portano da alcuna parte se non all'*homo homini lupus*. Anche se con molte resistenze, ci si comincia a rendere conto che non si può vivere difendendosi o guardandosi le spalle da tutti, a trecentosessanta gradi. E, pur se scomodo, si avverte il bisogno di darsi delle regole, la necessità di un'educazione dei sentimenti per sopravvivere sereni, per vivere con un significato. C'è fame di salute etica, di sanità morale, quindi di padri e madri familiari, sociali, politici e persino religiosi, che insegnino a rispettare se stessi e gli altri. Perché non funzionando i modelli di identificazione, si è persa anche l'idealità.

Per conquistare il senso del vero amore occorre attuare un rinnovamento psicologico che porti l'uomo al centro della vita affettiva e non soltanto economica e tecnologica, che tenga conto dell'essere umano come persona e non come cosa da usare e da sfruttare. È dunque indispensabile ricominciare «da dentro» per riagganciare l'uomo a se stesso, per entrare nel suo nucleo centrale, per conoscersi, capirsi e accettarsi di più. Il prendere contatto con la propria risonanza interiore permetterà di comprendere i propri desideri e di vivere pienamente le proprie scelte.

Soltanto con fatica si potrà riprendere il contatto con se stessi, pensare per proprio conto, amare e voler bene nel rispetto di se stessi e degli altri. Cessare così di spersonalizzarsi, di vendersi al miglior offerente, iniziando invece a comperarsi. Sarà questo l'affare più redditizio della vita.

LA FATICA DI «CRESCERE»

Si diventa adulti non soltanto per l'acquisita maturità fisica e intellettiva, ma per aver raggiunto anche una maturità psicologica. Questa corrisponde allo sviluppo della personalità in tutti i suoi aspetti, con un'adeguata evoluzione delle varie capacità e disposizioni che, in partenza, sussistono in un dato individuo, analogamente a quanto avviene per lo sviluppo fisico che consente alle varie parti del corpo di evolversi in modo proporzionato e armonico.

Scrivendo questo non intendiamo però delineare la maturità psicologica come uno stato di perfezione, un'armonia ideale difficilmente raggiungibile, che sarebbe utopistica e, in ultima analisi, disumana. Infatti maturità psicologica non significa assenza di tensioni, di conflitti; non è uno stato idilliaco, un paradiso terrestre. Nemmeno significa perfetto dominio di sé, poiché anche l'uomo maturo ha momenti d'impulsività, di ansia, di dubbio, di tensione. Tuttavia non vive al riparo di un'ideologia, di una moda, di un partito o di un gruppo di potere; non si preoccupa d'aver appoggi o di essere nel «giro»; soprattutto non presenta arresti di sviluppo, fissazioni o regressioni a comportamenti tipicamente infantili, tali da impedire una condotta adeguata alle varie situazioni.

È infatti necessario sapere che le coincidenze, le combinazioni del caso, gli incontri segnati dal fato, sono nella maggior parte causati da noi. Il destino non è determinato dai geni che trasmettono i genitori, è necessità interiore. C'è infatti un rapporto molto intenso tra il nostro modo di essere e i fatti che ci accadono perché, se non c'è disponibilità interiore nel ricevere e partecipare alle cose che ci succedono, queste hanno un valore scarso o nullo.

Anche se il nostro destino non è interamente nelle nostre mani, tuttavia siamo noi stessi uno tra i fattori importanti che contribuiscono a modellarlo[5]. Siamo infatti noi a decidere l'utilizzo degli eventi esterni con dei misteriosi regolatori che operano nel profondo della nostra psiche. Se infatti guardassimo con più attenzione a certi avvenimenti, valutati superficialmente come effetti del caso, scopriremmo che li abbiamo gestiti in positivo o in negativo anche nelle loro conseguenze, perché in quel preciso momento vivevamo una particolare situazione emotiva, disponibile o meno all'evento. Ad esempio, l'incontro con la stessa persona può essere determinante o trascurabile a seconda del momento in cui accade; a volte capita d'averla già conosciuta, senza averla mai «vista» veramente. Se infatti abbiamo problemi o preoccupazioni, non sempre capiamo il senso della comunicazione dell'altro e non ne contraccambiamo gli impulsi emotivi per cui tutto cade nel nulla, e magari perdiamo l'amore.

Certi destini nascono e crescono quindi nel nostro profondo e, se ci conoscessimo di più, daremmo più importanza a noi stessi che al caso. Se ci volessimo anche più bene, probabilmente certe gratuità della sorte ci toccherebbero o ce le faremmo toccare più spesso. Se fossimo anche più liberi dai sensi di colpa, potremmo godere di più. Tutti, uomini e donne, vogliono sia l'amore che la libertà. Libertà dall'altro, beninteso, senza preoccuparsi della libertà da se stessi, mentre l'autentica maturità psicologica non è tanto il liberarsi dagli altri o il dominarli quanto l'armonizzarsi con le proprie parti profonde in maniera che certi padroni interni non disturbino.

«Liberare» se stessi significa conquistare alcuni traguardi, tra i quali, ad esempio, l'autonomia psicologica. Infatti per poter vivere sereni è necessario possedere un'autonoma capacità di pensare, decidere, costruire, amare: cioè una certa dose di libertà. L'uomo beneficia infatti di una libertà parziale, non assoluta. E anche questa non è innata, ma deve essere conquistata con uno sforzo costante contro le forze biologiche, psicologiche e sociali per giungere a un autodeterminismo che, pur essendo relativo, influisce seppur in parte sul proprio futuro.

Una certa libertà di scelta è un diritto irrinunciabile, anche se non è facile regalarsi la libertà di essere liberi. Motivazioni e conflitti inconsci influenzano, e qualche volta determinano, le scelte consce. Infatti quanto più si comprendono scientificamente i fenomeni psichici, tanto più appare ridotta la libertà. Chi è poi vissuto in strutture autoritarie (familiari, politiche o istituzionali) ha paura dell'autonomia, che implica impegno, lotta, responsabilità[6]. La libertà fa infatti paura perché comporta l'aver diverse possibilità, la tensione di scegliere, l'impegno a doversi responsabilizzare. Infatti essere liberi significa autodeterminarsi, cioè orientare la propria volontà e il proprio comportamento secondo un proprio principio.

Vi sono soggetti che raramente agiscono, il più delle volte reagiscono. Conservano un'illusione di spontaneità, di autenticità, di libera scelta, ma sono manovrati e persuasi ad agire da più o meno subdole forze esterne. È probabile che alcune persone passino tutta la vita senza aver compiuto un solo atto veramente volontario, malgrado siano convinte di «volere» o di «non volere» le cose. Altre scelgono chiaramente la dipendenza, affidandosi a un contesto politico, religioso, sindacale o sportivo, e il loro spirito gregario esprime soltanto insicurezza. Nell'esercizio della mia professione ho curato pazienti che, pur avendo raggiunto elevati livelli di gerarchia, avevano perduto il senso della propria individualità e identità al punto di temere d'uscire di casa. Sono i casi dove la libertà non corrisponde soltanto all'evitare la schiavitù dall'esterno, ma a conquistare il controllo di se stessi.

Un uomo è quindi libero quando ha spezzato le catene dei suoi oppressori interni e di quelli esterni. Questa è la libertà «da», ad esempio dai conflitti intrapsichici e quindi dalle psiconevrosi e dai condizionamenti dei vari poteri sociali; esiste poi anche una libertà «di» o «per» fare qualcosa che avvalori l'individuo e coincida con la responsabilità; entrambe sono necessarie all'agire psicologicamente maturo, mentre è sintomo di psiconevrosi sia la non libertà dai condizionamenti sia la fuga dalla tensione tra l'essere e il dover essere.

Purtroppo molti considerano la libertà come un BTP, un CCT o un'azione da mettere in cassetta per staccarne, ogni sei-dodici mesi, le cedole. La libertà psicologica è un valore dinamico, senza un traguardo sicuro, sempre da conquistare perché sempre in pericolo. È legge che essa domandi un impegno continuo per conquistarla prima, per mantenerla dopo. Bisogna sempre «liberare la libertà».

Un altro valore legato alla maturazione affettiva è il senso della giustizia. La parola giustizia è un altro sostantivo che dilaga; se ne parla molto, specie quando si pensa che gli ingiusti siano gli altri, ma non sempre la si mette in pratica facendo il proprio dovere. Spesso si danneggiano gli altri non soltanto in senso economico o materiale, ma anche non rispettandoli, facendo loro violenza, omettendo di dare quanto spetta, non riconoscendone i meriti o i pregi. Se, ad esempio, si toglie o non si dà amore al partner, se non lo si accetta, se lo si critica con intolleranza non rispettando la sua identità, si compie un'ingiustizia.

Esiste però anche una giustizia verso noi stessi, che significa non soltanto aver fiducia nei propri desideri ma essere fedeli a quanto valutiamo giusto, agendo in armonia con il proprio Sé, quindi con dignità. Purtroppo la caratteristica psichica meno accettata dagli immaturi è l'altrui dignità, che è coscienza e rispetto di sé. Chi la possiede, e non si comporta da adulatore servile, da gregario acritico o da arraffatore opportunista, non ha vita facile perché chi detiene il potere tende a circondarsi di una corte di castrati psicologici. Spesso, anche durante le psicoterapie di coppia, è necessario ridefinire il territorio del «noi», imparando a rispettare le preferenze dell'altro, quelle sessuali, culturali, sportive, politiche e persino religiose.

Un ulteriore valore da conquistare nella costruzione di se stessi è la capacità di sopportare il dolore. Ai giorni nostri la soglia del dolore si è abbassata, anche perché si sta perdendo la «cultura del dovere» della società di ieri. Da qualche decennio si è infatti affermata la «cultura del diritto», portata a volte all'esasperazione. Una cosa mi «tocca» se mi conviene, gli altri me la devono dare, anche se io non me la conquisto o guadagno. È una specie di ipomania personale, un'assolutizzazione dell'individualismo. Non si sopportano più tensioni, fatiche, frustrazioni; si perde subito la speranza, non si affronta più con fiducia la lotta per la vita; spesso ci si dichiara vinti prima d'aver combattuto cadendo nella depressione, che è sempre più in aumento.

Si ha troppa paura della sofferenza perché si è cresciuti non allenati a essa. Fin dall'infanzia si tende a narcotizzare il dolore, perché molti genitori lo allontanano dai figli con l'iperprotezione, facendo trovar loro tutto servito, evitando di mostrare loro i parenti morti, difendendoli dagli insegnanti... Sono genitori che non sopportano di vedere «faticare» le loro «creature», che vogliono cancellare il dolore nei figli. Proprio perché pieni di sensi di colpa, cercano sempre di preservarli dalla sofferenza, facendoli crescere nell'incapacità di accettare il dolore fisico e psichico.

Sono i ragazzi della generazione Nutella, spesso gratificati con tale crema di nocciole al posto dell'affetto che i genitori non hanno potuto dare loro perché troppo coinvolti nel far quadrare il bilancio familiare o nella carriera.

Sono figli cresciuti in famiglie dove è stato dato prima ancora che lo chiedessero, dove hanno ricevuto il superfluo prima ancora di averlo desiderato, senza essere stati abituati a ringraziare e a contraccambiare. Chi trova tutto pronto, senza guadagnarselo, non è certo allenato a conquistarselo; chi ottiene senza fatica è pronto a ricevere un regalo, ma mai a fare un dono.

È nella famiglia che ci si prepara ad affrontare quella corsa a ostacoli che è la vita, che ci si abitua alle inevitabili cadute, per rialzarsi e riprendere il cammino. Perché un certo grado di frustrazione durante l'età evolutiva è utile alla formazione del carattere dei figli: intensifica i processi di apprendimento e rafforza le componenti volitive, mentre se la frustrazione è eccessiva finisce con l'inibire, favorendo l'insorgenza di una nevrosi.

L'eccessiva gratificazione finisce con l'indebolire, perché quando poi questi figli si trovano da soli sono impreparati agli eventi negativi. Troppo protetti, dispensati dai sacrifici e dalla lotta per superare le scommesse quotidiane, non educati al senso di responsabilità, crescono incapaci di rispettarsi e di rispettare. Proprio perché allevati come futuri padroni del mondo, non accettano neppure la tensione della sconfitta; e poiché non sanno perdere, si rifugiano nella sindrome di Peter Pan, nella noia, nella musica, nella droga. Troppo spesso si pensa che la nevrosi sia la conseguenza di troppi problemi, mentre si può finire disturbati psichicamente anche per una loro eccessiva mancanza.

Anche molti adulti, non allenati a superare le tensioni e i disagi che la vita comporta, non riescono ad accettare la sofferenza, così che la fuga diventa la soluzione più facile ricorrendo alla pillola, farmacologica o psicologica, per anestetizzare il dolore. È sufficiente andare dal medico: c'è un farmaco per ogni tensione che si somatizzi nel cuore, nello stomaco o nell'intestino; c'è persino lo psicofarmaco per una felicità indotta...

Si continua così a rappezzare un abito che non si vuole

cambiare, mentre certi problemi si devono risolvere nel profondo della psiche e non in farmacia. Crescere equivale infatti a pagare il pedaggio del dolore, superando separazioni e divisioni da persone, idee, modi di essere e di sentire: un itinerario evolutivo dove la sofferenza non è mai del tutto negativa. Al momento è dolorosa ma, se ben metabolizzata, può rendere l'individuo migliore, più sensibile, più comprensivo. E poi chi non sa gestire il dolore non sa gestire il piacere.

Un altro valore che contribuisce all'amore maturo è l'autocontrollo, cioè il sapersi controllare per diventare, almeno in parte, padroni di se stessi per dominare quelle pulsioni immature, quindi negative, che sono presenti in ciascuno di noi. È infatti necessaria una certa misura nell'amore, nella sessualità, nell'aggressività, conseguenza di un Io robusto, non fragile, che permetta di dominare gli eventi, di non perdere l'equilibrio, di non precipitare nella disistima, di non rinunciare a ciò che si valuta giusto per se stessi o per gli altri, anche se siamo i soli a pensarla in un certo modo, magari in contrasto con coloro che dicono di amarci ma che non si preoccupano affatto di quello che è il nostro bene.

L'autocontrollo è poi importante di fronte a un'ingiustizia o a una violenza subìta, quando è opportuno reagire con garbo, da adulti, non in maniera infantile, cioè piangendo, gridando, insultando, facendo il «muso»: tutte reazioni che fanno passare dalla parte del torto anche se si ha ragione. È psicologicamente maturo farsi le proprie ragioni in maniera corretta e, se le circostanze sono favorevoli, con tempestività per non accumulare tensione e quindi evitare i crampi allo stomaco di giorno e l'insonnia di notte.

Questi e altri valori danno autenticità alla persona. Oggi si parla molto dell'essere autentici, però spesso non si sa nemmeno bene che cosa voglia dire. Ad esempio, si crede erroneamente che l'essere autentici corrisponda a «essere fuori come si è dentro» e ciò equivale allo spontaneismo o all'istintività, comportamenti che nulla hanno a che vedere con l'autenticità, che significa «essere fuori come si vuole essere dentro», cioè obbligarsi a essere fedeli al proprio progetto di vita.

Negli ultimi anni s'intravede nel mondo occidentale un certo rifiuto della genitalità con un ritorno alla sessualità. Vi sono avvisaglie per pensare che l'uomo del futuro rifuggirà dal sesso edonistico per proteggersi nell'amore. Se l'istinto sessuale era nel passato un bisogno primario per la prosecuzione della specie, attualmente l'amore e il voler bene stanno diventando la *conditio sine qua non* per sopravvivere. Per ricuperare l'amore è però necessaria una revisione radicale nel modo di educare i figli, allevandoli senza certe disarmonie affettive che forse non incidono direttamente sulla possibilità di vita, ma certamente sulla sua qualità. L'obiettivo della crescita psicologica è infatti la capacità d'amare.

Dopo la sbronza della liberalizzazione sessuale, di coppie aperte, di divorzi facili, si sta smorzando quella pseudocultura fondata sulla trilogia «egoismo, narcisismo, edonismo». Ci si è accorti che l'incertezza affettiva è una delle maggiori fonti di infelicità per cui si comincia a capire il valore di un rapporto stabile. C'è infatti più bisogno della coppia perché diventa sempre più difficile stabilire relazioni interpersonali. Per questo occorre rivalutarne la centralità, come diventa necessario ricuperare il significato della famiglia, che risulta la cosa più importante in ogni sondaggio, anche se attualmente è il rapporto affettivo più precario.

L'istituzione «famiglia», considerata nel passato dai superficiali un «residuo storico», sta riemergendo nel mondo occidentale dalle rovine dei baby-assassini, dall'aumento dei figli illegittimi, dalla crescita della solitudine. Risalendo dai comportamenti alle motivazioni che li sottintendono, individuando le cause senza fermarsi agli effetti, si tende finalmente a responsabilizzare i genitori, affinché imparino ad allevare i figli. Padre e madre non devono essere più infantili della loro prole, insegnando l'egoismo o l'opportunismo. Infatti è nella famiglia che si impara a distinguere il bene dal male e quindi si formano gli orientamenti e i comportamenti morali, che stanno alla base dell'equilibrio personale e del vivere sociale.

I genitori devono tornare a essere tali, con una vita più libera dagli impegni di lavoro e più ricca e propositiva di valori affettivi. La famiglia è infatti il luogo privilegiato dove si impara ad amare, il baricentro della vita affettiva, individuale e sociale. È soprattutto in essa che nasce e si consolida l'identità personale. Inoltre è il più valido strumento per la salvezza sociale. Più c'è bisogno di sicurezza, più diventa importante la famiglia.

Attualmente la famiglia è malata, anche perché i genitori parlano con i figli di problemi spiccioli, contingenti, senza considerare i valori esistenziali, senza educare nei sentimenti. Non insegnano neppure più le buone maniere, per la semplice ragione che spesso non le conoscono. E non sapendo chiedere scusa non si può insegnare a chiedere scusa.

Per tutto ciò si sente il bisogno di ricuperare il «rispetto».

Conclusione

A fine giornata, chiudendo la porta del mio studio, non è facile staccare mentalmente dai pazienti. Non è facile prendere la distanza da tante emozioni raccolte, che ti fanno sentire spremuto come un limone, con il cervello «scecherato» dalle parole sentite. Occorre tempo perché il cocktail di emozioni depressive, ossessive, aggressive o erotiche possa decantare. A volte si continua a condividere le disperate miserie di chi è solo e viene in seduta per guarire dal «male di solitudine».

Ci sono situazioni di vita molto pesanti che, seppur preparati con più analisi didattiche, finiscono per coinvolgere lo psicoterapeuta, il quale si assume il peso dell'esperienza dolorosa del paziente; per questo la sua è una professione che gli dà molto, anche in sofferenza e nel suo lavoro ingoia fobie, angosce, sensi di colpa e psicopatie varie perché è necessario introiettare il paziente, quasi fagocitarlo, per condividerne problemi e conflitti. Infatti a ogni ricordo del paziente, lo psicoterapeuta deve ripescare nel suo inconscio, cambiar pelle, diventare maschio o femmina, bambino o ragazzo o adolescente, mettersi al posto del paziente, sentire ciò che egli sente. Sotto certi aspetti vive le più varie situazioni psichiche, perché è aperto agli stati d'animo di chi cura. C'è quindi in lui il bambino piccolo, l'adulto, il vecchio, il maturo e l'immaturo, poiché tutto quello che sono i suoi pazienti rivive in lui. Tuttavia, anche se arare l'inconscio non è facile, il giorno dopo nuovamente ci si cala nella psiche degli altri quel tanto o quel poco umanamente possibile per soccorrere chi chiede aiuto.

Lo psicoterapeuta che si limiti a un lavoro di routine non riesce a guarire il paziente. Se non c'è sintonia, se non c'è empatia, la cura fallisce. Infatti la conquista scientifica più valida della psicoanalisi non sta tanto nelle scoperte delle varie dinamiche psichiche, quanto nella presa di coscienza che si possono curare le psicopatie soltanto in un clima di comprensione emotiva. Si è capito cioè che un uomo non soltanto si può ammalare, ma può anche morire per mancanza d'affetto, sentimento vitale come l'aria, il cibo, l'acqua, il sonno. E se non si dà una certa dose d'affetto, certe persone non guariranno mai.

Dai pazienti, caso per caso, psiche per psiche, crisi per crisi, dolore per dolore, ho ricavato molti insegnamenti. Posso dire che mi hanno reso più disponibile all'amore. Per questo sono loro riconoscente e voglio loro bene.

Ringraziamenti

Ringrazio Rosa Pia Tura per le valide osservazioni al manoscritto e Paola Gastaldo per gli utili commenti critici.

Un grazie particolare ai pazienti che, con il loro vissuto, hanno alimentato questo libro.

Note

Introduzione

[1] *Gen.* 2, 18.

1. La pendolare dell'amore

[1] Gustave Flaubert, *Madame Bovary*, Rizzoli, Milano, 1991.

[2] Lev Tolstoj, *Anna Karenina*, Einaudi, Torino, 1993.

[3] Il complesso di Edipo corrisponde al rapporto che qualsiasi figlio, dai tre ai sei anni, vive nei confronti dei genitori, cioè un attaccamento affettivo-sensuale accentuato verso il genitore dell'altro sesso (il maschio per la madre, la femmina per il padre), accompagnato da un senso di rivalità e di odio, misto a paura, per il genitore dello stesso sesso.

[4] Il Sé corrisponde all'interno della persona, intesa come totalità psicofisica. È quindi una rappresentazione mentale corrispondente alla funzione dell'Io, ma che include l'Io corporeo, il senso di identità e tutte le emozioni consce e inconsce. La stessa espressione «senso di sé» esprime tale percezione, poiché il Sé è l'oggetto della percezione dell'Io.

[5] Otto F. Kernberg, *Teoria della relazione oggettuale e clinica psicoanalitica*, Boringhieri, Torino, 1980.

[6] Da una prima fase infantile degli «impulsi non controllati», durante la quale domina il principio del piacere, l'individuo si evolve progressivamente con la fanciullezza e l'adolescenza verso una seconda fase, quella degli «impulsi controllati», caratterizzata dal principio della realtà, nella quale l'Io impara a contenere le pulsioni.

[7] Giacomo Dacquino, *Che cos'è l'amore. L'affetto e la sessualità nel rapporto di coppia*, Mondadori, Milano, 1994.

[8] Alfred C. Kinsey et Al., *Il comportamento sessuale della donna*, Bompiani, Milano, 1958.

[9] Alexandra Penney, *Come avere un uomo fedele*, Sperling & Kupfer, Milano, 1990.

[10] Helen Fisher, *Anatomia dell'amore. Storia naturale della monogamia, dell'adulterio e del divorzio*, Longanesi, Milano, 1993.

[11] «La Stampa», 9 agosto 1994.

[12] Dalma Heyn, *Il silenzio erotico delle mogli*, Frassinelli, Milano, 1994.

[13] Gustave Flaubert, *Madame Bovary*, cit.

[14] Shere Hite, *Rapporto Hite*, Bompiani, Milano, 1977.

[15] *Gv*. 8, 7B.

[16] Sandra Scantling, *Ordinary women, extraordinary sex*, Dutton, New York, 1993.

[17] Patricia Love, *Hot Monogamy*, Dutton, New York, 1993.

II. Un Narciso in vendita

[1] È probabile che un ruolo seduttivo possano averlo anche i feromoni o «ormoni sociali» rilasciati nell'ambiente. Sono sostanze organiche dall'odore particolare, secrete dal corpo, che agiscono come messaggeri tra organismi della stessa specie, influenzando nel soggetto ricevente molti comportamenti, compresi quelli sessuali. L'etologia ci ricorda che, se una topina appena ingravidata annusa, entro tre giorni dall'accoppiamento, i feromoni contenuti nelle urine di un maschio diverso da quello che l'ha fecondata, abortisce.

Nei mammiferi certi secreti odorosi condizionano la delimitazione di aree di influenza, i segnali d'allarme, il richiamo sessuale, la predisposizione all'accoppiamento. Ad esempio, la concentrazione degli acidi organici nella vagina della femmina (acido acetico, propanoico e butanoico, chiamati collettivamente «copulina») modula sicuramente le reazioni dell'animale maschio. Altrettanto non si può ancora affermare per la relazione interumana, anche se tra gli uomini esiste certamente uno scambio di messaggi olfattivi, che possono stimolare o inibire la reazione sessuale del partner. Nella nostra specie la comunicazione attraverso messaggi odorosi avviene prevalentemente mediante le ghiandole sudoripare.

[2] I jeans nuocciono ai testicoli in primo luogo perché li schiacciano, specie nelle flessioni del tronco o delle gambe; in secondo luogo, perché, essendo confezionati con tessuto spesso e pesante, non consentono lo scambio termico di cui tali organi, specie in estate, necessitano. Infatti la loro temperatura deve rimanere inferiore di 3-4 gradi centigradi a quella del corpo, per cui il loro surriscaldamento è nocivo.

[3] Nella «posizione del missionario» la donna è distesa supina con il maschio prono sopra.

[4] Ventimila italiani hanno acquistato il telefono cellulare falso. E anche la maggior parte di coloro che, non avvelenati da tale smania d'immagine, possiedono un autentico simulacro di questo nuovo status symbol, offre spesso uno spettacolo deprimente. Perché se una volta non ci si faceva trovare in nome di una sana privacy e di un diritto alla libertà personale, oggi ci si fa perseguitare sempre e dovunque come segno di nevrotico ed esibizionistico narcisismo.

[5] Con 30-80 milligrammi di papaverina, iniettati con un ago molto sottile alla base del pene, si ottiene un'erezione che dura alcune ore. Il procedimento ha anche valore diagnostico poiché la positività del test esclude con buona probabilità una causa vascolare (insufficienza arteriosa) dell'impotenza. Se il test è negativo, si eseguono ulteriori accertamenti diagnostici, come per esempio una cavernografia dinamica o un'arteriografia selettiva.

In presenza di alterazioni vascolari occorre intervenire chirurgicamente, ma l'impianto di una protesi peniena è da riservare ai casi gravissimi.

6 Ascoltata in questo modo, la musica supera quasi sempre la soglia-rischio di 85 decibel, diventando un rumore nocivo, con danni auricolari ed extra, specie a carico dell'apparato cardiocircolatorio, del sistema nervoso e della sfera sessuale, per modifiche ormonali quali l'aumento del cortisolo, dell'adrenalina, della noradrenalina, della prolattina, ecc., che può portare a disturbi della libido e dell'esercizio della sessualità. Lavorare o studiare con un sottofondo musicale può favorire la concentrazione e far lavorare con maggior efficienza, ma può anche distrarre e produrre un calo di rendimento.

7 Per la distinzione tra sessualità e genitalità: Giacomo Dacquino, *Vivere il piacere*, SEI, Torino, 1984.

8 Negli Stati Uniti soffrono d'impotenza erettile dieci milioni di uomini. Al riguardo è stata costituita l'associazione *Impotens Anonymous*, sul modello di quella degli alcoolisti.

9 Giacomo Dacquino, *Che cos'è l'amore. L'affetto e la sessualità nel rapporto di coppia*, cit.

10 Alcuni hanno bisogno di trovarsi in tensione per dare il massimo. In ogni sport, ad esempio, vi sono giocatori che rendono il 30 per cento in più se stimolati dalla tensione della gara, altri invece che riducono di altrettanto il loro rendimento rispetto a quando sono in allenamento, pur bruciando molto di più.

11 Anche se tale pozione magica è del tutto inefficace, il massacro invernale delle foche continua e a nulla sono valse le intense reazioni degli animalisti e degli ambientalisti. Infatti la stupida credenza in tale elisir d'amore (che ricorda quella del corno di rinoceronte) ha già fatto in Canada sessantamila vittime, minacciando la riproduzione e l'equilibrio biologico di un'intera specie («La Stampa», 16 gennaio 1994).

12 Secondo i vari conteggi i muscoli del corpo umano vanno da 329 a 501.

13 La libido è l'energia psichica specificatamente sessuale.

14 Giacomo Dacquino, *Che cos'è l'amore. L'affetto e la sessualità nel rapporto di coppia*, cit.

15 L'ipocondriaco concentra l'energia erotica sui propri organi, per un ritiro patologico della libido investita negli altri.

16 Sigmund Freud affronta per la prima volta il problema «narcisismo» nel 1899 in una lettera all'amico Wilhelm Fliess; nel 1914 pubblica poi il saggio *Introduzione al narcisismo*, considerando quest'ultimo un'energia che l'individuo può spendere verso se stesso o gli altri.

17 Christopher Lasch, *La cultura del narcisismo*, Bompiani, Milano, 1992.

18 Nei maschi i tempi di «ricarica» del liquido seminale sono di quattro-cinque giorni. Dopo tale periodo di astinenza c'è quindi un accumulo di liquido seminale nella ghiandola prostatica, nei dotti eiaculatori e nelle vescicole seminali. Questo provoca, secondo alcuni autori, un aumento di testosterone, che trasmette al cervello gli impulsi che stimolano il desiderio sessuale.

III. La scambista

[1] Alcune donne medico tendono ad assumere mentalità e comportamenti professionali assolutamente maschili. Specialmente quelle che lavorano negli ospedali sono spesso, nei rapporti con i malati, più fredde e «scientifiche» dei loro colleghi.

[2] La scelta di fare il medico, consciamente attuata sulla base del desiderio di aiutare gli altri, è spesso motivata nel profondo dal bisogno di guarire se stessi negli altri, cioè dal desiderio inconsapevole di armonizzare parti contrastanti della propria personalità, di saldare fratture, di conciliare tendenze diverse.

[3] Giacomo Dacquino, *Che cos'è l'amore. L'affetto e la sessualità nel rapporto di coppia*, cit.

[4] La sindrome di Rebecca trae le sue origini da un conflitto infantile non superato con il rivale edipico e quindi con il genitore dello stesso sesso.

[5] Anche tra i medici vi sono persone immature in senso psicoaffettivo. La laurea in medicina e chirurgia dà informazioni scientifiche, tecniche, ma non insegna l'educazione dei sentimenti, non ottenibile certo nelle aule universitarie.

[6] Il menarca corrisponde alla prima mestruazione, inizio dell'attività ovarica.

[7] Giacomo Dacquino, *Vivere il piacere*, cit.

[8] Peter van Sommers, *La gelosia*, Laterza, Bari, 1991.

[9] Nella proiezione l'individuo «sposta» inconsciamente su altri personaggi reali o immaginari tutte o una parte delle sue pulsioni, al fine di liberarsene o di discolparsene.

IV. Il Peter Pan

[1] Peter Pan, l'eterno fanciullo per la paura di crescere, fu creato dall'inglese James Matthew Barrie all'inizio del nostro secolo; la commedia omonima fu infatti presentata nel 1904 e il romanzo nel 1911.

[2] Il bacio elettrico con un voltaggio da 55 a 1000 volt dà una lieve scossa, oltre i 1000 volt un lieve dolore (William Cane, *L'arte di baciare*, Sperling & Kupfer, Milano, 1992).

[3] Il grillo della salvia o *Aroga websteri*.

[4] Giacomo Dacquino, *Che cos'è l'amore. L'affetto e la sessualità nel rapporto di coppia*, cit.

[5] Sofocle, *Tragedie*, UTET, Torino, 1982.

[6] Il tabù dell'incesto vieta i rapporti sessuali tra i consanguinei. Oltre ad evitare tare ereditarie, dà stabilità alla famiglia escludendo le rivalità sessuali. Scegliere il proprio partner fuori dal gruppo di origine contribuisce poi alla formazione di comunità più vaste.

[7] La sensibilità corrisponde in senso fisiologico alla facoltà di ricevere impressioni attraverso i cinque sensi, cioè alla capacità di recepire gli stimoli esterni; in senso psicologico alla disposizione di sentire emozioni, sentimenti e affetti. Nel caso di Mario corrisponde a debolezza psichica, a fragilità dell'Io.

[8] Recenti indagini sugli scolari delle elementari evidenziano come i figli delle madri che lavorano abbiano più fiducia in se stessi e quindi riescano meglio a scuola e nei rapporti interpersonali rispetto ai coetanei figli di casalinghe.

[9] Lenzen Dieter, *Alla ricerca del padre. Dal patriarcato agli alimenti*, Laterza, Bari, 1994.

[10] La condanna dell'autoerotismo ha le sue radici nella Bibbia, quando Onan (dal cui nome deriva il termine «onanismo») venne punito con la morte per lo spreco del suo sperma attraverso la masturbazione, onde evitare la fecondazione della sua sposa, vedova del proprio fratello. Per la religione cattolica l'onanismo è un peccato contro natura, poiché deviazione da una sessualità orientata alla procreazione. L'etica puritana, come afferma Lüdger Lütkehaus (*La solitudine del piacere*, Cortina, Milano, 1993), valuta il masturbatore come un soggetto antifamiglia, asociale, improduttivo. Proprio perché dissipatore e sperperatore del suo seme, chi pratica il «vizio solitario» è considerato antivitale.

[11] L'ermafrodita è dotato di entrambi i corredi genitali.

[12] Un'eccezione è rappresentata da un pesciolino di circa sette centimetri della specie *Rivulus Marmoratus*, che vive nella Florida meridionale e in Centro America («La Stampa», 1° giugno 1994).

[13] Oltre a un modo di conoscere il proprio corpo e di verificare la propria risposta sessuale, in certi casi l'autoerotismo è una «medicina» in un momento di tristezza o di dolore. Le statistiche confermano che attualmente è praticato da più dei tre quarti degli adolescenti e la percentuale delle ragazze sta aumentando e avvicinandosi a quella dei maschi. L'autoerotismo può anche servire al recupero della corporeità; infatti alcune nuove terapie sessuali valorizzano la masturbazione terapeutica come tappa propedeutica.

[14] Indossando la tuta cibernetica e collegandosi a un personal computer Macintosh, si può fare l'amore con un partner lontano migliaia di chilometri, ovviamente dotato di analoga attrezzatura. I due amanti si amano così attraverso il telefono, manovrando il mouse del terminale, facendo fare alla macchina ciò che si farebbe di persona mediante strisce di cuoio che si scaldano e vibrano simulando una sensazione di contatto corporeo, condito di mugolii libidinosi e immagini provocanti sullo schermo («La Stampa», 4 maggio 1994).

[15] Il Super-io è un'istanza dell'inconscio e la sua funzione principale è la limitazione del soddisfacimento istintivo; è infatti una specie di censura inconscia che regola e controlla gli impulsi erotici e aggressivi.

V. La trasgressiva

[1] È difficile poi valutare se l'essere umano è più temperamento (caratteristiche ereditate, trasmesse geneticamente) o carattere (quanto di acquisito dall'ambiente, mediato dalla cultura e quindi legato al vissuto personale).

[2] Marzio Barbagli, *Provando e riprovando. Matrimonio, famiglia, divorzio in Italia e in altri paesi occidentali*, Il Mulino, Bologna, 1990.

[3] Willy Pasini nel suo volume *Il cibo e l'amore* (Mondadori, Milano, 1994)

afferma che, a dispetto del luogo comune che vuole in amore le donne più tattili e gli uomini più legati alla vista, il tatto risulta nettamente più importante per gli uomini e l'udito per le donne.

[4] Jule Eisenbud, *Amore e odio nella nursery e oltre*, Martinelli, Firenze, 1993.

[5] Sigmund Freud, *Al di là del principio del piacere*, Opere di Freud, Boringhieri, Torino, vol. 9°, 1977.

[6] Sigmund Freud, *Il disagio della civiltà*, Opere di Freud, Boringhieri, Torino, vol. 10°, 1978.

[7] Sigmund Freud, *Introduzione al narcisismo*, Opere di Freud, Boringhieri, Torino, vol. 7°, 1975.

[8] Freud nel 1895 sostenne la «teoria della seduzione» e cioè che le nevrosi si basano su una seduzione attuata da uno dei genitori verso il figlio (per lo più il padre per la figlia, la madre per il figlio). Undici anni dopo, nel 1906, in base alla sua stessa esperienza clinica e ad altre testimonianze, Freud affermò pubblicamente che tale teoria andava abbandonata e sostituita con l'idea che la realtà psichica ha la stessa forza di un fatto reale. Cioè il figlio o la figlia confonde la fantasia con la realtà, quello che desidera con quanto realmente accade e quindi pensa di aver subìto realmente una violenza sessuale perché ne ha avuto a livello inconscio un grande desiderio.

[9] Negli Stati Uniti molte donne, grazie a nefaste terapie o a letture di libri femministi, si sentono vittime di episodi di violenza sessuale subiti nell'infanzia («La Stampa», 30 dicembre 1993). Gli autori di tali violenze sarebbero i parenti maschi, principalmente il padre oltre ai fratelli e agli zii, anche se tutto sarebbe stato rimosso, cioè allontanato dalla memoria. Ne resterebbero però le conseguenze che si manifestano nella donna adulta attraverso i sintomi della depressione, anoressia, bulimia, ecc. Sono teorie prive di ogni base scientifica.

[10] Il DNA è una molecola a doppia elica di acido desossiribonucleico.

VI. Gli onnipotenti

[1] Non sono chiare le cause che determinano la caduta dei capelli (alopecia androgeno-genetica), che in passato si pensava solo maschile mentre attualmente si è visto che colpisce pure le donne dopo i venti-trent'anni. L'alopecia maschile si manifesta a zone e precisamente nell'area frontale e parietale, mentre quella femminile con una calvizie diffusa, lasciando una capigliatura rarefatta. Si deve però ricordare che ogni uomo o donna subisce fisiologicamente nel quarto decennio di vita una naturale riduzione dei capelli nell'ordine di circa il 20 per cento. Non avendone ancora identificato la causa, non si conosce la terapia se non quella chirurgica del trapianto, che richiede parecchi interventi.

[2] Uno studio condotto su soggetti sieronegativi dimostra che il profilattico protegge; non vi è stato infatti nessun contagio dopo più di quindicimila rapporti sessuali con partner sieropositivi («Stampa Medica», vol. 38°, N. 18, 16-31 dicembre 1994).

[3] Secondo stime recenti, il 12 per cento delle prostitute è sieropositivo,

specie le tossicodipendenti. Attualmente le persone infettate dall'Aids sono nel mondo quattordici milioni, dei quali cinquecentomila in Europa (ottantamila i malati conclamati). Si prevede che nel Duemila i malati saranno tra i venti e i quaranta milioni e quasi un milione nella sola Europa («Il Medico d'Italia», 7 aprile 1994).

[4] Articolo 527 C.P.: atti osceni in luogo pubblico.

[5] Il cortisolo è un ormone prodotto dalla zona corticale della ghiandola surrenalica.

[6] In tutto il mondo la prostituzione è un servizio ricercato quasi esclusivamente dai maschi, che sono per lo più gli unici consumatori di pornografia perché la libido dell'uomo pare più impellente di quella della donna. Tra i clienti italiani delle «professioniste della genitalità» (prostitute è un termine denigratorio e riduttivo), la stragrande maggioranza è formata da uomini sposati, seguiti a notevole distanza dai celibi.

[7] Si calcola che nella città di Milano circa ventimila persone «battano» i marciapiedi.

[8] Chi va con i transessuali lo fa per poter soddisfare la propria omosessualità, magari latente nell'inconscio.

[9] Erich Fromm, *Personalità, libertà, amore*, Newton Compton, Roma, 1980.

[10] L'australiano-statunitense Robert Hughes ha scritto il saggio *La cultura del piagnisteo*, Adelphi, Milano, 1994.

[11] Valentina D'Urso, *Sillabario delle emozioni*, Giuffrè, Milano, 1992.

[12] Giacomo Dacquino, *Che cos'è l'amore. L'affetto e la sessualità nel rapporto di coppia*, cit.

[13] Si intende per castità o purezza l'astensione da ogni attività sessuale o pensiero attinente, quindi la rinuncia a ogni piacere sessuale fisico e psichico. La verginità corrisponde invece alla condizione di chi non ha sperimentato rapporti sessuali completi, quindi nel senso anatomico dell'integrità dell'imene.

[14] Il valore della verginità varia a seconda dei paesi: in Francia e in Gran Bretagna maschi e femmine tengono poco alla castità prematrimoniale, mentre in Cina essa è considerata estremamente importante. Anche nel mondo occidentale il desiderio nell'uomo di una partner vergine è ancora più diffuso di quanto non rivelino le statistiche.

[15] La media della pulizia dei denti è di 1,5 volte al giorno per gli uomini, 2 per le donne (i dentisti consigliano 3 volte).

[16] A livello più profondo il capello lungo le spalle di certi giovani può simbolizzare una certa loro autocastrazione nel contesto di una vasta femminilizzazione della società maschile.

[17] Sigmund Freud, *Introduzione al narcisismo*, cit.

VII. La vittima di Satana

[1] Haloperidol, clotiapina, benzodiazepine, ecc.

[2] L'orgasmo comporta un aumento della pressione sanguigna all'interno dei vasi cerebrali, soprattutto meningei. Nel caso della paziente è più fa-

cile che si tratti di un'emicrania muscolo-tensiva per l'intensa contrazione dei muscoli occipitali durante il coito.

[3] Giacomo Dacquino, *Religiosità e Psicoanalisi*, SEI, Torino, 1980.

[4] *Gv.* 15, 14.

[5] *Gv.* 16, 23 e s.

[6] La «fattura» consiste o nel fare un maleficio, cioè una pratica orale destinata a procurare male, o nel costruire oggetti (fantocci, bambole attraversate da aghi, ecc.) che, potenziati da formule e riti magici, dovrebbero provocare la morte o la malattia oppure l'insuccesso del destinatario.

[7] La «parapsicologia», termine che ha sostituito dopo il congresso di Utrecht del 1953 quello di «metapsichica», si interessa ai fenomeni paranormali (telepatia, chiaroveggenza, premonizione, telecinesi), dovuti a capacità extrasensoriali dell'individuo che emette o riceve sollecitazioni anche al di fuori dei cinque sensi.

[8] Sono i fenomeni di *poltergeist*, durante i quali succedono fatti inspiegabili: si sentono rumori, si rompono stoviglie, spariscono o compaiono oggetti, cadono soprammobili... e ancora porte che si aprono e si chiudono da sole, quadri che girano vorticosamente intorno al chiodo, cassetti che escono dai mobili, incendi spontanei... Tutto questo avviene senza una causa visibile, senza l'intervento sospettabile o accertabile di qualcuno. Tali fenomeni sono dovuti al potenziale energetico di individui che lo possiedono in quantità superiore alla media. Trattasi quasi sempre di soggetti in età evolutiva, per lo più adolescenti con conflitti familiari, con difficoltà di adattamento sociale e, soprattutto, con un elevato potenziale di aggressività che viene scaricata verosimilmente sugli oggetti poiché il Super-io impedisce loro di aggredire le persone, per lo più familiari.

[9] Tra il manipolo di angelologi ricordiamo: Paola Giovetti, *Angeli*, Ed. Mediterranee, Roma, 1989. Sophie Burnham, *Libro degli angeli*, Corbaccio, Milano, 1995. Pierre Jovanovic, *Inchiesta sull'esistenza degli angeli custodi*, Piemme, Casale Monferrato, 1995. Marco Bussagli, *Storia degli angeli*, Rusconi, Milano, 1991. Tomaso Kemeny, *Libro dell'angelo*, Guanda, Milano, 1991.

[10] Herbert Haag, *La credenza del diavolo*, Mondadori, Milano, 1976.

[11] Quando nell'ottobre 1974 venne proiettato il film *L'Esorcista*, aumentarono i casi di possessione diabolica.

[12] L'esorcista laico riveste il ruolo dello sciamano nelle culture animistiche. Proprio per il suo rapporto con il mondo soprannaturale, può liberare l'anima dal demonio, quindi guarire il posseduto.

[13] Il «diavolo» (dal greco *diàbolos*, cioè accusatore, calunniatore) non è sinonimo di «demonio» (dal greco *dàimon*, cioè lucentezza del brillare): il primo è il principe delle forze del male, il secondo è uno degli angeli decaduti. Il termine «Satana» deriva invece dalla parola semitica *satan*, cioè avversario che accusa l'uomo davanti a Dio.

[14] Alcuni esorcisti si difendono affermando che a volte le persone chiedono l'esorcismo quando la medicina ufficiale ha fallito, senza tener conto che spesso proprio quel tipo di paziente tende, dopo aver consultato lo psichiatra, ad evitare di curarsi con psicoterapia o con psicofarmaci.

[15] Massimo Introvine, *Indagine sul satanismo: satanisti e antisatanisti dal Seicento ai giorni nostri*, Mondadori, Milano, 1994.

VIII. L'educazione dei sentimenti

[1] Sigmund Freud, *L'interpretazione dei sogni*, Opere di Freud, Boringhieri, Torino, vol. 3°, 1966.

[2] Lo stress sta diventando un'industria da molti miliardi di dollari, al punto che si è già coniata l'espressione «stress management» che indica una serie di soggiorni, corsi, seminari e gruppi terapeutici, dispensati attraverso alberghi, carta stampata, video, radio e cassette.

[3] La moderna denominazione «distimia» sostituisce la vecchia definizione di nevrosi depressiva. I sintomi più comuni sono la depressione del tono dell'umore, la caduta dell'autostima con un sentimento di inadeguatezza, la perdita di interesse, l'anergia, la stanchezza, l'ansia, l'irritabilità, l'insonnia, ecc. La depressione o distimia colpisce quattro persone su cento e le donne sono il doppio degli uomini. Ci sono persone più soggette di altre per ragioni genetiche o caratteriali. Ad esempio, il soggetto non competitivo, che interiorizza le tensioni senza scaricarle all'esterno, intrapunitivo, con poca autostima, ecc. è più soggetto a vivere un senso di svuotamento interiore e d'inutilità dolorosa, per cui ogni azione gli sembra inutile e dannosa.

[4] Stefano Zecchi, *Il brutto e il bello*, Mondadori, Milano, 1995.

[5] Silvano Arieti, *Le vicissitudini del volere*, Il Pensiero Scientifico, Roma, 1978.

[6] Giacomo Dacquino, *Religiosità e Psicoanalisi*, cit.

Bibliografia

AA.VV., *Affetti*, Laterza, Bari, 1990.

AA.VV., *Le rabbie croniche*, Bollati Boringhieri, Torino, 1992.

AA.VV., *Solitudine e nostalgia*, Bollati Boringhieri, Torino, 1993.

Abraham G., *La vagina e la fisiologia dell'orgasmo*, in «Sessuologia», 1980, IV, I, pp. 71-73, CIC, Roma.

–, *Amare l'amore*, Frassinelli, Milano, 1985.

–, *Il bene dentro*, Frassinelli, Milano, 1986.

–, *Le età della vita*, Mondadori, Milano, 1993.

–, *Un amore tutto nuovo*, Mondadori, Milano, 1995.

Abraham G., Caruso S. *et Al.*, *Sessuologia clinica*, Masson, Milano, 1992.

Abraham G., Joanes-Smidof M., Caruso S., *Clinica psicosomatica*, Masson, Milano, 1993.

Acquaviva S., *Fatica d'amare*, Rusconi, Milano, 1983.

–, *Progettare la felicità*, Laterza, Bari, 1994.

Antonelli F., *Elementi di psicosomatica*, Rizzoli, Milano, 1981.

–, *Psicologia della coppia e della famiglia*, Ed. Mediterranee, Roma, 1988.

Antonini F.M., Magnolfi S., *La creatività*, Marsilio, Venezia, 1992.

Arcidiacono C., *Identità femminile e psicoanalisi*, Franco Angeli, Milano, 1994.

Ardone R., Mazzoni S. (a cura di), *La mediazione familiare: per una soluzione alla conflittualità nella separazione e nel divorzio*, Giuffrè, Milano, 1994.

Arieti S., *Manuale di Psichiatria*, 3 voll., Boringhieri, Torino, 1970.

–, *Le vicissitudini del volere*, Il Pensiero Scientifico, Roma, 1978.

–, *Creatività. La sintesi magica*, Il Pensiero Scientifico, Roma, 1979.

Atti del Convegno *Longevità della donna in un mondo che invecchia*, 26-30 aprile 1992, Genova, in «Atti della Società Italiana di Ginecologia e Ostetricia».

Baldaro Verde J., *Donna, maschere, ombre*, Cortina, Milano, 1987.

Baldaro Verde J., Pallanca G.F., *Illusioni d'amore. Le motivazioni inconsce nella scelta del partner*, Cortina, Milano, 1984.
Balestro P., *Sesso e persona*, Bompiani, Milano, 1968.
–, *Il complesso del primogenito*, SEI, Torino, 1982.
–, *Legge e libertà sessuale*, Rusconi, Milano, 1982.
–, *La tristezza inutile*, Paoline, Milano, 1989.
–, *Parlare l'amore. La terapia delle coccole*, Paoline, Milano, 1993.
Balint M., *L'amore primario*, Cortina, Milano, 1991.
Barbagli M., *Provando e riprovando. Matrimonio, famiglia, divorzio in Italia e in altri paesi occidentali*, Il Mulino, Bologna, 1990.
Barrie J.M., *Avventure di Peter Pan*, Mursia, Milano, 1990.
Baudrillard J., *Della seduzione*, Cappelli, Bologna, 1986.
Benard C., Schlaffer E., *Lasciate in pace gli uomini*, Feltrinelli, Milano, 1991.
Bergmann M.S., *Anatomia dell'amore. Immagini, linguaggio, malattia e storia di un sentimento universale*, Einaudi, Torino, 1992.
Bergmann M.S., Kernberg O.F., *Capacità d'amare*, Bollati Boringhieri, Torino, 1993.
Bernardini I., *Finché vita non ci separi*, Rizzoli, Milano, 1995.
Bertrando P., Cazzullo C.L., Clerici M., *Terapie familiari e psicoeducazione*, Franco Angeli, Milano, 1995.
Blinder M., *Otto modi d'amare*, Mondadori, Milano, 1991.
Bodei R., *Ordo amoris*, Il Mulino, Bologna, 1991.
Bonini C., Zani B., *Dire e non dire. Modelli educativi e comunicazione sulla sessualità nella famiglia con adolescenti*, Giuffrè, Milano, 1991.
Boralevi A., *Nel cuore degli uomini*, Mondadori, Milano, 1995.
Botwin C., *Quando lui è infedele*, Frassinelli, Milano, 1991.
Bowlby J., *Costruzione e rottura dei legami affettivi*, Cortina, Milano, 1982.
Bradshaw J., *Come ritrovarsi*, Sperling & Kupfer, Milano, 1993.
Bria P., De Risio S., Orlandelli E., *Sublimazione Suggestione Seduzione*, Edizioni Universitarie Romane, Roma, 1995.
Brown G., *Elogio della castità*, Mondadori, Milano, 1981.
Bruscaglioni M., *La società liberata. Nuovi fenomeni, opportunità, categorie di pensiero*, Franco Angeli, Milano, 1994.
Burnham S., *Libro degli angeli*, Corbaccio, Milano, 1995.
Buss D.M., *L'evoluzione degli angeli*, Laterza, Bari, 1995.
Bussagli M., *Storia degli angeli*, Rusconi, Milano, 1991.
Butler R., Lewis M., *Amore e sesso dopo i 40*, Sperling & Kupfer, Milano, 1988.
Cane W., *L'arte di baciare*, Sperling & Kupfer, Milano, 1992.
Carli L. (a cura di), *Attaccamento e rapporto di coppia*, Cortina, Milano, 1995.

Carotenuto A., *Amare e tradire*, Bompiani, Milano, 1991.
Castelli C., *Sesso e aggressività*, Franco Angeli, Milano, 1990.
Cazzullo C.L., *Psichiatria*, 3 voll., Micarelli, Roma, 1993.
Cirillo S., Di Blasio P., *La famiglia maltrattante*, Cortina, Milano, 1989.
Conti C., Isidori A. (a cura di), *Trattato di Andrologia*, Piccin, Padova, 1984.
Cusinato M., *Psicologia delle relazioni familiari*, Il Mulino, Bologna, 1989.
Dacquino G., *Diario di un omosessuale*, Feltrinelli, Milano, 1970.
–, *Educazione psicoaffettiva*, Borla, Torino, 1972.
–, *Cartella F/46, Diario di una nevrosi*, SEI, Torino, 1976.
–, *Religiosità e Psicoanalisi*, SEI, Torino, 1980.
–, *Vivere il piacere*, SEI, Torino, 1984.
–, *Psicologia di don Bosco*, SEI, Torino, 1988.
–, *Psicologia dell'automobilista*, De Agostini, Milano, 1989.
–, *Libertà di invecchiare*, SEI, Torino, 1992.
–, *Che cos'è l'amore. L'affetto e la sessualità nel rapporto di coppia*, Mondadori, Milano, 1994.
Dacquino G. *et Al.*, *Secolarizzazione e sacerdozio*, Ares, Milano, 1970.
De Kervasdouè A., *La salute della donna*, Sperling & Kupfer, Milano, 1992.
Del Bo Boffino A., *Figli di mamma*, Rizzoli, Milano, 1985.
Dell'Antonio A.M., *Il bambino conteso*, Giuffrè, Milano, 1983.
–, *Percezione di sé e degli altri in nuclei disgregati ad alto rischio di conflittualità e conseguenze sui figli*, in «Rivista di psicologia clinica», 1989, 2, pp. 199-212.
Del Miglio C., *Ecologia del sé*, Bollati Boringhieri, Torino, 1989.
De Martis D., *Realtà e fantasia nella relazione terapeutica*, Il Pensiero Scientifico, Roma, 1984.
Dèttore D., Friedman J., Lopiccolo J., Veglia F., *La depressione di Eros*, Franco Angeli, Milano, 1991.
Dèttore D., Fuligni C., Vitagliano F., *Donna e abuso sessuale*, Franco Angeli, Milano, 1994.
Dieter L., *Alla ricerca del padre. Dal patriarcato agli alimenti*, Laterza, Bari, 1994.
Di Forti F., *La fedeltà impossibile. Psicoanalisi della coppia*, Bertani, Verona, 1979.
Di Fraia G., *La fedeltà e l'infedeltà*, Harlequin, Milano, 1990.
Di Lorenzo S., *La donna e la sua ombra. Maschile e femminile nella donna di oggi*, Liguori, Napoli, 1989.
Dolto F., *Il gioco del desiderio. L'esistenza di ogni essere umano è una partita giocata fra bisogno e desiderio*, SEI, Torino, 1987.

Dowling C., *Il complesso di Cenerentola*, Longanesi, Milano, 1982.
–, *La sindrome di Biancaneve*, Bompiani, Milano, 1989.
D'Urso V., *Sillabario delle emozioni*, Giuffrè, Milano, 1992.
Eisenbud J., *Amore e odio nella nursery e oltre*, Martinelli, Firenze, 1993.
Fabris G., Davis R., *Il mito del sesso*, Mondadori, Milano, 1977.
Farri Monaco M., Peila Castellani P., *Il figlio del desiderio*, Bollati Boringhieri, Torino, 1994.
Fenichel O., *Trattato di Psicoanalisi delle Nevrosi e Psicosi*, Astrolabio, Roma, 1951.
Ferraris A., Oliverio A., *La persona, la sessualità, l'amore*, Loescher, Torino, 1994.
Ferrero C., *Eros in tutti i sensi*, Mondadori, Milano, 1988.
Fisher H., *Anatomia dell'amore. Storia naturale della monogamia, dell'adulterio e del divorzio*, Longanesi, Milano, 1993.
Fisher S., *Fisiologia e Psicologia dell'orgasmo femminile*, Feltrinelli, Milano, 1978.
Flaubert G., *Madame Bovary*, Rizzoli, Milano, 1991.
Foglia S., *I nostri sette peccati capitali*, Rizzoli, Milano, 1990.
Forward S., *Quando l'amore diventa ossessivo*, Sperling & Kupfer, Milano, 1993.
Forward S., Buck C., *Genitori sbagliati*, Sperling & Kupfer, Milano, 1992.
Francescato D., *Quando l'amore finisce*, Il Mulino, Bologna, 1992.
–, *Rottura d'un rapporto di coppia e qualità della vita*, in «Rassegna italiana di sociologia», 1993, 4, pp. 339-360.
–, *Figli sereni di amori smarriti*, Mondadori, Milano, 1994.
–, *Stare meglio insieme*, Mondadori, Milano, 1995.
Francescato D., Francescato G., *Famiglie aperte: la comune*, Feltrinelli, Milano, 1974.
Francescato D., Prezza M., Gasparin M.G., Gigantino S., *I separati a rischio. L'intensità del malessere post-separazione e il tipo di rapporto, alcune caratteristiche socio-anamnesiche e le motivazioni alla separazione*, in «Rivista di scienze sessuologiche», 1991, 4, pp. 35-50.
Francescato D., Prezza M., Di Caro S., Bacaro L., *Separati giudiziali e consensuali a confronto*, in «Rassegna di psicologia», 1993, 10, pp. 9-26.
Freeman H., *Le malattie del potere*, Garzanti, Milano, 1994.
Freud S., *L'interpretazione dei sogni*, Opere di Freud, Boringhieri, Torino, vol. 3°, 1966.
–, *Tre saggi sulla teoria sessuale*, Opere di Freud, Boringhieri, Torino, vol. 4°, 1970.
–, *Totem e tabù*, Opere di Freud, Boringhieri, Torino, vol. 7°, 1975.

–, *Introduzione al narcisismo*, Opere di Freud, Boringhieri, Torino, vol. 7°, 1975.
–, *Introduzione alla psicoanalisi*, Opere di Freud, Boringhieri, Torino, vol. 8°, 1976.
–, *Al di là del principio del piacere*, Opere di Freud, Boringhieri, Torino, vol. 9°, 1977.
–, *Il disagio della civiltà*, Opere di Freud, Boringhieri, Torino, vol. 10°, 1978.
Friday N., *Gelosia*, Mondadori, Milano, 1986.
–, *Donne sopra*, Mondadori, Milano, 1992.
Fromm E., *Personalità, libertà, amore*, Newton Compton, Roma, 1980.
Gabbard G.O., *Psichiatria Psicodinamica*, Cortina, Milano, 1992.
Galati D., *Le emozioni primarie*, Bollati Boringhieri, Torino, 1993.
Galimberti U., *Dizionario di psicologia*, UTET, Torino, 1992.
Galli N., *L'educazione sessuale nell'età evolutiva*, Vita e Pensiero, Milano, 1994.
Gallo E., Campana S., *Il problema dei figli nella separazione*, Bollati Boringhieri, Torino, 1991.
Gambetta D., *Strategie della fiducia*, Einaudi, Torino, 1990.
Gelli B. (a cura di), *Per un'etica della sessualità e dei sentimenti*, Editori Riuniti, Roma, 1992.
Giani Gallino T., *Il complesso di Laio*, Einaudi, Torino, 1977.
–, *Il bambino e i suoi doppi*, Bollati Boringhieri, Torino, 1990.
Gill R., *Family Breakdown as Family Policy*, in «The Public Interest», 1993, 110, pp. 84-91.
Giovetti P., *Angeli*, Ed. Mediterranee, Roma, 1989.
Gordon R.A., *Anoressia e bulimia*, Cortina, Milano, 1991.
Greer G., *La seconda metà della vita*, Mondadori, Milano, 1992.
Grisenti A., *Giù le mani*, Mondadori, Milano, 1992.
Guidano V.F., *La complessità del Sé*, Bollati Boringhieri, Torino, 1988.
–, *Il Sé nel suo divenire*, Bollati Boringhieri, Torino, 1992.
Haag H., *La credenza del diavolo*, Mondadori, Milano, 1976.
Hamilton G.N., *Teoria delle relazioni d'oggetto e pratica clinica*, Franco Angeli, Milano, 1994.
Hayes C., Anderson D., Blau M., *Our Turn the Good News about Women and Divorce*, Pocket Books, New York, 1993.
Hayes J., *Amore dipendente o amore intelligente?*, Lyra, Como, 1991.
Hertoft P., *Sessuologia clinica*, Ferro Ed., Milano, 1982.
Heyn D., *Il silenzio erotico delle mogli*, Frassinelli, Milano, 1994.
Hite S., *Rapporto Hite*, Bompiani, Milano, 1977.
Hughes R., *La cultura del piagnisteo*, Adelphi, Milano, 1994.

Imbasciati A., *Il senso di colpa nella sessualità*, in «Sessuologia», 1980, IV, 6, pp. 48-62, CIC, Roma.
–, *Sviluppo psicosessuale e sviluppo cognitivo*, Il Pensiero scientifico, Roma, 1986.
Introvine M., *Indagine sul satanismo: satanisti e antisatanisti dal Seicento ai giorni nostri*, Mondadori, Milano, 1994.
Jong E., *Paura dei cinquanta*, Bompiani, Milano, 1994.
Jovanovic P., *Inchiesta sull'esistenza degli angeli custodi*, Piemme, Casale Monferrato, 1995.
Kahn S.S., *La sindrome dell'ex-moglie*, Frassinelli, Milano, 1991.
Kaplan H.S., *Manuale illustrato di terapia sessuale*, Feltrinelli, Milano, 1976.
Kaplan L.J., *Perversioni femminili*, Cortina, Milano, 1992.
Keating K., *Abbraccio terapia*, Glenat Italia, Milano, 1991.
Kemeny T., *Libro dell'angelo*, Guanda, Milano, 1991.
Kernberg O.F., *Teoria della relazione oggettuale e clinica psicoanalitica*, Boringhieri, Torino, 1980.
–, *Mondo interno e realtà esterna*, Boringhieri, Torino, 1985.
Khan M.R., *Lo spazio privato del Sé*, Boringhieri, Torino, 1979.
–, *I Sé nascosti*, Bollati Boringhieri, Torino, 1990.
Kiley D., *Gli uomini che hanno paura di crescere*, Rizzoli, Milano, 1985.
–, *Quando lei smette di fare la madre a lui*, Rizzoli, Milano, 1986.
–, *Se il tuo partner è ormai un estraneo*, Franco Angeli, Milano, 1994.
Kinsey A.C. *et Al.*, *Il comportamento sessuale dell'uomo*, Bompiani, Milano, 1950.
–, *Il comportamento sessuale della donna*, Bompiani, Milano, 1958.
Klein M., *Sesso: chiedimi tutto*, Mondadori, Milano, 1994.
Kohut H., *Narcisismo e analisi del Sé*, Boringhieri, Torino, 1976.
–, *La guarigione del Sé*, Boringhieri, Torino, 1980.
–, *La ricerca del Sé*, Boringhieri, Torino, 1982.
–, *La cura psicoanalitica*, Boringhieri, Torino, 1986.
Kramer P., *Listening to Prozac*, Viking Penguin Books, New York, 1993.
Laplanche J., Pontalis J.-B., *Enciclopedia della psicoanalisi*, Laterza, Bari, 1993.
Lasch C., *La cultura del narcisismo*, Bompiani, Milano, 1992.
Lehalle H., *Psicologia degli adolescenti*, Borla, Roma, 1989.
Loewald H.W., *La sublimazione*, Bollati Boringhieri, Torino, 1992.
Lopez D., Corbella F., *Libertà e amore*, Boringhieri, Torino, 1986.
Love P., *Hot Monogamy*, Dutton, New York, 1993.
Lowen A., *Amore e orgasmo*, Feltrinelli, Milano, 1968.
–, *Il linguaggio del corpo*, Feltrinelli, Milano, 1978.
–, *Il piacere*, Astrolabio, Roma, 1984.

–, *Il narcisismo*, Feltrinelli, Milano, 1985.
Luban-Plozza B., Pozzi U., *Convivere con lo stress: sonno e moto*, Soleverde, Torino, 1990.
Lütkehaus L. (a cura di), *La solitudine del piacere*, Cortina, Milano, 1993.
Malagoli Togliatti M., Ardone R., *Adolescenti e genitori*, Nuova Italia Scientifica, Roma, 1993.
Mancia M., *Dall'Edipo al sogno*, Cortina, Milano, 1994.
–, *Nello sguardo di Narciso*, Laterza, Bari, 1990.
Mancini F., Semerari A. (a cura di), *Le teorie cognitive dei disturbi emotivi*, La Nuova Italia Scientifica, Roma, 1991.
Marcelli D., *Psicopatologia del bambino*, Masson, Milano, 1995.
Masson J., *Analisi finale*, Bollati Boringhieri, Torino, 1993.
Masters W.H., Johnson V.E., *L'atto sessuale nell'uomo e nella donna*, Feltrinelli, Milano, 1967.
–, *Patologia e terapia del rapporto coniugale*, Feltrinelli, Milano, 1970.
–, *Il legame del piacere*, Feltrinelli, Milano, 1975.
Masud M., Khan R., *Trasgressioni*, Bollati Boringhieri, Torino, 1992.
Miglionico A., Novellino M., *Il Sé limite*, Franco Angeli, Milano, 1993.
Mitchell S.A., *Le matrici relazionali del Sé*, Il Pensiero Scientifico, Roma, 1992.
Mizzau M., *Eco e Narciso*, Boringhieri, Torino, 1979.
Montecchi F., *Anoressia mentale dell'adolescenza*, Franco Angeli, Milano, 1994.
Morpurgo E., Egidi Morpurgo V. (a cura di), *La solitudine. Forme di un sentimento*, Franco Angeli, Milano, 1995.
Morris D., *L'animale uomo. Una visione personale della specie umana*, Mondadori, Milano, 1994.
Moser T., *La grammatica dei sentimenti*, Cortina, Milano, 1991.
Muret M., *Arte-terapia*, Red Edizioni, Como, 1991.
Nebuloni R., *Amore e etica. Idee per la fondazione dell'etica*, Borla, Roma, 1992.
Norwood R., *Donne che amano troppo*, Feltrinelli, Milano, 1992.
Oliverio Ferraris A., *Crescere*, Cortina, Milano, 1992.
Pasini W., *Il corpo in psicoterapia*, Cortina, Milano, 1982.
–, *Intimità*, Mondadori, Milano, 1990.
–, *La qualità dei sentimenti*, Mondadori, Milano, 1991.
–, *Volersi bene, volersi male*, Mondadori, Milano, 1993.
–, *Il cibo e l'amore*, Mondadori, Milano, 1994.
–, *A che cosa serve la coppia*, Mondadori, Milano, 1995.
Pelanda E., *Non lo riconosco più*, Franco Angeli, Milano, 1995.

Peluso A., *Innamoramento e vita relazionale della coppia*, Città Nuova, Roma, 1990.
Penney A., *Come avere un uomo fedele*, Sperling & Kupfer, Milano, 1990.
Phillips A., *Sul baciare, il solleticare e l'essere annoiati*, Il Pensiero Scientifico, Roma, 1991.
Pietropolli Charmet G., *Un nuovo padre*, Mondadori, Milano, 1995.
Pietropolli Charmet G., Riva E., *Adolescenti in crisi, genitori in difficoltà*, Franco Angeli, Milano, 1994.
Pocar V., Ronfani P., *Coniugi senza matrimonio*, Cortina, Milano, 1992.
Rank O., *Il mito della nascita dell'eroe*, SugarCo, Milano, 1987.
–, *Il trauma della nascita*, SugarCo, Milano, 1990.
Ravasi Bellocchio L., *Di madre in figlia*, Cortina, Milano, 1988.
Ravera L., *In quale nascondiglio del cuore*, Mondadori, Milano, 1993.
Rella F., *L'enigma della bellezza*, Feltrinelli, Milano, 1990.
Richards M.P.M. (a cura di), *L'integrazione del bambino in un mondo sociale*, Franco Angeli, Milano, 1992.
Romè F., *Per una ruga in più*, Rizzoli, Milano, 1982.
–, *Donne sorelle*, SEI, Torino, 1985.
Samuels A., *Il padre*, Borla, Roma, 1991.
Santonastaso P. *et Al.*, *Manuale di psicoterapia*, Masson, Milano, 1993.
Savaral A. (a cura di), *La seduzione*, Cortina, Milano, 1989.
Savater F., *Politica per un figlio*, Laterza, Bari, 1992.
Scantling S., *Ordinary women, extraordinary sex*, Dutton, New York, 1993.
Schaef A.W., *Meditazioni per le donne che hanno troppo da fare*, Longanesi, Milano, 1992.
Schellenbaum P., *La ferita dei non amati: il marchio della mancanza d'amore*, Red, Como, 1991.
Schelotto G., *Caino il buono*, Mondadori, Milano, 1993.
Schilder P., *Immagine di sé e schema corporeo*, Franco Angeli, Milano, 1990.
Siani R., *Psicologia del Sé*, Bollati Boringhieri, Torino, 1992.
Sofocle, *Tragedie*, UTET, Torino, 1982.
Steinem G., *Autostima*, Rizzoli, Milano, 1992.
Stoller R.J., *Il porno*, Feltrinelli, Milano, 1993.
Sullerot E., *Quels pères? Quels fils?*, Fayard, Parigi, 1992.
Tannen D., *Ma perché non mi capisci?*, Frassinelli, Milano, 1992.
Tansella M., Bellantuono C., *Gli psicofarmaci nella pratica terapeutica*, Il Pensiero Scientifico, Roma, 1990.
Teilhard de Chardin P., *Sull'amore*, Queriniana, Brescia, 1990.
Thomä H., Kächele H., *Trattato di terapia psicoanalitica*, 2 voll., Bollati Boringhieri, Torino, 1993.

Tignol J., *I disturbi della sessualità maschile*, Masson, Milano, 1994.
Tolstoj L., *Anna Karenina*, Einaudi, Torino, 1993.
Valdrè L., *Il linguaggio dell'Eros*, Rusconi, Milano, 1991.
Van Sommers P., *La gelosia*, Laterza, Bari, 1991.
Vegetti Finzi S., *Il bambino della notte*, Mondadori, Milano, 1990.
–, *Il romanzo della famiglia. Passioni e ragioni del vivere assieme*, Mondadori, Milano, 1992.
–, *A piccoli passi*, Mondadori, Milano, 1994.
Vella G., Solfaroli D., *Né con te né senza di te. La coppia in stallo*, Il Pensiero Scientifico, Roma, 1992.
Villi J., *La collusione di coppia*, Franco Angeli, Milano, 1994.
Wolf N., *Il mito della bellezza*, Mondadori, Milano, 1991.
Zanoni A., *Sessualità nell'anziano*, Masson, Milano, 1994.
Zecchi S., *Sillabario del nuovo millennio*, Mondadori, Milano, 1993.
–, *Il brutto e il bello*, Mondadori, Milano, 1995.
Zolli S., Cassano G.B., *E liberaci dal male oscuro*, Longanesi, Milano, 1993.
Zwang C., *Sessuologia*, Masson, Milano, 1989.

Indice analitico

«Paura d'amore»
di Giacomo Dacquino
Oscar Saggi
Arnoldo Mondadori Editore

Questo volume è stato stampato
presso Arnoldo Mondadori Editore S.p.A.
Stabilimento Nuova Stampa - Cles (TN)
Stampato in Italia - Printed in Italy

42770
1998

«Paura d'amare»
di Giacomo Dacquino
Oscar Saggi
Arnoldo Mondadori Editore

Questo volume è stato stampato
presso Arnoldo Mondadori Editore S.p.A.
Stabilimento Nuova Stampa - Cles (TN)
Stampato in Italia - Printed in Italy